## Das Buch

Das erste Jahr der Kerrs auf Mallorca geht dem Ende entgegen und immer noch hält die Insel diverse Überraschungen und Entdeckungen für sie bereit – darunter der eigenwillige Umgang mit Verkehrsregeln, die Eskapaden der Insel-High-Society, ein Lehrer, der gleichzeitig Gelegenheitsgauner ist, und natürlich jede Menge kulinarischer Köstlichkeiten. Auch die eigene *finca* sorgt regelmäßig für mal größere, mal kleinere Probleme, von den Eigenarten, Komödien und Tragödien der verschrobenen Nachbarschaft ganz zu schweigen. Aber mit viel Humor, Einfallsreichtum und Durchhaltevermögen schaffen es die Kerrs, ihren Lebenstraum zu verwirklichen und als Landwirte auf der Sonneninsel heimisch zu werden.

## Der Autor

Peter Kerr war Jazz-Musiker, Schallplattenproduzent und Landwirt in Schottland. Drei Jahre lang lebte er mit seiner Frau und seinen zwei Söhnen auf Mallorca.

In unserem Hause sind von Peter Kerr bereits erschienen:

*Im Tal der Orangen*
*Mañana Mañana*

Peter Kerr

# Viva Mallorca

## Neues von der Insel

Aus dem Englischen von
Stephan Gebauer

Ullstein

Besuchen Sie uns im Internet:
www.ullstein-taschenbuch.de

Umwelthinweis:
Dieses Buch wurde auf chlor- und säurefreiem Papier gedruckt.

Deutsche Erstausgabe im Ullstein Taschenbuch
1. Auflage Mai 2006
2. Auflage 2006

Titel der englischen Originalausgabe: *Viva Mallorca*
(Summersdale Publishers Ltd, Chichester, UK)
Umschlaggestaltung: Büro Hamburg
Titelabbildung: Lengler/laif
Illustrationen im Innenteil: © Peter Kerr 2004
Satz: LVD GmbH, Berlin
Gesetzt aus der Palatino
Druck und Bindearbeiten: Ebner & Spiegel, Ulm
Printed in Germany
ISBN-13: 978-3-548-36844-3
ISBN-10: 3-548-36844-1

# Inhalt

*»Digo, paciencia y barajar!«*
»Geduld und Mischen, sage ich!«
(Miguel de Cervantes, 1547–1616)

EINS

# Pechvögel

Es war ein heiterer Tag mit einem wolkenlosen, blauen Himmel, doch Ellie war betrübt und ich fühlte mit ihr. Mario Lanzarote war gerade gestorben.

Es hatte erste Anzeichen von Schuppenbildung bei ihm gegeben. Eigentlich kein Anlass zur Sorge, sollte man meinen. Doch bei Mario waren die Schuppen zwischen den Zehen aufgetreten.

»Sportlerfüße«, hatte ich zu Ellie gesagt.

»Kanarienvögel sind nicht als große Sportler bekannt«, hatte sie mir entgegengehalten. »Und außerdem gehen Mario auch die Federn aus.« Sie deutete auf seinen Hinterkopf. »Siehst du die kahle Stelle hier?«

Ich sah noch immer keinen Anlass zu übertriebener Sorge. »Wahrscheinlich kommt er gerade in die Mauser ... oder vielleicht hat er einen leichten Sportlerkopf?«

Ellie fand meine Argumente weder überzeugend noch amüsant. »Ich sollte ihn besser zum Tierarzt bringen. Es könnte die Hühnerpest sein. Oder sogar ein Ballengeschwür.«

»Ein *Ballengeschwür*?«, schnaufte ich mit höhnischem Unterton. »Du hast wohl wieder im veterinärmedizinischen Lexikon gestöbert.«

»Und was ist daran auszusetzen? Man findet dort Erklärungen zu allen möglichen Symptomen. Sehr nützlich, dieses Lexikon.«

»Ja, etwa so nützlich wie das *Große Buch der Familiengesundheit*. Ich kenne dich. Du liest die Beschreibung irgendeines Symptoms und bekommst prompt die passende Krankheit. Ich erinnere mich noch, dass du vor ein paar Monaten diesen Pickel an der Oberlippe hattest und sofort überzeugt warst, an der Beulenpest zu leiden. Gute Güte, und nun machst du dasselbe mit dem Kanarienvogel!«

»Aber …«

»Vergiss es, Ellie. Ich *weigere* mich, einen kleinen goldenen Käfig mit Tweetys mallorquinischem Vetter drin zum Tierarzt zu schleppen. In der Praxis hocken all die lederhäutigen alten Bauern mit ihren hartgesottenen Jagdhunden, und ich schwebe mit einem Kanarienvogel hinein, der unter einer beginnenden Glatze leidet. Kommt nicht in Frage!«

»*Parásitos*«, erklärte Señor Ramis, der Tierarzt, und ich glaubte, ein Schmunzeln erkennen zu können, als er sich abwandte, um ein Rezept auszustellen. »Ein relativ verbreitetes Problem bei Käfigvögeln, besonders im Mittelmeerklima. *Tome!* Behandeln Sie die befallenen

Stellen zweimal täglich mit dieser Tinktur. *Ningun problema.*«

Ich brachte den Spießrutenlauf, der mich zwischen vier wortkargen *campesinos* im Wartezimmer hindurchführte, so würdevoll wie möglich hinter mich.

»*Adiós!*«, rief ich ihnen zu.

»*Adéu*«, murmelten sie im Chor.

Als ich die Tür öffnete, herrschte Stille, eine dramatische Stille, die nur vom schnarchenden Grunzen eines Ferkels unterbrochen wurde, das in den Armen eines der Alten lag. Ein schelmischer alter *compadre* grinste mich an und sagte trocken: »Ich wünsche Ihnen, dass Ihre kleine Henne bald wieder Eier legt, Señor.«

Sie lachten nicht, jedenfalls solange ich die Tür nicht hinter mir geschlossen hatte. Mit Sicherheit wurde das Gelächter diplomatisch hinausgeschoben, bis sie hörten, dass ich den Motor meines Wagens anließ. Ich hatte zu schätzen gelernt, dass uns die Bauern in der Umgebung der kleinen Ortschaft Andratx im Südwesten der Insel, wo wir uns einige Monate zuvor niedergelassen hatten, zumindest von Angesicht zu Angesicht Respekt entgegenbrachten. Ellie hatte es vorgezogen, zu Hause in Ca's Mayoral, unserem kleinen Bauernhof in einem Tal nördlich des Ortes, zu warten, während ich widerwillig mit Mario zum Tierarzt gefahren war. Den Namen Mario Lanzarote trug er, weil er wie der verstorbene Tenor Mario Lanza sang. Den Verweis auf die Kanarischen Inseln hatten wir angefügt, weil es sich um einen Kanarienvogel handelte.

»Es ist so viel im Haus zu tun«, hatte Ellie erklärt. »Und außerdem kannst du dich im Spanischen viel besser ausdrücken als ich.«

Bei meiner Heimkehr war sie gerade eifrig damit beschäftigt, im Fernsehen eine Folge der australischen Fernsehserie *Neighbours* zu verfolgen.

»Spanisch synchronisierter Tratsch aus den Vorstädten von Melbourne ist natürlich leichter zu bewältigen als komplizierte Fremdworte wie *canario* und *síntoma,* nicht wahr?«

»Du brauchst nicht sarkastisch zu werden«, erwiderte sie, ohne den Blick vom Bildschirm abzuwenden. »Und was hat der Tierarzt gesagt?«

»Ich weiß jetzt, was eine Demütigung ist«, murmelte ich und hängte Marios Käfig an seinen Haken an der Küchenwand. »Weißt du, ich begegne diesen Alten nämlich ab und zu. Zum Beispiel, wenn ich im Agromarkt Dünger kaufe. Und ich war kurz davor, von ihnen akzeptiert zu werden.«

»Gut. Was hat der Tierarzt gesagt?«

»Du weißt genau, was ich meine. Ich war endlich so weit, mich mit diesen alten Bauern darüber unterhalten zu können, wie man bei uns daheim in Schottland Kälber enthornt, Jungstiere kastriert und den Färsen überzählige Zitzen entfernt. So etwas verstehen sie. Das ist unser einziger gemeinsamer Nenner. Und dann ertappen sie mich dabei, wie ich mit einem tuntigen Kanarienvogel aus der Praxis ihres Tierarztes schlendere.«

»Jaja, ist gut. Moment, ich versuche gerade, hier etwas mitzukriegen.« Ellie brach in schallendes Gelächter aus. »Unbezahlbar! Das ist wirklich unbezahlbar!« Sie warf mir einen flüchtigen Blick zu. »Auf Spanisch ist das genauso toll wie auf Englisch.«

»Aber du verstehst ja nicht ein Wort von dem, was sie sagen.«

»Ist auch gar nicht nötig. Pssst!«

Dieser ebenso treffenden wie ungewollten Kritik an der Sendung hatte ich nichts hinzuzufügen. Während Ellie die letzten Minuten ihrer unverständlichen Lieblingsseifenoper genoss, begann ich, die Mischung anzurühren, mit der ich Marios Parasiten bekämpfen sollte. Bonny, unsere junge Boxerhündin, sah mir aufmerksam bei meinen unbeholfenen Versuchen zu, den panisch im Käfig umherflatternden Mario zu fassen zu bekommen.

»Nicht, du machst ihm ja Angst!«, schimpfte Ellie. Der gefederte Aufruhr hatte sie vom Abspann von *Neighbours* abgelenkt. »Lass mich das machen.«

Nach einigen sanften Worten der Kanarienbeschwichtigung hielt sie Mario tatsächlich sicher in ihrer Hand, aus der auf der einen Seite schuppige Krallen und auf der anderen ein vorläufig noch angemessen gefiederter Kopf hervorragten.

Bonny leckte sich die Lippen.

»Also, was hat der Tierarzt gesagt?«

»Parasiten. Tupf ihn mit dieser Mischung hier ab, bis sich die Lage bessert. Kein *problema*.«

»In Ordnung. Ich halte ihn. Du tupfst.«

So begann die Behandlungsroutine, die zweimal täglich zu wiederholen war.

Zwei Wochen später war Mario tot. Ein zitternder, trauriger, nächtlicher Tod an der Wand über Bonnys Bett, in seinem Käfig, auf dessen Dach wir meinen alten Strohhut gelegt hatten, um den Vogel vor Zugluft zu schützen. Doch selbst auf Mallorca ist ein Strohhut nicht genug, um einen winzigen, bis auf einen kleinen Federbausch auf dem Kopf vollkommen nackten Vogel in der Nacht warm zu halten. Einige Tage lang hatte Mario wie ein ofenfertiges Zwerghuhn mit Mohikanerfrisur ausgesehen, ein bemitleidenswerter kleiner Kerl, dessen elender Zustand Ellie sogar dazu bewegte, einen Pullover zu stricken. Mario kam nicht mehr dazu, ihn zu tragen.

Ich begrub ihn mit seinem Käfig zwischen den Mandelbäumen, auf die er hinabgeblickt hatte, wenn er in der Sonne auf dem Balkon voll Freude gesungen hatte.

»Wie ich sehe, hast du deinen Lieblingsstrohhut ebenfalls mit ihm begraben«, seufzte Ellie, als ich ins Haus zurückkehrte. Sie schnäuzte sich und wischte sich die Tränen ab. »Das hat mich wirklich berührt – du hast ihn mit dem einzigen Gegenstand begraben, der ihm in seinen letzten Tagen Geborgenheit gab. Wie einen kleinen Pharao.« Sie begann zu schluchzen. »Armer kleiner Mario.«

Ich nahm sie in die Arme. Ich schämte mich zu sehr, um zuzugeben, dass ich meinen Hut nur mit dem Vogel beerdigt hatte, weil ich nicht darauf versessen war, mich mit der Vogellepra oder irgendeiner anderen übel klingenden Krankheit anzustecken, die ich insgeheim im veterinärmedizinischen Handbuch nachgeschlagen hatte, nachdem klar geworden war, dass Marios Ende unabwendbar war. Nun fürchtete auch ich mich vor einem Ballengeschwür.

Pep, unser verschrobener alter Nachbar auf der anderen Straßenseite, hatte Recht behalten. »*Coño!*«, hatte er ausgerufen, als er Mario zum ersten Mal gesehen hatte. »Es ist der Höhepunkt der Grausamkeit, einen Vogel in einem Käfig zu halten – es sei denn, man will ihn essen, *naturalmente*.«

Damit will ich nicht sagen, dass Pep Kanarienvögel gegessen hätte. Ich nehme an, dass er auf den kleinen selbst gebauten Holzkäfig anspielte, der vor seiner Haustür hing und stets ein kurzlebiges Exemplar eines pummeligen kleinen Rothuhns beherbergte. Doch ungeachtet Peps paradoxer Feststellung schwor ich mir nach Marios Beerdigung insgeheim, nie wieder einen Vogel in einem Käfig zu halten. Was Stubenvögel anbelangte, schien meiner Familie kein Glück beschieden …

»Um den Wellensittich kümmerst du dich mehr als um mich«, hatte meine Mutter vor vielen Jahren meinem Vater vorgehalten. Kurz zuvor hatte ich das Familiennest ver- und meine Eltern sich selbst überlassen, so dass sie sich erstmals seit der Geburt meiner älteren Schwester vollkommen darauf konzentrieren konnten, sich gegenseitig auf die Nerven zu gehen. »Du verdirbst ihn vollkommen.«

Zehn Minuten später war der Wellensittich tot. Bei meinem ersten Besuch nach meinem Umzug von Schottland nach London, wohin ich einige Monate zuvor gegangen war, um Jazzmusiker zu werden, erzählten sie mir die Langfassung der Geschichte. Chirpy, berichtete meine Mutter traurig, war zu seiner abendlichen Turnstunde aus dem Käfig entlassen worden, um das Bäuchlein abzuarbeiten, das er sich mit einer neuen Hirsesorte angefressen hatte. Nach ein paar Minuten hatte er vom Fliegen genug und ließ sich wie üblich auf der Schulter meines Vaters nieder, der es sich in seinem Sessel beim Kamin gemütlich gemacht hatte. Nun wurde der Vogel an der Brust gekrault und flatterte von Zeit zu Zeit die kleine Strecke bis zur Hand meines Vaters, um ein Stück Zeitung abzuknabbern und sich zwischendurch immer wieder den Fingernägeln seines Herrn zuzuwenden, an denen er die Kunst der Brautwerbung übte. Doch auch dieses sehr weit hergeholte Hochzeitsspiel langweilte Chirpy bald. Mein Vater wusste die Signale zu deuten. Um die Aufmerksamkeit seines Herrn zu wecken, hatte der aufgeregte kleine Kerl ein hübsches Häufchen auf seinen Daumen plumpsen lassen.

»Zeit für unser Hoppala, nicht wahr, Chirpy?«, sagte mein Vater gutmütig und legte die Zeitung weg, um den vertrauensseligen kleinen Vogel auf seine Handfläche zu nehmen.

Chirpy wusste, was kommen würde, und konnte es kaum erwarten. »Ein wenig kühl, kleiner Mann!«, krächzte die heitere Sittichstimme.

Es handelte sich um Chirpys Version der Worte, mit denen mein Vater ihn zu begrüßen pflegte: »Schöner Tag, kleiner Mann. Aber ein wenig kühl, eh?« Doch der Vogel hatte meinen Vater genau genug kopiert, um ihn davon zu überzeugen, dass sein gefiederter kleiner Kumpel ein Sprachgenie sei – möglicherweise der erste Poet unter den Wellensittichen. Und dass Chirpy die Worte in diesem Moment sagte, war ein weiteres Zeichen dafür, dass er bereit war, »Hoppala« zu spielen. So begann das abendliche Vergnügen – Chirpy wurde in die Luft geworfen, wobei er begeistert tschilpte, und brach den senkrechten Absturz rechtzeitig ab, indem er die Flügel ausbreitete und zur Hand meines Vaters zurückflatterte, um gleich darauf zur nächsten atemberaubenden Reise in die Luft katapultiert zu werden.

Wir werden nie erfahren, ob die Ursache übermäßige Begeisterung seitens meines Vaters, eine momentane Unaufmerksamkeit von Chirpy oder einfach nur Pech war – jedenfalls prallte der Vogel beim vierten Flug dieses Abends gegen die Zimmerdecke. Es war ein harter Aufprall. Meine Eltern sahen entsetzt zu, wie er, ohne die Flügel auszubreiten, taumelte, gegen die Wand schlug und hinter einer Kommode verschwand. In verzweifelter Eile wuchteten meine Eltern das schwere Möbel von der Wand. Chirpy lag an der Fußbodenleiste, und als sich mein Vater niederkniete, um ihn aufzuheben, war sein einziges Lebenszeichen ein schwaches Zwinkern eines Augenlids.

»Rückgrat gebrochen«, sagte Dad mit zitternder Stimme, »er ist gelähmt.«

Chirpy hatte zum letzten Mal »Hoppala« gespielt und selbiges galt für meinen Vater.

Meine Mutter geriet augenblicklich in Panik angesichts der Qualen des nunmehr fluguntüchtigen Haustiers. »Er – er muss furchtbare Schmerzen haben, der kleine Kerl«, sagte sie mit bebender Stimme und machte Anstalten, den verunglückten Wellensittich mit einem Finger zu streicheln, ohne ihn jedoch zu berühren. »Was wirst du tun, meine Güte?«

»Zum Tierarzt. Ich bringe ihn zum –«

»Was für ein Unfug! Das wird Chirpys Leiden nur verlängern.«

»Was … was soll ich sonst tun?«

Im Wohnzimmer machte sich Panik breit. Was sollte er tun?

»Gas«, stieß meine Mutter hervor. »Wellensittiche sind wie Kanarienvögel – ein bisschen Gas und er ist hinüber. Das ist die sanfteste Methode.« Sie schubste meinen Vater in Richtung der Küche. »Mach schon! Schnell, bevor er noch länger leidet.«

»Aber –«

»Du musst ihn von seinem Leiden erlösen. Sofort!«

Überwältigt von widersprüchlichen Emotionen und angetrieben von meiner Mutter, stolperte mein Vater zum Gasherd. Er flüsterte seinem geliebten Chirpy noch ein letztes Lebewohl zu und hielt den kleinen Vogel über einen der Gasringe. Dad schluckte und rang mit den Tränen. Dann drehte er mit zitternder Hand am Knopf. Es zischte und der Geruch des Gases breitete sich in der Küche aus. Chirpy zitterte kaum merklich in der Hand meines Vaters und sein kleines Herz schlug wild.

»Ist ja gut, kleiner Mann«, sagte mein Vater mit zitternder Stimme. »Gleich ist es vorbei.«

Nicht ganz.

In seiner Anspannung hatte mein Vater vergessen, dass der Herd mit einer Selbstzündung ausgestattet war.

»Das Waschbecken!«, kreischte meine Mutter, als mein Vater mit dem selbstgezündeten Wellensittich jonglierte, der nun in seinen Händen brannte. »Schnell! Unter den Wasserhahn, bevor er verbrennt!«

Mein Vater konnte nicht mehr klar denken und tat wie ihm geheißen. Als seine versengten Federn nicht mehr rauchten, war Chirpy endlich tot. Sehr tot. Man hatte ihn zerschmettert, vergast, verbrannt und ertränkt, und zu guter Letzt hatte man ihm wahrscheinlich noch einen Herzinfarkt verursacht, um ihm wirklich den Rest zu geben.

»Ich meinte es doch nur gut«, erzählte mir mein Vater mit brechender Stimme, als wir uns über das winzige Holzkreuz beugten, das er am Kopfende von Chirpys Grab im Garten hinter dem Haus in die Erde gesteckt hatte.

Mir fiel keine geeignete Antwort ein. Selbst Chirpy wäre das trotz seines vermeintlichen Sprachgenies schwer gefallen.

»Du und dein verdammtes Hoppala!«, schimpfte meine Mutter, die gerade die Wäsche abgehängt hatte, im Vorübergehen. »Das war unser letzter Wellensittich.«

Es war der letzte. Und Mario Lanzarote würde unser letzter Kanarienvogel sein.

* * *

Glücklicherweise starb Mario im September und wir hatten viel mit der Obsternte zu tun. Ich war davon überzeugt, dass wir dank der Arbeit die Trauer um den verblichenen Kanarienvogel schnell überwinden würden.

Also drängte ich Ellie in dem Augenblick, da sie sich zusammenzureißen schien, hinaus in den Obstgarten.

»Feigen!«, rief Maria Bauzà, deren zarte kleine Gestalt wie immer ganz in Schwarz gehüllt war. Ihre Augen schimmerten wie winzige schwarze Oliven im Schatten ihres Strohhuts, als sie mir über die Steinmauer, die unsere beiden *fincas* voneinander trennte, einen finsteren Blick zuwarf. »Sieh dir all die Feigen an, die da herumliegen!«

»Tja, egal wie oft wir sie einsammeln, am nächsten

Morgen liegen immer wieder einige herum. Anscheinend ist der Feigenbaum –«

»*Hombre!* So ist der Feigenbaum eben. Deshalb hat jeder Bauer auf Mallorca ein Schwein!«

Nicht schon wieder! Ich hatte Marias wohlmeinende Vorträge über die Notwendigkeit eines Familienschweins auf einem kleinen Hof mit Obstpflanzungen zur Genüge gehört. Vor einiger Zeit hatte ich sogar eines gekauft, vor allem, um unsere alte Nachbarin glücklich zu machen, doch da es mir an – nun ja, sagen wir, an Schweinsköpfigkeit mangelte, war ich von dem größenwahnsinnigen Ferkel unverzüglich gedemütigt worden. Das kleine Rüsseltier war in die Berge der Umgebung geflüchtet, noch bevor ich es in seinen Pferch hatte bringen können. Alles in allem hätte die Episode vermutlich kaum besser enden können. Am besten sollte sich nie wieder ein Schwein bei uns blicken lassen. Denn wir hätten uns noch sosehr bemühen können, emotionslos zu bleiben, am Ende hätten wir ihm einen Namen gegeben. Statt zu einem Fallobstverwerter hätten wir es zu einem Haustier gemacht, und so wie ich Ellie kannte, wäre es ausgeschlossen gewesen, das Tier irgendwann zu Schnitzeln, Schinken und Würsten zu verarbeiten. So wie mein Vater seinen Chirpy hätten wir »Porky« verdorben, und (anders als Chirpy) wäre das Schwein uralt geworden, überfüttert, übergewichtig und in Anbetracht seines arroganten Wesens vermutlich unerträglich anmaßend. Mit einem Wort: ein furchtbares Ärgernis.

Doch an diesem Tag waren meine Befürchtungen unbegründet. Maria hatte nicht vor, frühere Meinungsverschiedenheiten hinsichtlich der Schweinehaltung aufzuwärmen. Ihre Aufmerksamkeit galt nunmehr Ellie, das verschlagene, runzlige Gesicht zu einem ganz eigenen kleinen Grinsen verzogen, einem schelmischen Lächeln, das immer noch gewinnend war, obwohl ihr Gebiss, reduziert auf je zwei Zähne oben und unten, bei dieser Gelegenheit hinter einer vorgehaltenen Hand verborgen war. Es war eine Marotte, die ich noch nie bei Maria gesehen hatte, und an diesem Tag tat sie es bereits zum zweiten Mal. Seltsam.

»Da der schottische *Señor* keines hat«, sagte sie zu Ellie, wobei sie mir einen geringschätzigen Blick zuwarf, »hätte die *Señora escocésa* etwas dagegen, wenn ich jeden Morgen auf Ihr Grundstück herüberkäme, um die vom Baum gefallenen Feigen einzusammeln? Für mein eigenes Schwein, wissen Sie.«

Wir hatten überhaupt nichts dagegen, wie Ellie ihr ohne zu zögern mitteilte. Maria zu erlauben, die Früchte, die ansonsten verderben würden, sinnvoll zu verwenden, war das wenigste, was wir tun konnten, um ihr die Großzügigkeit zu vergelten, die sie uns gegenüber seit unserer Ankunft im Tal bewiesen hatte: Sie hatte uns regelmäßig frische Eier ihrer Hühner und sogar köstliches Fleisch von ihrem eigenen, mit Feigen gefütterten Schwein gebracht (vom Vorjahresmodell, versteht sich).

Es verblüfft mich immer wieder, wie rasch sich die ländlichen Bräuche und Gepflogenheiten ändern. Ich erinnere mich noch daran, dass mir mein Großvater erzählte, zwischen den Weltkriegen auf seinem Hof auf den Orkney Islands, auf dem er Rinder gezüchtet hatte, stets auch ein oder zwei Schweine gehalten zu haben – »für die Haken an der Küchendecke«. Sogar nach dem

Umzug auf einen Hof in Südschottland Ende der dreißiger Jahre hatte es ihm nichts ausgemacht, gelegentlich ein Schaf oder auch einen kleinen Jungstier zu schlachten, wenn die Familie oder die Nachbarn Fleisch brauchten. Nur zwei Generationen später war sein Enkel indes bereits zu sehr an die Annehmlichkeit des Supermarkts gewöhnt – und, sagen wir es geradeheraus: zu hasenfüßig –, um auf einem Hof, auf dem nach Marias Überzeugung wirklich ein Schwein gebraucht wurde, ein solches als Fleischlieferant zu halten. Ich wusste, dass Maria mich für einen verdrehten ausländischen Schwächling hielt, für einen *extranjero loco,* der offensichtlich seinen Hintern nicht von seinem Ellbogen unterscheiden konnte, wenn es darum ging, einen kleinen Hof wie Ca's Mayoral richtig zu bewirtschaften. Sie hatte Recht. Doch leider werden uralte ländliche Bräuche wie die *matanza* (*matance* auf Mallorquinisch), die alljährliche festliche Schlachtung des Hausschweins, auch in Mallorca aussterben, wenn Marias Generation gegangen ist. Tesco, Sainsbury und die Lebensmittelhygienebrigade haben einiges auf dem Kerbholz – obwohl die Schweine das Verschwinden der *Matance*-Feste wahrscheinlich nicht bemerken werden.

»Sí, das ist, hmm-ah, kein Problem, Maria«, stotterte Ellie in dem für sie charakteristischen Spanglish. »*Muy* gerne können Sie die, ehm, *higados* einsammeln.«

Der Umstand, dass das spanische Wort für »Feige« *higo* ist, während *higado* für »Leber« steht, schien Maria nicht zu kümmern. Sie wusste, was Ellie zu sagen versuchte, und wie ein weiteres Grinsen hinter vorgehaltener Hand verriet, wollte sie Ellie nicht zeigen, dass sie wieder einmal ihren Spaß an einem der üblichen linguistischen Fehltritte der *Señora de Escocia* hatte. Zumindest nahm ich an, dass dies der Grund dafür war, dass sie sich die Hand vor den Mund hielt.

Wie dem auch sein mag, ich war fest davon überzeugt, dass Ellie, hätte sie über den notwendigen Wortschatz verfügt, Maria eingeladen hätte, sich auch die noch an den Bäumen hängenden Feigen zu holen. Denn Ellie hatte nichts für Feigen übrig. Besser gesagt, sie hatte nichts für *Feigenblätter* übrig. Denn trotz ihrer jedermann bekannten Verwendung als Kleidungsstück für griechische Statuen rufen die großen Blätter des Feigenbaums bei manchen Menschen Hautreizungen hervor und in Ellies Fall war diese Reizung gravierend. Mich störten die Blätter nicht allzu sehr, obwohl ich mit Blick auf ihre eher unangenehme, ein wenig stachelige Oberfläche den Gedanken nicht vermeiden konnte, dass die intimen Körperteile der Helden aus der griechischen Mythologie so zäh wie alte Stiefel gewesen sein mussten. Und ich kann Ihnen versichern, dass es auch der Härteste unter den echten Schotten nicht wagen würde, einen mit Feigenblättern gefütterten Kilt zu tragen!

Glücklicherweise hatten wir in Ca's Mayoral nicht allzu viele Feigenbäume. Dort standen vorwiegend Orangenbäume, die in regelmäßigen Reihen ihre immergrünen Schirme über die kleinen, mit Mauern eingegrenzten Felder breiteten, die von den grünen Hängen der umgebenden Tramuntana-Berge umrahmt wurden. Auf unseren Feldern wuchsen Zitronen und Aprikosen, Kakis, Quitten, Mispeln, Mandeln und Johannisbrot. Dazu kamen weitere exotische Früchte und Nüsse, von deren Anbau wir bis zu unserer Ankunft auf Mallorca nichts verstanden hatten, da sie im kühleren schottischen Klima unbekannt waren. Tatsächlich wusste ich derart wenig darüber, dass ich zum Beispiel der Meinung war, die Orangen trügen deshalb den Namen »Navel«, weil sie in der Vergangenheit von Seefahrern gegessen worden seien, um dem Skorbut vorzubeugen. Erst als mich Señor Jeronimo, unser freundlicher mallorquinischer Obsthändler aus dem Küstenort Peguera, auf die außergewöhnlich große nabelartige Öffnung an der Unterseite dieser Orangensorte hinwies, wurde mir klar, dass meine Kenntnisse über die Zitrusfrüchte ebenso lächerlich waren wie meine Aussprache.

Wir mussten eine Menge dazulernen, um uns einer Form der Landwirtschaft anzupassen, die sich grundlegend von dem gewohnten schottischen »Gerste-und-Bullen-Modell« unterschied. Aber wir machten Fortschritte, was wir nicht zuletzt der großzügigen Unterstützung und den Ratschlägen von Nachbarn wie Maria und dem alten Pep verdankten. Obwohl sie es uns gegenüber nie äußerten, konnte kaum ein Zweifel daran bestehen, dass sie uns mit einigem Misstrauen betrachteten, als wir in ihrem Tal auftauchten. In ihren Augen gehörten wir wahrscheinlich zu jener Sorte Menschen, die viele ihrer Landsleute als Ausländer »mit mehr Geld als Verstand« betrachten, da sie sich in Mallorca einen Bauernhof kaufen, um das Haus dann lediglich für gelegentliche Urlaube zu nutzen und damit zuzulassen, dass der Boden und die Bäume infolge der nachlässigen Bewirtschaftung schließlich verkommen. *Coño,* was sollte nur aus dem ländlichen Mallorca werden!

Es war eine Tatsache, dass zahlreiche kleine Bauernhöfe überall auf der Insel ebendieses Schicksal erlitten hatten, da die ältere Generation der Landbevölkerung zu verschwinden begann. In vielen Fällen hatten ihre Nachkommen schon vor langer Zeit ihre ländlichen Wurzeln gekappt, um sich Arbeit in der Tourismusbranche zu suchen: in den Bars, Restaurants und Hotels, die seit mehreren Jahrzehnten wie Betonpilze an bis dahin unberührten und traumhaft schönen Plätzen entlang der mallorquinischen Küste aus dem Boden schossen. Der Anziehungskraft des »leicht verdienten« Geldes und seiner materiellen Nebenprodukte hatten diese jungen Leute vom Land nicht widerstehen können. An welchem Ort auf der Erde hätten die Menschen unter vergleichbaren Umständen anders gehandelt? Und wie sah die Alternative aus? Ein Leben ähnlich dem ihrer Vorfahren, das von der Feldarbeit in der Sommerhitze geprägt sein würde, mit wenig mehr zu erwarten als schwielige Hände, Rückenschmerzen, der wankelmütigen Zuneigung eines Esels und einfache Mahlzeiten, die man dem eigenen Boden abtrotzte? Wahrscheinlich war es so. Doch war dies genau das Leben, das Ellie und ich für uns und unsere beiden Söhne gewählt hatten.

Doch wir waren Ausländer (in den Augen pragmatischer Mallorquiner möglicherweise weltfremde Ausländer), und wir sahen mehr als nur die körperlichen Anstrengungen, die ein solches Leben mit sich brachte. Da war auch der entspannte Arbeitsalltag in dieser wunderbaren Umgebung und, was ebenso wichtig war, in einem Klima, das verglichen mit dem, das wir hinter uns gelassen hatten, sehr freundlich war. Wir hatten nicht vor, das Leben von Aussteigern oder Hippie-»Lebenskünstlern« zu führen, die es sich in einem rustikalen mediterranen Traumland gut gehen ließen, während das wirkliche Leben diffus an ihnen vorüberzog. Das hätten wir uns überhaupt nicht leisten können, selbst wenn wir es gewollt hätten. Wir waren Kleinbauern mit einem Sinn fürs Praktische, wir mussten unsere Familie unterhalten, und unser Ziel (gleich wie naiv unsere Ambitionen sein mochten) war es, diese heruntergekommene *finca* so zu bewirtschaften, dass sie uns ein solches Leben ermöglichen würde. Und dabei wollten wir nicht weiter in der Zeit zurückgehen als unbedingt erforderlich. Ein Esel stand nie auf meiner Einkaufsliste!

Allerdings hatten auch die meisten der Bauern in der Gegend – mit Ausnahme der unbeugsamen Anhänger der These »Früher war alles besser«, zu denen Maria und Pep zählten – ihren vierbeinigen Freunden vor langer Zeit die Treue gekündigt und sie durch Traktoren ersetzt. Viele von ihnen, die auf die Segnungen des »Fortschritts« versessen waren, hatten sogar ihre kleinen Steinhäuser gegen den Komfort neuer Wohnungen in Andratx eingetauscht. Um in den Genuss der Vorzüge beider Welten zu kommen, mussten sie lediglich jeden Tag auf dem Moped oder in einer klapprigen Kastenente die ein oder zwei Kilometer bis zu ihren Feldern zurücklegen – und *obendrein* würden die kleinen Bauernhäuser im Tal stets als Wochenendrefugien für die abgewanderten Kinder zur Verfügung stehen, die mit den Enkeln dorthin zurückkehren konnten, wenn die alten Leute einmal nicht mehr da waren. Tatsächlich befanden sich viele Familien in den ländlichen

Gegenden Mallorcas bereits in dieser Lage. So kam es, dass unsere Entscheidung, den Trend umzukehren, bei unbeugsamen Anhängern der althergebrachten Lebensart wie Maria auf Sympathie stieß, nachdem sie einmal bereit war, uns nicht länger als verrückte Ausländer zu betrachten.

»Was ist mit euren beiden Söhnen?«, fragte sie, während sie sich bückte, um einige Feigen in ihren Korb zu legen. »So stattliche *chicos*. Merkt euch meine Worte: Die werden euch bald viele hübsche Enkel bescheren. *Sí, claro.*«

»Das will ich verflucht noch mal nicht hoffen!«, dachte ich und quittierte die wohlgemeinte Bemerkung unserer alten Nachbarin mit einem freundlichen Lächeln. Zum Teufel, Sandy war gerade einmal achtzehn Jahre alt und konnte einen Sprössling so gut gebrauchen wie ich ein Schwein! Und dass der zwölfjährige Charlie eine *muchacha* schwängern sollte, war gänzlich unvorstellbar!

»Na ja, Maria«, antwortete ich, »Charlie geht seit heute wieder zur Schule, in Sant Agustí bei Palma. Das neue Schuljahr hat begonnen. Und Sandy – nun, Sandy ist noch immer in Schottland.«

Maria zog eine Augenbraue zu einem kritischen Blick hoch. »Es waren lange Ferien für den Señorito Sandii, nicht wahr? Zwei Wochen fern der *finca* seiner Eltern sind zu viel. *Madre mía,* er sollte hier sein und dir bei der Arbeit helfen! Schließlich wird der Hof eines Tages ihm gehören, und wenn er eine Frau und *muchos infantos* ernähren will, muss er –«

»Ähm, nein«, unterbrach ich sie, denn ich wollte vermeiden, dass mich Maria in eine Diskussion über eines ihrer hypothetischen Probleme verwickelte. Ich hatte immer noch genug wirkliche Probleme zu lösen. »Er hat keine Ferien. Er hat wieder bei der Getreideernte zu helfen begonnen. Er übt ein wenig das Fahren mit den großen Traktoren, an die er gewöhnt war.«

»*Por qué?*«, fragte sie. »Warum? Es ist schlimm genug, dass du ihn ermutigst, hier mit dem *kleinen* Traktor zu arbeiten. Diese stinkende Maschine! Er sollte lernen, mit einem guten mallorquinischen Esel umzugehen, und dasselbe gilt für dich!«

Marias anhaltende Klagen in ihrem Heimatdialekt ersparten es mir, ihr erklären zu müssen, dass der wahre Grund für Sandys Rückkehr nach Schottland darin zu suchen war, dass er nach seiner anfänglichen Begeisterung für den Umzug nach Mallorca nach weniger als einem Jahr nicht mehr sicher war, ob dies wirklich das richtige Leben für ihn war. Die Aussicht auf eine Arbeit auf einem Hof, auf dem relativ veraltete Methoden angewandt wurden, und an einem jener eher abgelegenen Orte, denen viele Mallorquiner seiner Generation den Rücken gekehrt hatten, schien ihm Tag für Tag weniger verlockend. Er vermisste die weiten, offenen Ebenen Südschottlands, die großen, wogenden Kornfelder von East Lothia, die saftigen Weiden, die modernen landwirtschaftlichen Maschinen, die immer größer und technisch besser wurden, um den Ansprüchen zukunftsorientierter junger Bauern zu genügen. Er vermisste sein »Zuhause«, und als er zum Arbeiten nach Schottland zurückkehrte, wollte er in Wahrheit herausfinden, ob seine Sehnsucht nach der alten Heimat lediglich auf deren Ferne zurückzuführen war oder ob seine Zukunft wirklich dort und nicht in dem schläfrigen Tal von Sa Coma lag, in dem seine Familie neue Wurzeln zu schlagen versuchte. Es war ein Dilemma, dessen Lösung Ellie und mir einige Sorgen bereitete. Wir vermieden es, mit unseren liebenswerten Nachbarn darüber zu sprechen, denn wir befürchteten, sie zu beleidigen und möglicherweise zu enttäuschen. Sollte das Tal das erst vor kurzem zugeführte, dringend benötigte junge Blut so schnell wieder verlieren? Wir hofften, diese Frage nicht beantworten zu müssen ... jedenfalls nicht allzu bald.

»*Jesús, María y José!*«, stieß Maria hervor. Sie stand mit weit geöffnetem Mund da, so dass dort, wo sich üblicherweise die Lücke zwischen ihren gelben Oberzähnen hätte befinden sollen, ein Quartett unnatürlich weißer Schneidezähne sichtbar wurde. »Wenn das nicht exzentrisch ist!«

Wir versuchten, uns vom bizarren neuen Gebissteil der alten Frau loszureißen, und folgten dem Blick ihrer weit aufgerissenen Augen zum anderen Ende unseres Felds, wo Francisca Ferrer, die gewiefte Frau, die uns Ca's Mayoral verkauft hatte, am Rand ihres eigenen Felds entlangschritt, wie üblich gefolgt von ihren beiden Mischlingshunden und einer kunterbunten Bande halbwilder Katzen. Ihre Beine waren hinter der niedrigen Mauer nicht zu sehen, und die stetige, strikt geradlinige Vorwärtsbewegung ihres makellos frisierten Kopfes erweckte den Eindruck, als schwebe sie über dem Boden – Charlies Deutung lautete, dass sie auf einem motorisierten Skateboard unterwegs sei.

Es kam gelegentlich zu Reibereien zwischen uns und der kleinen, nur oberflächlich distinguierten Francisca sowie ihrem etwas aufdringlichen Ehemann Tomàs –

nichts Gravierendes, nur ärgerliche kleine Zwischenfälle, die den Schluss nahe legten, dass die Ferrers hin und wieder vergaßen, dass Ca's Mayoral nicht länger ihnen gehörte. Beim Verkauf des Grundstücks hatten sie eines der Felder für sich behalten und eine kleine Mühle, die an der Grenze zu unserem Land stand, zu einem Wochenendhaus umgebaut. Während der Woche hielten sie sich in Palma auf, wo Tomàs eine wichtige Position in der lokalen Regierung innehatte. Francisca war in Ca's Mayoral geboren – es war die *finca* ihrer Eltern gewesen – und Tomàs stammte ebenfalls von einem kleinen Hof nahe der Ortschaft Felanitx auf der anderen Seite der Insel. Die ländliche Lebensart steckte ihnen im Blut, und trotz des gehobenen gesellschaftlichen Status, den sie seit ihrem viele Jahre zurückliegenden Umzug in die Stadt erworben hatten, liebten sie es, jedes Wochenende in das Tal zurückzukehren, um den Boden zu bestellen und die Bäume auf ihrem Grundstück zu pflegen. Besser gesagt, Tomàs pflegte das Land, während Francisca es vorzog, gefolgt von ihrer Entourage verwahrloster Katzen und Hunde würdevoll auf ihrem Grundstück umherzustreifen. Sie vergötterte die kleinen Kreaturen, die ihre Zuneigung offenkundig erwiderten. Seit unsere Meinungsverschiedenheiten ausgeräumt waren, hatten wir den Eindruck gewonnen, dass die Ferrers ausgezeichnete (wenn auch ein wenig reservierte), respektvolle und gelegentlich großzügige Wochenendnachbarn waren. Wir würden kaum Busenfreunde werden, doch es war eine Atmosphäre des friedlichen, wenn auch leicht gespannten Zusammenlebens entstanden – so war es uns vollkommen recht. Franciscas Leidenschaft für ihre

Menagerie von Katzen und Hunden mochte ein bisschen exzentrisch wirken, doch es lag uns fern, sie dafür zu kritisieren. Schließlich lag uns als Neuankömmlingen im Tal daran, so gut wie möglich mit *allen* Nachbarn auszukommen.

Die alte Maria sah das anders. Sie konnte Francisca Ferrer nicht ausstehen, und es lag auf der Hand, dass diese Marias Abneigung erwiderte. Wir hatten einige Gerüchte darüber gehört, warum sich die beiden Frauen nicht leiden konnten. Alle möglichen Gründe waren erörtert worden, von ererbten Streitigkeiten über Wasserrechte bis zu einem Jahrzehnte zurückliegenden Eifersuchtsdrama, in dessen Mittelpunkt ein von beiden romantisch verehrter Mann gestanden haben sollte. Den ersten Grund konnten wir verstehen, denn der gemeinsame Zugang zu Quellen und die unvermeidlichen Streitigkeiten über die gerechte Verteilung des wertvollen Wassers (das Lebenselixier der Landwirtschaft im Mittelmeerklima) zählten zu den Bereichen, in denen wir Lehrgeld hatten zahlen müssen. Die zweite Ursache schien sehr viel weniger glaubwürdig – insbesondere da gemunkelt wurde, bei dem umkämpften Romeo habe es sich um Pep gehandelt, den mürrischen alten Schäfer, dem die *finca* auf der anderen Straßenseite gehörte. Es gab drei Gründe dafür, an dieser Version zu zweifeln. Erstens musste Pep mindestens fünfzehn Jahre älter als Francisca sein und zweitens war Maria (die über neunzig war und ihre Jahre schon nicht mehr zählte!) ihrerseits wahrscheinlich mindestens zwanzig Jahre älter als Pep. Das muss nicht bedeuten, dass derartige Altersunterschiede allzu großes Gewicht gehabt hätten, wäre das

Objekt der Begierde der beiden Frauen ... begehrenswert gewesen. Aber der alte Pep? Dieses alte Raubein sollte das schmackhafte Stück Fleisch in einem Sandwich heiß umkämpfter Liebe gewesen sein? Das schien kaum glaubhaft. Und dann gab es noch den dritten Grund: Hier hatten wir einen Mann, der zumindest heutzutage eher wie ein auf einem Esel reitender Don Quijote wirkte und nicht einmal als abgenützte Version eines Don Juan durchgehen würde.

Wir würden den wirklichen Grund für Marias Hass auf Francisca wohl nie erfahren, doch sie trug ihre Abneigung stets offen zur Schau.

In Marias Gesichtsausdruck mischte sich Unglauben mit höchster Schadenfreude. »Aha!«, sagte sie schmunzelnd, wobei sie zu der langsam dahingleitenden Figur von Señora Ferrer hinübernickte. »Die Königin Kleopatra hat endgültig den Verstand verloren! *Magnífico!*«

Tatsächlich hatte es den Anschein, als hätte Francisca möglicherweise die feine Trennlinie überschritten, die zwischen liebenswerter Überspanntheit und völliger Verrücktheit verläuft. Als sie die Prozession kleinwüchsiger Gefolgsleute auf das offene Feld hinausführte, konnten wir deutlich sehen, was Maria offensichtlich bereits erspäht hatte, als Francisca einige Momente vorher an einer Lücke in der Mauer vorbeigegangen war. An der Spitze ihres Hofstaats ging nicht wie üblich eine pelzige, sondern eine gefiederte Kreatur. Allerdings handelte es sich weder um eine Henne noch um eine zahme Ente, und das Federvieh, das da hinter Francisca herwatschelte, war auch keine Gans oder irgendein anderer Vogel, dessen Anblick man auf Bauernhöfen gewohnt ist. Nein, der Vogel, der da fröhlich hinter seiner Herrin einherstolzierte, war –

»Ein Papagei!«, stieß ich hervor.

»Ein grüner«, bemerkte Ellie, der vor Verblüffung der Mund offen stehen blieb.

»Diese *Verrückte!*«, brummte Maria, wobei sie sich mit einem mageren Zeigefinger an die Stirn tippte. »*Totalmente loca!* Ich hab ja immer gewusst, dass die Frau an der Schwelle zum Wahnsinn stand!« Ihre knochigen alten Schultern zuckten, als sie hinter vorgehaltener Hand ein entzücktes Kichern hören ließ.

»Ein Papagei, der spazieren geht?«, sagte ich ein wenig ratlos. Ich konnte meinen Augen nicht recht trauen.

»Warum fliegt er nicht einfach fort?«, fragte Ellie fassungslos.

»Sie muss dem armen Vieh die Flügel gestutzt haben.«

»Aber warum gehen die Katzen und Hunde nicht auf ihn los?«

»Sie würden ihn schneller fressen, als er kreischen könnte, wären da nicht die heilige Francisca und ihr eigenartiger Einfluss auf die Tiere.«

»Hmm, sie hat tatsächlich eine ungewöhnliche Art, mit Tieren umzugehen.« Ellie kratzte sich am Kopf. »Stell dir das vor«, seufzte sie, »ein Papagei führt eine Parade von Katzen und Hunden an. Das glaubt dir niemand.«

»*Una bruja!*«, grollte Maria. »Eine Hexe! Ich hab es mir ja immer gedacht – das ist der Beweis!« Sie bekreuzigte sich und hob den Blick gen Himmel, wobei sie etwas Lateinisches murmelte.

Einige Stunden später war der Papagei tot, doch ich

bin sicher, dass das nicht auf Marias Beschwörungen zurückzuführen war. Der Grund war einfach der, dass Franciscas Zauber bei den wilden Verwandten der Haustiere, die sie anscheinend verhexen konnte, nicht wirkte. Francisca hatte sich möglicherweise ein wenig zu sehr hinreißen lassen vom berauschenden Erlebnis des ersten Spaziergangs mit Papagei durch den Gemüsegarten, so dass sie beschlossen hatte, Princesa, wie sie den vertrauensseligen Vogel nannte, zu einem längeren Ausflug entlang der Küste bei Sant Elm mitzunehmen. In dem einige Kilometer hinter Andratx gelegenen Fischerdorf, das sich mittlerweile in einen Ferienort verwandelt hatte, versammelte sich eine kleine Menschenmenge am Steinstrand, um den faszinierenden Anblick einer Frau mittleren Alters zu genießen, die wie eine Königin einherstolzierte, begleitet von einem Papagei, der wenige Schritte hinter ihr krächzend dahertrippelte. Francisca war entzückt, Princesa war entzückt, die Zuschauer waren entzückt. Die in Sant Elm ansässigen Seemöwen jedoch waren eindeutig nicht entzückt. Empört über die Kühnheit des schrägen grünen Fremdlings, der da durch ihr Territorium spazierte, stürzte sich eine Schwadron von Möwen auf die flugunfähige Princesa und machte sich daran, sie gnadenlos zu verprügeln. Francisca war unaufmerksam, die Zuschauer waren entsetzt und Princesa wurde vollkommen zerfetzt. So gesellte sie sich im Vogelhimmel zu Chirpy und Mario Lanzarote.

Diesem Gedanken hing Ellie mit feuchten Augen nach, als wir an jenem Abend zu Bett gingen. »Ich glaube nämlich an ein Leben nach der Geburt – auch für Vögel und Dinge.«

»Du meinst wahrscheinlich das Leben nach dem Tod«, gähnte ich.

»Hab ich ja gesagt.«

»Hmm, ja, in Ordnung, Ellie«, murmelte ich und zog meine Schlafmaske herunter. »Gute Nacht.«

Sie verharrte einige Augenblicke in nachdenklicher Stille.

»Ich frage mich, ob Mario alle Federn zurückbekommen wird.«

»Mmm-hmm …«

Wieder Stille.

»Er wird für sie singen.« Ellies Stimme schwang sich nun zu einem emotionsgeladenen Jodeln auf. »Er wird *(schnüff)* wieder seine reizenden Liedchen pfeifen.«

»Mmm, so wird es sein …«

»Er wird Chirpy und Princesa *(seufz!)* sein kleines Herz ausschütten.«

»Ja, und Chirpy und Princesa werden im Gegenzug Gedichte vortragen.« Es war ein langer Tag gewesen und ich brauchte unbedingt Schlaf. »In Chirpys Fall Verse von Rabbie Burns«, schnappte ich, »während der spanische Papagei etwas aus dem Werk von Federico Dingsda Lorca zum Besten geben wird. Schlaf jetzt!«

Noch mehr Schluchzen und Seufzer, ein Schlucken, ein zitternder Seufzer, und dann das Geräusch einer Nase, die resolut geputzt wird. Ellie rollte sich in der für sie charakteristischen Embryohaltung zusammen. In der folgenden Stille trug die milde Nachtluft den Duft von Zitronenblüten und das einschläfernde Zirpen der Grillen durch das offene Fenster herein. Als ich gerade eingenickt war, drückte mir Ellie ein Knie in den Rücken und erklärte:

»Und weißt du, an diesen neuen Zähnen in Marias Mund ist etwas *sehr* Seltsames. Die sind einfach nicht … normal!«

Ja, dachte ich, und es gibt nichts Besseres als ein wenig weibliche Bosheit, um die Trauer um einen toten Kanarienvogel zu überwinden.

ZWEI

# Wenn Mañana *Heute* bedeutet

Unsere wichtigste Aufgabe nach unserer Ankunft in Ca's Mayoral war es gewesen, die lange vernachlässigten Obstbäume wieder in Schuss zu bringen, und als der Herbst nahte, durften wir angesichts großer Mengen noch grüner, jedoch draller und schimmernder Orangen auf eine gute Ernte hoffen. Pepe Suau, der örtliche Meister im Beschneiden von Bäumen, hatte zu Jahresbeginn gute Arbeit geleistet, obwohl wir zunächst befürchtet hatten, sein zügellos wirkendes Vorgehen könne die Kräfte einiger der Patienten übersteigen. Pepe hatte eine drastische Behandlung für notwendig gehalten, und in den folgenden Monaten stellte sich heraus, dass er vollkommen Recht gehabt hatte.

Da die Pflege der Pflanzungen all unsere Aufmerksamkeit in Anspruch genommen hatte, war uns wenig Zeit geblieben, die Arbeiten in Angriff zu nehmen, die im und um das Haus getan werden mussten. Ellie wusste bereits genau, was sie wollte, und da die Temperaturen bald ein wenig sinken würden, war mir bewusst, dass die Tage gezählt waren, an denen es mir gelungen war, mit dem Hinweis auf *mañana* der Arbeit in der drückenden Sommerhitze zu entgehen. Herauszubekommen, wie man mühelos in das gute alte spanische Säumigkeitssyndrom hinüberglitt, war für einen nördlichen Pünktlichkeitsfanatiker wie mich nicht leicht gewesen, aber es war mir gelungen – ja ich hatte sogar begonnen, es zu genießen.

»Risse im Verputz«, sagte Ellie und deutete auf eine Reihe haarfeiner Fissuren, die an den Innenwänden des *almacén* hinabliefen, jenes großen Arbeits- und Lagerraums, der gut drei Viertel der Grundfläche des Hauses einnahm.

»Ja, ein übliches Problem in diesem Klima, soviel man hört. Hat damit zu tun, dass sich der Stein im Sommer aufheizt und im Winter wieder abkühlt. Ausdehnung und Schrumpfung, verstehst du? Ein unlösbares Problem in diesen Häusern.«

»Ich bitte dich nicht, es zu lösen. Du sollst einfach nur die Sommerrisse füllen, bevor der Winter kommt und sie wieder schließt. Wenn das so weitergeht, werden diese Wände bald aussehen wie ein paar Skizzen für ein Stillleben von Picasso. Sieh dir doch nur mal diese schnörkeligen Linien neben dem Fenster dort an – ein exaktes Abbild einer nackten Frau, aus deren Achselhöhle uns ein Auge anstarrt.«

»Ah ja – ich denke, ich weiß, was du meinst«, sagte

ich und neigte den Kopf zur Seite, um die Risse zu betrachten. »Aber es ist nicht ganz zutreffend, eine Nackte als Stillleben zu bezeichnen. Hmmm, und ich glaube auch nicht, dass das Auge in ihrer Achselhöhle liegt.« Ich machte einen Schritt auf die Wand zu und zeichnete mit dem Finger das Bild nach, das ich sah: »Siehst du, *das hier* ist ihr Arm. Was du gesehen hast, ist zweifellos ein Bein.«

»Du kannst so viel um den heißen Brei herumreden, wie du willst, mit deinen schmuddeligen Andeutungen. Der Spaß wird dir schon noch vergehen. Du hast mir im April versprochen, diese Risse zu kitten. Jetzt ist es September und wir müssen sie *heute* beseitigen!«

Ellie verstand es, »wir« zu sagen, wenn sie »du« meinte, und ich wusste, dass es ihr ernst war.

»Ist ja gut, ich werde damit beginnen, sobald wir mit der Mandelernte fertig sind.«

»Nichts da! Wir haben nur ein halbes Dutzend Mandelbäume. Es dauert keinen Tag, die Mandeln herunterzuschlagen. Das kann bis zum Wochenende warten, wenn Charlie da ist, um uns zur Hand zu gehen.«

Die gelassene Einstellung der mallorquinischen Landbewohner hatte mich tatsächlich angesteckt, obwohl ich mich anfangs bemüht hatte, der großen Anziehungskraft der *tranquilo*-Manier zu widerstehen. In der alten Heimat hatte ich derartige routinemäßige Instandsetzungsarbeiten stets unverzüglich in Angriff genommen, ohne lange darüber nachzudenken, gleichgültig wie viel Arbeit wir auf den Feldern hatten. Doch nun, nachdem ich fast einem Jahr unter dem Einfluss der Lebenseinstellung des *mañana* gestanden hatte, war es mir zu einer vollkommen natürlichen Gewohnheit geworden, alles mit Ausnahme lebensnotwendiger Arbeiten in der Pflanzung auf morgen zu verschieben.

Ellie drückte mir die Autoschlüssel in die Hand: »Das Zeug zum Füllen der Risse heißt Proplast. Du bekommst es in der Eisenwarenhandlung in Andratx.«

* * *

Die Ferretería Ca'n Mateu befindet sich im oberen Teil der Altstadt von Andratx in der Calle General Bernat Riera, einer engen Gasse, die schließlich in die Straße nach Sant Elm mündet. Der Begriff *ferretería* bedeutet eigentlich Eisenwarenhandlung, doch in diesem Fall handelte es sich um so etwas wie Aladins Höhle, die voll gestopft war mit allen möglichen Artikeln, von Kleiderhaken über Gummieimer bis zu kompletten Bewässerungssystemen für Gemüsebeete. Diese Straße hatte ursprünglich nur so breit sein müssen, dass sich ein paar Esel und Karren hindurchzwängen konnten. Gleichzeitig waren die Häuser zu beiden Seiten so nahe aneinander gerückt, dass sie, wie es in Spanien üblich war, der Straße und ihren Anwohnern im Sommer möglichst viel Schatten spendeten. Seit die Calle General Bernat Riera in das faszinierende Einbahnstraßensystem von Andratx integriert worden war, bewältigte sie (in der Theorie!) problemlos den normalen Auto- und Lieferwagenverkehr, obwohl Lackreste an den Hauswänden davon zeugten, wie schwierig es für Lastwagen und Busse war, die engeren und verwinkelten Abschnitte zu befahren. Selbstverständlich galt dort striktes Parkverbot, das einen ordentlichen Verkehrsfluss und die

Sicherheit der Fußgänger auf den schmalen Bürgersteigen gewährleisten sollte.

Ich fuhr in die Straße hinein und fand mich in einem absoluten Chaos wieder. Wie jeden Morgen parkte auch an diesem Tag eine Reihe von Lieferwagen vor der Ferretería. Jeder Kleinstwagen der Marke Citroën, Seat oder Renault war mit zwei Rädern auf dem Gehsteig und zwei Rädern auf der Straße zurückgelassen worden, wodurch die Fahrzeuge ein erhebliches Hindernis für Autofahrer und Fußgänger gleichermaßen darstellten. Nun bahnte sich gerade der zerbeulte Kipplaster einer Baufirma langsam und in eine Dieselwolke gehüllt seinen Weg zwischen den abgestellten Lieferwagen und dem gegenüberliegenden Gebäude hindurch. In meinen Augen bestand keine Aussicht, dass er durch die Lücke passen würde. Andererseits war ich kein spanischer Lastwagenfahrer.

Der Fahrer hatte den Kopf aus dem Fenster gestreckt und unter einem buschigen schwarzen Schnauzbart steckte die unvermeidliche dicke Zigarre in seinem Mundwinkel. Er winkte einer jungen Frau, die am Ende der langen Reihe geparkter Lieferwagen geduldig mit ihrem Kinderwagen wartete und deren Weg nun vollkommen verstellt war. Sie lächelte scheu und hielt den Blick gesenkt. Das Baby schrie und zappelte. Bald gesellten sich drei in Schwarz gekleidete und mit Einkaufskörben beladene Matronen zu der jungen Frau und bereiteten den Aufstand vor.

Was glaubte der rücksichtslose Trottel, was er da tue, trällerte eine der alten Damen in Richtung des Fahrers. »*Imbécil!*«

»*Con calma, yaya!*«, antwortete der Fahrer grinsend.

»Immer mit der Ruhe, Großmütterchen! Passt auf, dass euer Wasser nicht überkocht!«

*»Hijo de puta barcelonesa!«*, flötete eine der beiden anderen Damen, die ihrer beleidigten Gefährtin beistehen wollte. »Sohn einer Hure aus Barcelona!« (Es muss an dieser Stelle darauf hingewiesen sein, dass vielen Bewohnern Mallorcas ihre katalanischen Vettern auf dem Festland nicht allzu sehr am Herzen liegen. Ihre Einstellung ähnelt ein wenig der mancher Engländer gegenüber den Franzosen, wobei sich die Ablehnung im Fall der Mallorquiner jedoch in extremen Fällen auch auf den Wein der Nachbarn erstreckt, so ausgezeichnet dieser auch sein mag.)

Der Fahrer zeigte der empörten *vieja* einen gestreckten Mittelfinger und bediente die Hupe seines Lastwagens, um die Dramatik der Szene noch ein wenig zu steigern. Darauf humpelte die dritte Alte auf das Fahrzeug zu und begann, den Kühler mit ihrer Handtasche zu malträtieren, womit sie weitere ausgelassene Beleidigungen des schallend lachenden Fahrers provozierte. In diesem Moment flogen gleichzeitig die Läden von zwei Fenstern im ersten Stock der Häuser beiderseits der Straße auf.

*»Silencio!«*, schrie eine Frau aus einem der Fenster. Sie hatte Lockenwickler in den Haaren und knöpfte mit der einen Hand, in der sie eine Zigarette hielt, ihr Kleid bis zum Hals zu, während sie die andere zur Faust geballt emporreckte. »Einige von uns wollen fernsehen, *Madre de Dios*!«

*»Cállate, guapa!«*, bellte ihr ein junger Mann mit verschlafenen Augen und nacktem Oberkörper aus dem gegenüberliegenden Fenster zu. »Ach, halt doch die

Klappe! *Jesucristo*, es ist noch nicht einmal neun Uhr – mitten in der gottverfluchten Nacht!«

Begleitet wurde das anhaltende Stimmeninferno vom Knirschen und Klirren eines sich auflösenden Außenspiegels, da der Fahrer seinen Lastwagen entschlossen voranwalzte. Er warf einen Blick hinab auf den spiegellosen Lieferwagen, an dem er sich gerade vorbeizwängte, gab mit einem Schulterzucken zu verstehen, dass ihm dieser Sachschaden kein Kopfzerbrechen bereitete, und jagte eine Abgaswolke aus dem Auspuff seines Stahlrosses. Dann setzte er noch ein dröhnendes Hupen drauf.

Das beschwingte Getriller einer Pfeife kündigte die Ankunft eines Beamten der *policía local* an, eines jener Gesetzeshüter in blauer Uniform, die Experten für die Bewältigung alltäglicher Verkehrsprobleme in den engen Gassen und Straßen mallorquinischer Ortschaften sind. Im Stil eines Matadors stolzierte er vor den Lastwagen, beurteilte rasch die Lage und begann, den Fahrer mit entschlossenen Signalen aus seiner Pfeife und einigen schulmäßigen Handzeichen weiterzulotsen. Der Außenspiegel eines weiteren Lieferwagens brach und fiel zu Boden, und auf der anderen Seite des Lastwagens erklang das Protestgeheul eines unsichtbaren Hausbesitzers, als ein Stück Stein aus seinem Fenstersims gerissen wurde.

»Aber warum geht der Polizist nicht einfach in die Eisenwarenhandlung und fordert die Besitzer der Lieferwagen auf, wegzufahren?«, fragte ich einen älteren Mann, der neben mir stand und das Spektakel genoss.

»*Hombre!* Dann würde es ja keinen Spaß mehr machen«, erwiderte er spöttisch. Er erklärte mir, dass zwei seiner Brüder und fünf Vettern Polizisten gewesen seien, und daher wusste er genau, wie man das Beste aus solchen Situationen herausholte, um einen langweiligen Tag unterhaltsamer zu gestalten. »*Mira, amigo*. Schau mir zu, mein Freund.«

Er schlenderte zu dem Lastwagen hinüber und machte den Fahrer auf sich aufmerksam, indem er mit seinem Gehstock gegen das Klappe der Ladefläche hämmerte.

»Oy! Setz ein Stückchen zurück, *tío*!«

Der Fahrer machte ein blasiertes Gesicht, vertraute dem Alten jedoch und gehorchte der Anweisung.

»*Excellente*. Jetzt ein bisschen nach links einschlagen – ja, weiter – jetzt einen Tick nach rechts – bleib so – jetzt haben wir's. *Perfecto!*« Der Alte warf mir einen schelmischen Blick zu, während dort, wo sich der riesige Kotflügel des *camión* und der Tür eines kleinen Lieferwagens trafen, das traurige Knirschen nachgebenden Blechs erklang.

Um die Atmosphäre dieser prachtvollen Vorführung ungezügelter Selbstzerstörung noch ein wenig zu verdichten, hoben die ungeduldigen Fahrer der aufgehaltenen Autos, die sich hinter der mobilen Straßensperre aufgefädelt hatten, zu einem improvisierten Hupkonzert an. Der Beamte der *policía local,* der sich leidenschaftliche Vorhaltungen der drei alten Damen, der jungen Mutter und der beiden Hausbewohner anhören musste, blies unterdessen mit frischem Mut in seine Pfeife und ruderte mit den Armen. Also begann die Vorstellung von vorne.

Währenddessen hatten sich im Laden etwa ein halbes Dutzend Bauern und Händler zu einer schwatzenden Versammlung zusammengefunden. Ihnen gehörten die Lieferwagen, die draußen vor der Tür unüberhörbar geprügelt wurden, doch das Spektakel auf der Straße ließ sie offenkundig kalt. Wen kümmert eine weitere Beule oder ein weiterer abgerissener Außenspiegel, schienen sie zu denken. *Coño,* wer auf die Annehmlichkeit eines Parkplatzes genau vor einem Laden im Ortskern nicht verzichten wollte, musste solch kleinere Unannehmlichkeiten in Kauf nehmen.

Sie standen in einem Grüppchen zwischen der Eingangstür und der Kasse und waren in eine lautstarke Unterhaltung vertieft, in der sich Schmähungen der Fußballmannschaft von Barcelona mit Diskussionen über die Aussichten der mallorquinischen Landwirtschaft in der Europäischen Gemeinschaft mischten, der Spanien in Kürze beitreten würde – wenn auch nur als vorläufiges Mitglied. Die Männer waren sich darin einig, dass ihr Land eher nur ein *zeitweiliges* Mitglied werden würde. Sobald diese politischen Zuhälter in Madrid erkennen würden, wie verrückt ihr Vorgehen war, würden sie Spanien rasch wieder da herausholen. Es würde Geld ins Land fließen, hatten die Politiker erklärt, die den Beitrag propagiert hatten. Was für ein Mist! Der Beitritt würde alle und alles ruinieren, mit Ausnahme der gesichtslosen Bürokratie natürlich. Die Bürokraten seien wie hungrige Katzen, erklärte ein Mann. Ah *sí,* stimmte ihm ein anderer zu, und sie vermehrten sich schneller als die Karnickel. Und wer würde ihre obszön hohen Gehälter bezahlen? »Wir natürlich!«, lautete die einhellige Antwort. Steuern! Man würde ihnen mehr und höhere Steuern aufhalsen, den Alkohol und den Tabak verteuern – es würde ihnen genauso ergehen wie den armen Schweinen in Großbritannien.

Diese Meinung entsprang der natürlichen und unerschütterlichen Neigung der Spanier, die eigenen fiskalischen Verpflichtungen stets auf einem Mindestmaß zu halten oder nach Möglichkeit überhaupt keine Steuern zu zahlen. Diese Einstellung der fröhlichen Rebellion hatte viele der vom Staat auferlegten Abgabenpflichten erfolgreich untergraben, sei es, dass es um das »deklarierte« Einkommen oder um den »offiziell festgelegten« Wert des Eigenheims ging. Seltsamerweise nahmen die Behörden in einem Land, in dem die Verwalter der staatlichen Vorschriften traditionell als Pedanten und Erfinder sinnloser Formulare bekannt waren, weil sie alles, was sich bewegte, mit Stempelmarken versahen, diese Einstellung seit langem schweigend hin. Tatsächlich hatte die laxe spanische Einstellung in Steuerfragen im Lauf der Jahre viele Steuerflüchtlinge aus dem Ausland an die prächtigen iberischen *costas* gelockt und jeder dieser Flüchtlinge kam selbstverständlich mit einem Koffer voller Geldscheine. Fragen wurden keine gestellt. Und es mangelte nicht an Einheimischen und Ausländern, die nun beklagten, dass der Anschluss Spaniens an Europa diese althergebrachte Nachsicht gegenüber den Steuersündern untergraben werde.

»Gemeinsamer Markt?«, fragte einer der Kunden der *ferretería* rhetorisch. »*Vete a la mierda, amigo!* Verpiss dich, Freundchen!«

Antrag angenommen.

Ich musste zugeben, dass auch mich angesichts der Aussicht, dass Spanien Teil dieser wachsenden Freihandelszone werden würde, gelegentlich Zweifel überkamen. In Großbritannien war es den Kleinbauern nach dem Beitritt nicht besonders gut ergangen, wie ich aus eigener Erfahrung wusste, und ich bezweifelte, ob sich ein kleiner Betrieb wie Ca's Mayoral würde behaupten können, nachdem Spanien einmal seine Grenzen für die Einfuhren ausländischer Früchteproduzenten im Mittelmeerraum geöffnet hatte. Die Einkommen würden sinken und die Gewinnmargen der Bauern auf Mallorca waren bereits jetzt sehr gering. Für ein Kilo Orangen erhielten sie weniger als den Preis, den man in Großbritannien für eine einzige Orange bezahlen musste. Würde es bald auch hier wie zuvor schon in Schottland »Nur die Größten überleben« heißen? Ohne lange darüber nachzudenken, teilte ich meine Überlegungen dem *campesino* mit, der neben mir stand, wobei ich meine Worte sorgsam wählte und in stockendem »Hochspanisch« aneinander reihte.

Der untersetzte Mann musste über sechzig Jahre alt sein und hatte die ledrige Haut eines Menschen, der sein Leben in der Sonne verbracht hat. Er wandte sich mir zu, schob sich die Kappe aus der Stirn und blinzelte mich aus etwas misstrauischen Augen an.

»*Británico?*«, erkundigte er sich.

»Ähm, na ja, eigentlich bin ich Schotte. *Sí, escocés.*«

»Ah«, sagte er lächelnd und klopfte mir herzlich auf die Schulter, »Skandinavier, eh! *Muy bien.*«

Nun begann ein begeisterter Meinungsaustausch über die Oberweite dänischer *chicas* und die sexuelle Freizügigkeit der schwedischen *muchachas*. Die Burschen wussten ganz genau Bescheid. Sie brüsteten sich damit, alle Filme gesehen zu haben – natürlich wussten ihre Ehefrauen nichts davon! Es folgten eindeutige Lustschreie und phallische Armbewegungen. Dann kehrte das Gespräch wieder zu der Bedrohung der mallorquinischen Bauern durch die Europäische Gemeinschaft zurück. Sie hätten ja nichts gegen die *Británicos,* betonte einer von ihnen. Nein, aber die hartnäckige Weigerung »eines dieser skandinavischen Länder«, diesem zweifelhaften politischen Klub beizutreten, kam ihrem mallorquinischen Unabhängigkeitsgeist eher entgegen als der halbherzige, gescheiterte Widerstand der Briten.

So wurde ich ebenfalls in die Debatte einbezogen, ob es mir gefiel oder nicht. Doch da die Argumente nicht in »Festlandspanisch«, das ich mittlerweile einigermaßen gut beherrschte, sondern in mallorquinischem Dialekt vorgebracht wurden, den ich immer noch kaum verstand, war mein Beitrag zur Debatte im Wesentlichen auf die Worte »sí« (wenn mir eine Frage in Zustimmung heischendem Ton gestellt wurde) und »no« (sofern der Fragesteller eine Verneinung zu erwarten schien) beschränkt. Dennoch trugen meine lächerlichen Anmerkungen in einer jener typischen heiseren Debatten, in der alle gleichzeitig reden, wahrscheinlich ebenso viel zum Gehalt der Diskussion bei wie die wortreicheren Stellungnahmen.

Aus fünf Minuten wurden rasch zehn und aus zehn fünfzehn – nicht mehr als ein Augenzwinkern, wenn man die Zeit anhand des *mañana*-Maßstabs maß, aber eine vergeudete Viertelstunde in den auf die Uhrzeit fixierten Augen meiner nordeuropäischen Auftraggeberin daheim in Ca's Mayoral. Also hörte ich für einen Augenblick auf, *»sí«* und *»no«* zu sagen, und warf einen besorgten Blick hinüber zum Ladentisch, wo ein Bursche in einem mit Zement bekleckten Blaumann die Vor- und Nachteile zweier anscheinend identischer Maurerkellen abwog, seit ich das Geschäft betreten hatte. Schließlich nahm der Bauarbeiter seine Ellbogen vom Ladentisch, richtete sich auf, schnippte mit dem Fingernagel gegen die beiden Kellen und lauschte den Klängen wie ein Musiker, der sein Instrument stimmt. Nachdem er diese Übung mehrfach wiederholt hatte, verzog er die Mundwinkel nach unten und schüttelte den Kopf. Nein, erklärte er dem geduldig wartenden Verkäufer, er würde bei seiner vertrauten alten Maurerkelle bleiben, die er draußen in seinem Lieferwagen hatte. Trotzdem vielen Dank. Ungerührt verzog der Verkäufer ebenfalls den Mund und hob langsam die Schultern. Da kann man nichts machen, schien er zu sagen. Es würden noch viele Tage und viele andere Maurer kommen. *Ningun problema.* Er nahm die Kellen und brachte sie zurück in ihr Regal im hinteren Teil des Ladens.

»*El siguiente*?«, schrie er, als er wieder am Ladentisch stand. »Wer ist der Nächste?«

Meine fünf Diskussionspartner waren alle vor mir an der Reihe, doch nicht einer von ihnen rührte sich, unterbrach das Gespräch oder sah auch nur zu dem Verkäufer hinüber.

»*El siguiente*?«, wiederholte er kraftlos. »*Hey, hombres, a quién toca?*«

Noch immer antwortete keiner der Debattierfreunde.

Na gut, dachte ich; wenn niemand anderer in Eile ist, hat es keinen Sinn, herumzustehen und noch länger zu warten. Ich hatte die *mañana*-Mentalität für diesen Morgen bereits ausgiebig genug genossen. Also ging ich zum Ladentisch hinüber und sagte: »Zwei große Packungen Proplast, *por favor*.«

»*No es possible, señor*«, erwiderte der Verkäufer mit ausdrucksloser Miene. »Proplast führen wir jetzt nur noch in der Vorortfiliale.«

Vorortfiliale?! Bei allen Heiligen, der einzige Ort auf der Insel, der groß genug war, um Vororte zu haben, war Palma, und bis dahin fuhr man mehr als eine halbe Stunde! Mein Gesicht verdunkelte sich im Einklang mit meinem seelischen Zustand. Gleichzeitig war es im Laden still geworden. Der Verkäufer brach als Erster in Gelächter aus und rasch schlossen sich ihm die anderen an.

»Mach dir keine Sorgen, *amigo mío*«, rief mir einer von ihnen zu, »er meint nur seinen anderen Laden in Andratx!«

»Er hat noch einen *anderen* Laden in Andratx?«

»*Pues sí* – den auf der anderen Straßenseite, genau gegenüber.«

Meine Schultern erbebten unter einem Hagel freundlicher Stöße und Klapse. So viel dazu, wie man ein leichtes Opfer des drolligen mallorquinischen Sinns für Humor wird, und so viel zu meiner Beobachtungsgabe. So oft ich auch die Ferretería Ca'n Mateu besucht hatte, war mir die »Vorstadtfiliale« auf der anderen Straßenseite nie aufgefallen. Nun sah ich sie tatsächlich: Sie war gekonnt als Privathaus getarnt. Wie so viele Geschäftsräume auf Mallorca versteckte sich die andere Filiale von Ca'n Mateu hinter einer normalen Wohnhausfassade, nirgendwo hing ein Schild und kein verräterisches Schaufenster gab Hinweise auf die wahre Identität der Räume hinter diesen Mauern. Solange man nicht aus Erfahrung gelernt hat, wer sich in Ortschaften wie Andratx wo befindet und was dort was ist, kann man leicht in eine Schusterwerkstatt platzen, wenn man eigentlich zu einem Uhrmacher wollte, oder auf einem Flur darauf warten, beim Friseur an die Reihe zu kommen, obwohl im Hinterzimmer in Wahrheit ein Zahnarzt praktiziert.

Als ich wieder auf die Straße trat, war das Drama um den Lastwagen des Baumeisters vorüber (so wie das Fahrzeug selbst, das lediglich den einen oder anderen Lackrest auf den Hausmauern zurückgelassen hatte). Die gewohnte Ruhe der Straße war wiederhergestellt und ihre Bewohner hatten zu ihrem normalen gelassenen Rhythmus zurückgefunden. In Ca'n Mateu 2 fand ich mich in einer nahezu gleichen Wiederaufführung der Szene, die ich gerade in Ca'n Mateu 1 hinter mir gelassen hatte, nur war der Kunde am Ladentisch in diesem Fall ein Bauer, der über die Vor- und Nachteile einer Wasserpumpe mit Benzinmotor, mehrerer Gartenschläuche, eines Bündels von Tropfenbewässerungsdüsen und einer Auswahl von Flüssigdüngern nachdachte. Und die versammelten Kunden (die auch hier über den bevorstehenden Beitritt Spaniens zur Europäischen Gemeinschaft diskutierten) hatten es nicht eiliger, zur Arbeit zu kommen, als ihre Mitstreiter auf der anderen Straßenseite. Da ich es nicht riskieren wollte, in eine weitere Posse von *sí* und *no* zu geraten, machte ich auf der Stelle kehrt und ging die Straße zurück zur Plaça Pou, dem kleinen »Brunnenplatz«, über den der unwiderstehliche Duft frischen Kaffees gezogen war, als ich ihn auf dem Hinweg überquert hatte.

Zweifellos wollte die Vorsehung, dass der Kauf des Proplast-Fugenkitts einige Zeit in Anspruch nehmen würde; warum also sollte ich nicht in der geselligen Umgebung einer Bar warten? War die frühmorgendliche »Stoßzeit« in der Eisenwarenhandlung erst einmal vorüber, würde ich meine Mission schon noch zeitig genug erfüllen. In der Zwischenzeit war es das Beste, sich den örtlichen Gepflogenheiten anzupassen und die Sache *tranquilo* in Angriff zu nehmen. Im ländlichen Mallorca braucht man viel Zeit, um solche alltäglichen Besorgungen zu erledigen, alle Welt scheint dort viel Zeit zu haben. Selbst wenn man es heute nicht mehr schafft: Es gibt immer noch den nächsten Tag. Dies ist das beneidenswerte Motto des *mañana*-Lands.

Die Bar Cubano liegt im Zentrum der Altstadt an der Plaça Pou, dort, wo die Avenida Juan Carlos Primero, die lange Hauptstraße, die das Städtchen von Süden nach Norden teilt, auf den Platz mündet. Der Name der Bar erinnert an Andratx' Verbindung zu Kuba, wohin vor langer Zeit zahlreiche Männer aus dem Ort auswanderten, um als Schwammtaucher ihr Glück zu machen. Damals war das Angebot an einträglichen Arbeiten in Ortschaften wie Andratx knapp und die Karibikinsel sehr viel wohlhabender als in der jüngeren Vergangenheit. Restaurierungsarbeiten in den letzten Jahren hatten die zuvor schäbige alte Bar in ein schickes, modernes Lokal verwandelt, in dem glänzende Kunststoffflächen und schimmernde Chrominstallationen im Licht der unvermeidlichen Leuchtstoffröhren strahlten. Die Bar sah ein wenig aus wie eine Eisdiele, in der alkoholische Getränke serviert werden, doch die Kundschaft bestand ausschließlich aus Männern (was in Spanien in öffentlichen Lokalen die Regel ist) und Eiscreme gab es hier nicht.

Beißender Zigarrendunst und Biergeruch mischten sich mit den verlockenden Düften von Kaffee und Anis, während die mechanische Pingpong-Musik eines Spielautomaten von Gelächter übertönt wurde. Ich begriff rasch, dass der Grund all dieser Heiterkeit ein Plakat an der Wand gegenüber der Bar war, und ich erkannte die Stimme, die es ins Lächerlich zog.

Offenkundig hatte Jordi Beltran seinen üblichen Platz an einem Tisch auf der Terrasse der Bar Nuevo auf der Plaza de España, dem Hauptplatz von Andratx, verlassen. Allerdings verschaffte Jordi gern allen Bars im Ort (und davon gab es viele) gelegentlich ein wenig Umsatz. Das war sein Beitrag zur Umverteilung des Wohlstands, würde er erklärt haben, um seine geselligen Gewohnheiten zu beschreiben, obwohl gesagt werden sollte, dass der Reichtum, mit dem Jordi gesegnet war, gewiss nicht materieller Natur war. Dieser dünne, drahtige Mann, der stets fröhlich war und zu jedem beliebigen Thema, das ein Gesprächspartner anschneiden mochte, etwas zu sagen hatte, war gebürtiger Mallorquiner. Er stammte aus dem Dorf Santanyí auf der anderen Seite der Insel, doch er lebte seit vielen Jahren in Andratx und war ein stadtbekanntes Original. Von Beruf ursprünglich Zimmermann, hatte er sechzehn Jahre in den englischen Midlands gelebt, wo er in einer Zeit, in der der Massentourismus in Mallorca noch in den Kinderschuhen steckte, in den großen Automobilwerken gearbeitet hatte. So hatte er die Blütezeit verpasst, in der so viele andere Handwerker auf der Insel eigene Geschäfte aufgebaut und sich dank der im Überfluss vorhandenen Nebeneinkünfte ihren Wohlstand gesichert hatten. Doch Jordi war kein Mensch, der seine Zeit damit vergeudete, entgangenen Chancen nachzutrauern. Die Wanderlust, die ihn quer durch Europa geführt hatte, mochte ihm die günstigen Gelegenheiten vorenthalten haben, die viele seiner weniger abenteuerlustigen Zeitgenossen ergriffen hatten; doch er war glücklich, schließlich in seine Heimat zurückzukehren, wo er – sofern er den Drang dazu verspürte – auf seiner winzigen *finca* an einem Bergpfad unweit der Straße nach Peguera arbeitete und in den Sommermonaten hin und wieder Reparaturarbeiten an einer der im Hafen von Andratx liegenden Yachten übernahm. Im Allgemeinen führte er ein unkompliziertes Leben, in dem er tatsächlich Herr seiner Zeit und seines Schicksals war. Allzu viele der mallorquinischen »Selfmademen« waren bereits Herzinfarkten zum Opfer gefallen, wie Jordi klug beobachtete.

Obwohl seine äußere Erscheinung nicht elegant war, da seine Garderobe so beschränkt war wie seine finanziellen Mittel, konnte man Jordi nicht absprechen, dass er Stil besaß. Sogar in seiner abgetragenen Arbeitskleidung besaß er »Präsenz«, eine auffällige, beinahe würdevolle Erscheinung, getragen von schlanken, von einem ereignisreichen Leben zeugenden Gesichtszügen, die unter einem dichten Schopf ergrauenden Haars lächelten. Und sein Auftreten – sei es, dass er auf seinem treuen alten *Mobylette*-Moped auf den Landstraßen einherzuckelte oder mit übereinander geschlagenen Beinen und einer Zigarette im Mundwinkel an seinem Lieblingstisch vor der Bar Nuevo »Hof hielt« – deutete darauf hin, dass Jordi sehr wohl eine gehobenere Stellung als jene hätte bekleiden können, die ihm das Leben zugewiesen hatte. Doch er war zufrieden mit seinem Los und schien niemandem etwas zu neiden. Jordi Beltran war eine liebenswerte Person und hatte uns mit unschätzbarem Rat, seinen Kontakten und seiner Kenntnis der örtlichen Verhältnisse zur Seite gestanden, seit wir ihm als Neuankömmlinge auf der Insel zufällig im Zeitungsladen von Port d'Andratx begegnet waren.

»Hey, zur Hölle, Mann, Kumpel!«, brüllte er mir durch die Bar zu. »Haste die vafluchtn Bilda gesehn, die de Scheißregierung da aufhängen hat? Absolut lächalich!«

Jordi war sehr stolz auf seine englischen Sprachkenntnisse. Er sprach mit einem Akzent, in dem sich die linguistischen Nuancen von Karatschi und Coventry mischten, da er in der englischen Stadt lange bei Pakistani gelebt hatte. Sein großes Repertoire an Flüchen hatte er sich in der Fabrikhalle angeeignet, wo derbe Späße an der Tagesordnung gewesen waren. Seinen begrenzten englischen Wortschatz machte Jordi mehr als wett durch die Begeisterung, mit der sein verfügbares Vokabular einsetzte. Seinem Vertrauen in die Improvisation verdankte er es, dass er nie nach dem geeigneten Wort suchen musste. Einmal, als wir einander an einem Markttag vor der Bar Nuevo gegenübersaßen, hatte er mir erklärt, wie schwierig es für ihn als Neuankömmling in Coventry gewesen war, sich an die Gepflogenheiten der asiatischen Familie zu gewöhnen, in deren Haus er gewohnt hatte. In der Zimmermiete war das Abendessen inbegriffen, doch da er in Mallorca eine unkomplizierte Einstellung zum Essen entwickelt hatte, war es seltsam für ihn, mit einer Familie zu essen, die aufgrund ihrer religiösen Überzeugungen striktere Regeln befolgte. Schlimm genug, dass seine Vorliebe für das, was er als »den änglischen dünn'n Eintopf« bezeichnete, der »ausm vafluchtn Schmutzfänger des Kuharschs« gemacht wurde (ich verstand dies als Umschreibung für »Ochsenschwanzsuppe«), in ihren Augen absolut tabu war. Doch Jordi hatte sich in jenem Haushalt mit noch ausgefalleneren kulinarischen Idiosynkrasien abfinden müssen …

»Ich sags dir, Mann«, verriet er mir, »sie hatten niemals das ganze vaflixte Hühnchen gegessen!«

»Tatsächlich?«

»Zur Hölle, Jordi sagt es wirklich, geschworen! Und ob!« Mit diesen Worten beugte er sich zu mir herüber und blickte um sich, um sicherzugehen, dass niemand in Hörweite war, der sich möglicherweise beleidigt fühlen konnte. »Ich sags dir, Mann …« Er unterbrach sich, lehnte sich noch ein Stück vor und flüsterte vertraulich: »… wenn se das vafluchte Hühnchen gegessen ham, ham se nich seine verdammten Räder gegessen!«

Nun war es an mir, innezuhalten und gründlich nachzudenken. »Räder?«, fragte ich prüfend. »Du meinst, die Hühner hatten … *Räder*?«

Wie immer, wenn eine solche Frage aufkam, ließ sich Jordi in den Stuhl fallen und starrte mich entgeistert an. »Um Goteswilln, Mann! Verstehste nich das vafluchte normale Änglisch? RÄDER!«, schrie er, und plötzlich schien ihn die mögliche Gegenwart gekränkter Zuhörer nicht mehr zu kümmern. Da er meinem immer noch ratlosen Gesichtsausdruck entnahm, dass eine gestische Unterstützung des Wortes erforderlich sein würde, um meinen begriffsstutzigen Verstand für seine Botschaft zu öffnen, winkelte er die Arme an, hob die Ellbogen und begann, die Flugbewegungen eines Vogels nachzuahmen, wobei er laut »Gak-kak-kak-kaak!« rief. »RÄDER!«, wiederholte er. »Die vafluchtn scheiß RÄDER von die Hühner!«

»Ah!«, rief ich lachend aus, als der Groschen endlich fiel, »du meinst die *Flügel*!« Im selben Moment stieg die Angst in mir auf, Jordi mit dieser spontanen Berichtigung gekränkt zu haben. Aber meine Sorge war unbegründet. Er war nicht bereit, sich von jemandem aus dem Konzept bringen zu lassen, der offenkundig sehr wenig für die Feinheiten der englischen Sprache übrig hatte.

»Vaflucht noch mal!«, gab er zurück. »Genauh das wars, was Jordi dir erklären.« Er beugte sich erneut zu mir herüber. »Na klar, die BÜGEL!«, wiederholte er laut, wobei er mir genau in die Augen sah. »Räder, Bügel – alles dasselbe, o. k.!!«

Touché! Wie üblich hatte er das letzte Wort gehabt. Und in der Plakatverhöhnungsaktion an jenem Morgen in der Bar Cubano gab er ebenfalls den Ton an. Er winkte mich herbei und deutete auf die beleidigende Bekanntmachung, während sich seine Gefährten zerstreuten, um ihre angeregten Diskussionen an ihren Tischen fortzusetzen. Gegenstand des Aushangs war, wie ich feststellte, eine Bekanntmachung an die Obstbauern, der zufolge gemäß den Bestimmungen der Europäischen Gemeinschaft in Zukunft alle Orangen bestimmte »Qualitätsstandards« zu erfüllen hätten. Zudem wurde erklärt, dass sie zum Verkauf fein säuberlich in flachen Schalen zu präsentieren seien, was auch in erläuternden Farbtafeln auf dem Plakat dargestellt wurde.

»Vafluchta Regierungsscheiß«, kicherte Jordi, wobei er auf die amtliche Kopfzeile der Bekanntmachung deutete. »Haste all den Mist schon sehn, Mann? Die Scheißbilda hamse heute in alln Bars von Andratx aufgehängt, o ja!«

Ich musste gestehen, dass ich sie noch nicht gesehen hatte. Ich entlockte Jordi einen ungläubigen Blick mit meinem Eingeständnis, dass dies die erste Bar war, die ich an diesem Tag betrat, obwohl es bereits fast halb zehn war. Ich hatte Jordi nie betrunken gesehen, und er trank bei seinen häufigen Barbesuchen im Lauf eines Tages wahrscheinlich nicht mehr als der durchschnittliche britische Angestellte bei seinem verzweifelten, hastigen Zwischenstopp im Pub auf dem Weg von der Arbeit zum Zug, der ihn am Abend nach Hause bringt. Doch wie es bei mallorquinischen Männern Brauch war, begann Jordi den Tag mit einem Halt in seiner Lieblingsbar, bevor er sich auf den Weg zur Arbeit machte. Man nahm ein entspanntes »Frühstück« mit einem *rebentat* zu sich – einem kleinen, starken Kaffee, der mit einem Schuss Alkohol angereichert wurde. Dies ist die althergebrachte spanische Methode, morgens den Kreislauf in Gang zu bringen, und anscheinend erleiden diejenigen, die auf diese Art frühstücken, keinen Schaden dadurch. Nebenbei haben sie Gelegenheit, im Freundeskreis das Gespräch vom Vorabend fortzusetzen und Meinungen über die Nachrichten des Tages auszutauschen.

Manche wiederholen das Ritual vor dem Mittagessen, nach der Siesta und vor dem Abendessen. Selbstverständlich weisen die Gegner dieser Gepflogenheit zu Recht darauf hin, dass diese Leute rund um die Uhr unter Alkoholeinfluss stehen. Aber was soll's? Ihr Organismus ist daran gewöhnt, und der genau bemessene Konsum kleiner Mengen führt nie zu dem unschönen Anblick öffentlicher Trinkgelage, der uns aus der Besäufniskultur der nordeuropäischen Länder vertraut ist. Vielleicht fragen Sie sich jetzt: »Und was ist mit dem Alkometer?« Nun, sagen wir einfach, dass manche Verkehrspolizisten auf Mallorca, bevor sie am Morgen ihre Motorräder anwerfen, ebenfalls nicht abgeneigt sind, ihrem Kreislauf ein wenig auf die Sprünge zu helfen. Ja, es spricht vieles für die spanische Einstellung zum Leben in der Bar – es entspannt und verbindet die Menschen.

Jordi allerdings frönte dieser Gewohnheit noch häufiger als die meisten anderen, wenn er nicht allzu beschäftigt war (und er war selten zu beschäftigt). Das war sein *estilo de vida* – seine Lebensart –, und niemand, der ihn kannte, konnte ihm einen Vorwurf daraus machen.

Seine Frau, die er in Coventry kennen gelernt und geheiratet hatte, war ein Jahr nachdem sie gemeinsam auf die Insel gekommen waren, mit ihren beiden Kindern wieder nach England gezogen und dort geblieben. Sie hatte ihre »Heimkehr« mit ihrer Abneigung gegen die Sommerhitze auf Mallorca begründet sowie damit, dass sie sich um ihren vor kurzem verwitweten Vater kümmern müsse. Hinter der Fassade polternder Überschwänglichkeit war Jordi ein sehr empfindsamer und, obwohl er es nie zugegeben hätte, im Grunde auch einsamer Mensch. Er vermisste seine Frau und seine Kinder, und wenn er von Bar zu Bar zog, suchte er damit auch einen Ausgleich für die mangelnde familiäre Geborgenheit.

Nun nickte er zu dem Plakat hinüber und platzte mit einem glucksenden Kichern heraus: Hatte ich jemals einen solchen Unfug gesehen? Er klopfte verächtlich mit den Fingerknöcheln auf die Verlautbarung. »Hey, Mann, hastes gesehn?!«, sagte er und lenkte meine Aufmerksamkeit auf eine Zeile in der Auflistung neuer Bestimmungen. »Die Orangen müssen von einheitlicher Form sein, se hier sagen. *Einheitliche* Form? Wer zun vaschissenen Teufel hat denn schon ma ne vafluchte quadratische Orange gesehn?«

Diesmal sei die Regierung zu weit gegangen, erklärte er. Glaubten sie etwa, die Bauern Mallorcas seien Idioten? Hatten die Politiker vergessen, dass auf der Insel seit tausend Jahren oder länger Orangen angebaut wurden? Ja, tausend Jahre, bevor die Bürokraten in Brüssel erstmals von Mallorca gehört oder überhaupt gelernt hätten, eine verfluchte Orange zu schälen. Er sei in Belgien gewesen, verkündete er, deshalb musste er es wissen.

»Europeein' Onion?«, bellte er. »Lächalich! Die könnse Jordi in' Arsch schieben!«

Mit diesen Worten riss er das Plakat von der Wand und knüllte es unter lauten Beifallsbekundungen seiner Freunde zu einem Ball zusammen, den er mit einem strammen Schuss zur Tür hinausbeförderte. Ich hatte das Gefühl, dass dies weder das erste noch das letzte derartige Plakat war, das an diesem Tag ein solches Schicksal erleiden würde. Und man konnte den

Tätern kaum absprechen, dass ihre Wut gerechtfertigt war. Jordi brachte es auf den Punkt: Auf Mallorca wurden seit Menschengedenken Orangen angebaut, und wie er erklärte, hatten mallorquinische Bauern und Obsthändler über Generationen Kenntnisse in ihrem Metier erworben, denen die im fernen Brüssel an ihren Schreibtischen sitzenden Erfinder dieser neuen Vorschriften nichts entgegenzusetzen hatten. Das zustimmende Gemurmel am nächsten Tisch spornte Jordi zusätzlich an. Hatten sich die Händler in Marseille, die seit Jahrhunderten über den kleinen Hafen Sóller mit mallorquinischen Orangen beliefert wurden, jemals über die Form, Qualität oder Verpackung der Früchte beschwert? Nie! Und sie würden es auch in Zukunft nicht tun, erklärte Jordi kategorisch, und dafür gab es einen einfachen Grund: Er und die anderen Obstbauern auf der Insel würden ihre Orangen weiterhin genauso liefern wie bisher. Wozu sollte es gut sein, dass eine Orange wie ein exakter Klon der benachbarten Frucht aussah? Und warum sollte man die Mühe auf sich nehmen, sie fein säuberlich aufgereiht nebeneinander in dämliche Schalen zu legen? Blödsinn! Man würde die Orangen auch in Zukunft genauso wie bisher verkaufen, denn das war sowohl für den Bauern als auch für den Händler die einfachste und beste Lösung: aufgestapelt in hübschen, tiefen Plastikkisten, und am Stil jeder Orange würde man wie gehabt ein oder zwei Blätter stehen lassen, um zu beweisen, dass die Früchte aus Mallorca stammten und *frisch* waren. Antrag abgelehnt!

Die Tatsache, dass er selbst nicht einen einzigen Orangenbaum besaß, überging Jordi geflissentlich.

Was zählte, war das Prinzip, und Jordi hatte es nachdrücklich genug verteidigt, um Beifallsrufe der Anwesenden zu ernten.

»*Sí, sí, sí*«, sagte Jordi mit einem breiten Grinsen, um sich für den Beifall zu bedanken, wobei er paradoxerweise die Arme hob wie einer der von ihm verachteten Politiker bei einer Wahlveranstaltung: »*Y VIVA MALLORCA, EH!*«

Die verdammten Gangster von Politikern würden Mallorca nie unter das Joch der Europäischen Gemeinschaft zwingen, erzählte er mir, während er mich zur Bar hinüberlotste. Er spürte, dass seine gesellschaftliche Bedeutung mit dem Echo des vergnügten Applauses seiner Kumpels wuchs, und seine Euphorie begann bedrohliche Ausmaße anzunehmen. Mallorca sei in seiner langen Geschichte Opfer zahlreicher Invasionen gewesen, erinnerte er mich. Phönizier, Griechen, Römer, Mauren, Piraten und sogar Katalanen vom spanischen Festland hatten die Insel heimgesucht, ohne ihr jedoch ihren Willen aufzwingen zu können. Der Geist der wahren Mallorquiner hatte stets triumphiert; der Unabhängigkeitssinn eines Inselvolks, das listig genug war, die Gegenwart der Invasoren zu dulden und sie gleichzeitig bis auf das letzte Hemd auszunehmen. Man nehme nur die moderne Invasion …

»Verfluchte Touristen!«, sagte er grinsend, wobei er sich an den Nasenflügel tippte. »Hey, mehr werd ich nich sagen, Mann!«

Ich beugte mich Jordis Kenntnis der Geschichte Mallorcas und bewunderte seinen Patriotismus. Die Wahrheit war jedoch, dass die Bevölkerung Mallorcas ihre Einzigartigkeit, ähnlich wie alle Völker der »Alten

Welt«, gerade der Vielfalt des Bluts verdankte, das der autochthonen Bevölkerung im Lauf der Jahrhunderte von außen zugeführt worden war. Und die Einzigartigkeit des mallorquinischen Volks war wahrhaftig bewundernswert. Aber ich bezweifelte, dass der ausgeprägte Unabhängigkeitssinn der mallorquinischen Bauern genügen würde, um sich den Krakenfingern der von Formularen besessenen und kontrollneurotischen Bürokratie zu entziehen, deren Invasion unmittelbar bevorstand. Erneut begann ich mir Sorgen um die Zukunft kleiner Familienhöfe wie des unsrigen zu machen.

»Drink?«, fragte Jordi.

»Nur einen kleinen Kaffee, danke. *Café solo.*«

»*Rebentat*«, sagte er zum Barkeeper. Er hatte meine Bitte um einen Kaffee »ohne alles« ignoriert und stattdessen einen »angereicherten« bestellt. »*Sí, un rebentat para mí amigo.*« Dann wandte er sich mir zu. »Was willste drin? *Coñac, anís, gin*? Hey, vielleicht Whisky, eh?« Die Idee gefiel ihm und so wartete er meine Antwort erst gar nicht ab. »*Si, un café con whisky para el Scotchman!*«, sagte er an den Barmann gewandt. Er bohrte mir den Ellbogen in die Rippen und zwinkerte mir zu: »MacRebentat, eh?« Seine Schultern erbebten unter seinem stummen Lachen. Jordi war in Bestform.

Der Gedanke, zu derart früher Stunde einen Kaffee mit Whisky zu trinken, schien mir ebenso verlockend wie die Aussicht, meine Hafergrütze mit Currysauce essen zu müssen, doch wie ich Jordi kannte, war eine Weigerung aussichtslos. In dieser überschwänglichen Stimmung war Jordi schwer zu bremsen, wenn es darum ging, Getränke zu bestellen, und trotz seiner offensichtlich bescheidenen Mittel war er stets bereit zu zahlen. Es ging das Gerücht, dass Jordi in Wahrheit irgendeine obskure Rente beziehe, weil er »industrielle Folgeschäden« erlitten habe, die ihm eine Erwerbstätigkeit unmöglich machten, obwohl jedermann sah, dass er in ebenso guter Verfassung war wie ein Kampfstier vor der Corrida. Aber natürlich hatte er die Jahre der Obhut des britischen Sozialversicherungssystems nicht mit geschlossenen Augen und Ohren verbracht!

Wie zuvor in der Eisenwarenhandlung wurden aus fünf Minuten zehn und aus zehn Minuten eine Viertelstunde. Als Jordi den dritten *rebentat* für mich bestellt hatte, steuerte ich geradewegs auf den Punkt zu, an dem ich mir keine größeren Sorgen mehr über das Verstreichen der Zeit machen würde als er. Allerdings *glaubte* ich nur, dass ihm diese Sorge fremd sei.

»Jordi muss auf den Weg gehen«, sagte er plötzlich, wobei er sein Getränk auf einen Zug hinunterstürzte. »Harter Tag für Jordi oben auf der *finca*. Viele vafluchte Kartoffeln fürs Ernten, o ja.«

Er gab mir den üblichen Klaps auf die Schulter und im Handumdrehen war er in einer nicht zu ihm passenden Eile zur Tür hinaus. Erst als das Rattern seines Mopeds verhallt war, begriff ich den Grund für seinen fluchtartigen Aufbruch. Am anderen Ende der Bar stand der Polizist, der vor einer Weile das Verkehrschaos dirigiert hatte. Er befragte den Barmann und hielt ihm das nun wieder aufgefaltete, aber unbrauchbare Plakat unter die Nase, das Jordi vor einer halben Stunde auf die Straße befördert hatte. Der Gesetzeshüter hätte wahrscheinlich mehr Informationen bekommen, hätte er eine Steinmauer befragt. Nachdem er aus dem Barkeeper einige schweigende Schulterzucker herausgeholt hatte, knüllte er das Plakat wieder zusammen, ließ es zu Boden fallen und bestellte einen Kaffee. Doch dann überlegte er kurz und erklärte dem Barmann, er solle ihm besser einen *rebentat* geben. »*Sí, un café con coñac, gracias!*« Dieser Polizist war Realist, und seine Prioritäten trug er zur Schau wie die Uniformstreifen eines Unteroffiziers – ein Rang, den er, wenn es nach seinen Leistungen an diesem Morgen ging, jedoch kaum je erreichen würde.

* * *

Als ich mich wieder in Ca'n Mateu 2 einfand, hatte sich der morgendliche Andrang tatsächlich aufgelöst. Der Laden war vollkommen leer, und der Angestellte saß zufrieden hinter dem Ladentisch, las die Zeitung, nippte an einem Kaffee und rauchte eine Zigarette.

»Zwei große Packungen Proplast, *por favor*«, sagte ich, wobei ich ängstlich auf meine Uhr sah. Ich war mittlerweile so lange unterwegs, dass ich befürchten musste, Ellie habe Zeit gehabt, auf den Wänden des *almacén* noch weitere Skizzen Picassos zu entdecken.

»*Lo siento, señor*«, antwortete der Verkäufer mit einem Verzeihung heischenden Kopfschütteln, »ich habe vor fünf Minuten die letzte Packung verkauft. Kommen Sie *mañana* wieder, ja?« Als er meinen verzweifelten Gesichtsausdruck sah, überlegte er einen Moment, worauf sich seine Miene aufhellte.

»Aber wissen Sie was? Sie könnten es gegenüber in unserer Filiale versuchen!«

Als ich endlich wieder daheim war, fand ich Ellie in dem Obstgarten, der am zweitweitesten vom Haus entfernt lag und in dem in erster Linie andere Obstsorten als Orangen wuchsen. Ellie saß auf einer umgedrehten Obstkiste an einen Aprikosenbaum gelehnt und ließ sich die warme Septembersonne ins Gesicht scheinen. Die Boxerhündin Bonny schlief zu ihren Füßen.

»Sag es nicht«, murmelte sie, ohne die Augen zu öffnen. »Du kommst ohne Proplast zurück, stimmt's?«

»Tja, es ist … das ist eine lange Geschichte. Weißt du, zunächst gab es einen –«

»Spar dir deinen Atem. Tatsächlich sagt dein Atem alles. Whisky! Mit Sicherheit bist du Jordi begegnet.«

»Morgen«, stieß ich hervor, um rasch das Thema zu wechseln. »Sie haben es heute nicht mehr gehabt, aber der Typ in der Eisenwarenhandlung hat gesagt, dass es morgen wieder da sein wird.«

»Hmm, *mañana,* wie üblich.« Ellie gähnte und blinzelte mich aus einem Auge an. »Ist auch gleichgültig, so wie es aussieht.«

Sie verstand sich darauf, aus einer einfachen Feststellung ein Rätsel zu machen, wenn sie glaubte, ihr Gegenüber in die Enge getrieben zu haben – eine quälende kleine Neckerei, mit der sie mich peinigte, wenn sie meinte, meine Sinne und mein Widerstand seien vom Alkohol geschwächt. Eine solche Gelegenheit bot sich ihr allerdings selten, wie ich betonen möchte!

»Aber du wolltest doch, dass diese Risse im Verputz heute geschlossen würden.« Der Genuss von drei winzigen *rebentats* hatte mich nicht *so* benebelt, dass ich ihr wehrlos ausgeliefert gewesen wäre. »Und es ist kein Problem. Mir ist nämlich gerade eingefallen, dass vor kurzem eine neue Eisenwarenhandlung in Peguera aufgemacht hat, die Ferretería Capri. Großer Laden – der Besitzer ist nett, ein Bursche aus der Gegend namens Gabriel, habe ihn im Restaurante El Piano an der Bar kennen gelernt, als ich dort neulich eine Ladung Obst abgeliefert habe. Ich hätte auf dem Heimweg den Umweg machen und dorthin fahren können, aber ich wusste, dass du dir Sorgen machen würdest, also dachte ich, es wäre das Vernünftigste, einfach –«

»Du hast keine Zeit, vernünftig zu sein.«

Mittlerweile war ich *tranquilo* genug, um Ellie diesbezüglich nicht zuzustimmen, aber es hätte keinen Sinn gehabt, darüber zu diskutieren. Nebenbei bemerkt hatte sie Zeit gefunden, um sich friedlich unter einem Aprikosenbaum niederzulassen, während ich in den vergangenen anderthalb Stunden in das hektische Leben von Andratx verwickelt gewesen war. Ich nahm an, dass Ellie das ebenfalls wusste, auch wenn sie das Gegenteil behauptete. Also machte ich es mir neben ihr auf der Erde gemütlich und nahm dieselbe Sonnenanbeterpose wie sie ein.

Ah, herrlich! Deshalb waren wir nach Mallorca gekommen: um uns an einem wolkenlosen Tag von einer mediterranen Sonne wärmen zu lassen, die uns durch einen schützenden Schirm von Aprikosenblättern die Gesichter streichelte, eingehüllt in die betörenden Düfte der Obstgärten und die stille Größe der Berge, die unsere Sinne fesselten und alle irdischen Sorgen forttrugen. Himmel.

Eine reife Feige fiel von einem Baum in der Nähe und plumpste wie ein fetter, süßer Regentropfen sanft auf die Erde. Ohne auch nur den Kopf zu heben, gab Bonny mit einem kaum hörbaren Brummen zu verstehen, dass sie das flüchtige Ereignis bemerkt hatte. Dann seufzte sie tief, schmatzte, wie es zufriedene, schläfrige Hunde tun, und versank wieder in ihren Träumen.

Einige endlose Augenblicke lang rührte sich nichts im Tal, kein Geräusch belästigte unsere Ohren. Eine leichte Brise trug das entfernte Krähen eines Hahns herüber, der auf einer der *fincas* weit oben in der Sierra Garrafa seine Gebietsansprüche geltend machte. Diese kleinen Höfe versteckten sich hinter immergrünen Steineichen und süß duftenden Pinien. Die leichte Brise, sanft wie der Flügelschlag eines Engels, wie sie in dieser Gegend sagen, zog raschelnd durch den Blätterbaldachin über unseren Köpfen und ließ hundert Düfte des nahenden Herbstes zurück.

»Das erinnert mich an eines der alten Gedichte, die wir in der Schule lernen mussten«, murmelte ich, und die lyrische Stimmung mischte sich mit meiner Benommenheit, als der betäubende Zauber der Natur die Wirkung der drei *rebentats* vertiefte. »Bis heute ist mir nie wirklich klar gewesen, was damit gemeint ist. Hmmm, Keats, nicht wahr? Oder vielleicht war es Wordsworth. Mit Sicherheit einer von beiden.«

Ellie sagte nichts.

Ich war nahe daran, einzunicken. »Ja, es war Keats. Obwohl es auch Tennyson gewesen sein könnte. Ich erinnere mich daran, als wäre es gestern gewesen. Wie ging es noch mal? Ah ja, so … ›*Neblige Zeit, die weiche Früchte häuft, Busenfreundin reifenden Sonnenscheins …*‹ Hmm, eine wunderbare Zeile – ›*Busenfreundin reifenden Sonnenscheins …*‹«

»Eher ein versoffener Busenfreund des reifenden Jordi!« Ellie sprang auf wie ein Springteufel. Bevor ich noch begriff, was geschah, schlug sie mir mit der Plastikkiste auf den Kopf, und Bonny, die nicht verstand, worum es bei dem plötzlichen Vergnügen ging, jedoch unbedingt daran teilhaben wollte, landete mit einem Satz auf mir. »Genug poetische Abschweifungen für einen Tag«, sagte Ellie, wobei sie mir mit der Schuhspitze einen festen Stoß versetzte, »also auf die Beine und scheine, mein sonniger Junge, und zwar geschwind!«

»Dein Problem ist, dass du überhaupt kein Kunstverständnis hast, Ellie«, schleuderte ich ihr entgegen, während ich verzweifelt versuchte, mich einer sabbernden Gesichtswäsche durch Bonny zu entziehen. »Warum zur Hölle diese Eile?«

»Nun, ich nehme an, dass Keats, oder welcher künstlerische Tagedieb es gewesen sein mag, in seinem ganzen Leben nie eine Kaki pflücken musste. Du hingegen schon. Du musst sogar zwei Dutzend Kakis liefern!« Sie kam meiner Antwort zuvor, indem sie mich mit erhobener Hand zum Schweigen brachte. »Und sie werden *heute* geliefert!«

Drei

# Von der Finca nach Inca

Die Kaki war eine weitere Frucht, die ich nicht kannte, bis Francisca Ferrer mich während eines Verkaufsgesprächs durch die Obstplantagen von Ca's Mayoral führte. Bis zu diesem Zeitpunkt hatte ich geglaubt, »Kaki« sei lediglich eine orthographisch mangelhafte Schreibweise für die Farbe von Armeeuniformen. Doch das Erscheinungsbild der Kaki – oder Persimone, um den eleganteren Namen zu verwenden – steht in krassem Gegensatz zu dem graubraunen militärischen Farbton, der an frischen Kuhdung erinnert. Die unreife Frucht glänzt golden und nimmt später einen orangeroten Ton an, um schließlich wie eine massige reife Tomate auszusehen. Doch anders als die Tomate wächst sie an einem (ursprünglich in Japan und China beheimateten) Baum, der eine ausgesprochen schöne Form hat. Laut unserem mallorquinischen Baumexperten Pepe Suau ist der Kakibaum eine Art Ebenholzbaum, und sein relativ seltenes Holz wurde früher von den Herstellern von Golfschlägern geschätzt, die es für Schlägerköpfe verwendeten, bevor die natürlichen Materialien von leichter verfügbaren synthetischen Alternativen verdrängt wurden.

Auf dem Gelände von Ca's Mayoral hatten wir nur vier Kakibäume, die zwischen den Zitronen-, Birnen-, Granatäpfel- und Quittenbäumen verstreut standen und nun, da ihr schimmerndes Sommerlaub die weichen Herbsttöne annahm, besonders schön anzusehen waren. Bald würden sie all ihre Blätter verlieren und die verbleibenden Früchte würden wie Trauben kleiner Kürbisse an den schlanken nackten Zweigen hängen.

Trotz ihrer Schönheit hält die Kaki eine böse Überraschung für den nicht mit ihr vertrauten Genießer bereit. Für die Liebhaber süßer Früchte kommt wohl kaum etwas dem mythischen Nektar der Götter näher als das saftige Fleisch einer wirklich reifen Kaki. Wer jedoch in eine Kaki beißt, bevor sie wirklich ausgereift ist, wird diese Frucht nie wieder anrühren. Aufgrund meiner Unkenntnis hatte ich diese unangenehme Erfahrung bereits gemacht. Ein Mund voll einer frisch vom Baum gepflückten und reif wirkenden Kaki war geradezu schmerzhaft bitter. Ich übertreibe nicht, wenn ich sage, dass all jene, die gemeinsam mit mir von der unreifen Frucht kosteten, das Gefühl hatten, einer Mundspülung mit Batteriesäure unterzogen zu werden, während mein Gehirn hektische Warnsignale an meine Zähne aussandte, deren Füllungen sich aufzulösen drohten. Nie, niemals wieder!

Und genau das ist das Problem beim Anbau von Kakis. Wenn sie für den Verzehr geeignet sind, sind Kakis (um es mit den Worten des alten Pep zu sagen) so weich wie die Möpse fetter Nonnen, und wird die Frucht nicht sehr vorsichtig behandelt, so platzt ihre Haut und ein Strom klebrigen Fruchtfleischs quillt heraus – was für Pflücker und Kunden gleichermaßen beträchtliche Verschwendung und Unannehmlichkeiten mit sich bringt. Daher sind die Obsthändler natürlich nicht besonders interessiert an reifen Kakis, sofern ihnen nicht eine spezifische Bestellung vorliegt, und die bestellten Mengen sind oft derart klein, dass sich der Aufwand für den Obstbauern nicht lohnt. Die Alternative besteht darin, die noch harten Früchte zu ernten und zu hoffen, dass sich ein Großhändler finden wird, der glaubt, sie weiterverkaufen zu können, bevor sie reifen und nicht mehr transportfähig sein werden.

Bisher war es uns schwer gefallen, Kakis zu verkaufen, dabei war Pepe Suau der Meinung, unsere vier Bäume könnten durchaus rund eine Tonne Früchte abwerfen, obwohl sie sich noch von seinem chirurgischen Eingriff erholten. Eine Tonne sind sehr viele Kakis. Anstatt zuzulassen, dass die reifen Früchte von den Bäumen fielen und verloren gingen, verwendeten wir sie daher als »Präsente«, wenn wir Material kauften oder Preise mit den Händlern aushandelten. Ich nehme an, dass die Kaki-Dreingaben nur sehr geringen Einfluss auf die Preise hatten, die uns die beschenkten Lieferanten berechneten, doch als echte Schotten wollten wir gerne glauben, dass sie was nutzten. Und zumindest konnten diese kleinen Gesten der Großzügigkeit unserem Ruf in der Gegend nicht schaden – es war durchaus wahrscheinlich, dass man uns diese Geste irgendwann vergelten würde, denn die Mallorquiner achten sehr auf Gegenseitigkeit.

»Inca? Du hast zugesagt, lumpige zwei Dutzend Kakis nach *Inca* zu bringen?« Selbstverständlich hatte ich geglaubt, dass die telefonische Bestellung, die Ellie während meines fruchtlosen Einkaufsausflugs entgegengenommen hatte, schlimmstenfalls nach Andratx geliefert werden müsse, wobei ich eigentlich gehofft hatte, der Käufer werde seine Kakis selbst in Ca's Mayoral abholen. »Weißt du, wie weit Inca entfernt ist?«, murrte ich, während ich die behutsam gepflückten reifen Früchte auf den alten Arbeitstisch im *almacén* legte.

»Nicht besonders weit.« Ellie war die Gelassenheit in Person.

»*Nicht besonders weit?*« Meine Stimme erklomm bereits die Höhe eines Jungensoprans. »Typisch! Das ist dein Problem, Ellie – du hast überhaupt keine Vorstellung von Entfernungen. Lieber Himmel! Ich erinnere mich noch daran, wie wir über den Umzug sprachen und ich dich fragte, wie weit Mallorca deiner Meinung nach von Schottland entfernt sei. Und erinnerst du dich noch an deine Antwort? Nein? Ich erinnere mich sehr gut daran. Anstatt 1500 Meilen oder etwas in der Art zu sagen, spucktest du aus: ›Oh, nicht weit – etwa eine Stunde oder so vom Flughafen Edinburgh.‹«

Ellie blieb irritierend ungerührt. »Hier, nimm ein bisschen Küchenpapier und hilf mir, die Kakis schön einzuwickeln. Wir wollen doch nicht, dass sie zerdrückt werden oder platzen, nicht wahr?«

»*Zerdrückt? Geplatzt?* Ellie, das ist jetzt unsere geringste Sorge! Sehen wir es, wie es ist: Es fällt uns schon schwer genug, hier alles unter einen Hut zu bringen, und du lässt dich fröhlich auf einen Handel ein, bei dem nur die Tankstelle etwas verdienen wird!« Jetzt war ich in Fahrt und redete mich in Rage: »Du sagst zu, eine relativ wertlose Menge blöder Kakis bis nach Inca zu bringen – das sind hin und zurück mindestens 70 Meilen –, und das Einzige, was dir Sorgen bereitet, ist die Unversehrtheit der Früchte! Warum machst du dir nicht Sorgen um unseren Kontostand, um es einmal deutlich zu sagen!«

Ellie lächelte geziert und tätschelte mir beruhigend die Hand. »Darauf werde ich nur drei kleine Worte antworten.«

»Lass mich raten! Irr, verrückt und übergeschnappt, richtig?«

»Falsch.« Sie schüttelte den Kopf und das schüchterne schmale Lächeln wuchs sich zu einem schelmischen Grinsen aus. »Was hältst du davon, wenn ich dir sage: Keller, Ca'n und Amer?«

Das Gefühl, mein Blutdruck werde auf ungeahnte Höhen steigen, wich augenblicklich einer wohltuenden Vorfreude, mein finsterer Blick einem entzückten Lächeln. »Hey«, rief ich begeistert, »ich würde sagen, wir packen diese Kakis hübsch ein, laden sie ins Auto, und auf nach Inca! Aber *rápidamente*!«

Das Städtchen Inca liegt im Schatten der östlichen Ausläufer der mächtigen Tramuntana-Berge am Rand von *Es Pla,* der weiten und mit Windmühlen gespickten Hochebene im Zentrum Mallorcas. Inca befindet sich auf halbem Weg zwischen Palma und Alcúdia im Norden, dem alten römischen Verwaltungszentrum der Insel. Heute verbindet eine Autobahn Palma mit Inca, aber wenn man eine ruhigere Fahrt vorzieht und unterwegs die Landschaft genießen möchte, nimmt man die alte Straße. Genau das taten wir.

Wenn man die nördlichen Vororte von Palma, in denen es wie in allen boomenden Siedlungen von Industrieanlagen, Hypermärkten und anspruchslosen Wohnblöcken wimmelt, hinter sich lässt, findet man sich bald in einer Welt wieder, in der nichts von der Hektik und Geschäftigkeit zu finden ist, die von den Stadträndern, wo einst Wiesen blühten, als Mitgift des »Fortschritts« akzeptiert wurde. Wie die anderen Kleinstädte und Dörfer auf dem Weg nach Inca hatte auch der etwa auf halbem Weg zwischen Palma und Inca gelegene Ort Santa María in den Zeiten vor dem Bau der *autopista* unter dem Lärm, dem Gestank und dem Staub von Lastwagen- und Buskonvois gelitten, die den Ort auf dem Weg zwischen Palma und den Ferienhäfen Pollença und Alcúdia an der Nordküste durchqueren mussten. Doch seit es die Autobahn gab, war das Dröhnen des Verkehrs auf ein Murmeln in angenehmer Entfernung geschrumpft, und das alte Bauerndorf Santa María hatte den Frieden wiedergefunden, den es vor der Ankunft des Massentourismus jahrhundertelang genossen hatte. Nun konnte man wieder über den reizenden Hauptplatz schlendern, ohne fürchten zu müssen, auf der Kühlerhaube eines Lastwagens in der Bucht von Alcúdia zu enden. Man konnte wieder an einem Tisch auf der Terrasse der Bar Ca'n Calet im Schatten eines Pfefferbaums ein Getränk genießen, ohne Gefahr zu laufen, an den Dieselabgasen zu ersticken. Man konnte sein Auto wieder direkt auf der Hauptstraße abstellen und sich in die kühle alte *bodega* im Ortskern zurückziehen, um in dem steinernen Gemäuer einen kräftigen Landwein zu einem unglaublich niedrigen Preis zu kaufen. »Bring deine eigene Flasche mit, um ein noch besseres Geschäft zu machen!«, lautete der Rat der Einheimischen. Allerdings ist Vorsicht geboten, denn ein Schluck von einem der robusteren Weine zieht zwangsläufig den Kauf nach sich. Man beachte, dass selbst erfahrene Mallorquiner, gewarnt vor solchen schweren Trauben, die Vorsichtsmaßnahme ergreifen, ihren *vino peleón* mit *gaseosa de limón*, der typischen Limonade, zu »verschneiden«. Man sollte so etwas beobachten und lernen, um seinem Magen einen Gefallen zu tun. Übrigens unterscheidet sich diese Methode nicht allzu sehr von jener des vernünftigeren Schotten, der die Vorliebe für sein Nationalgetränk mit einem gesunden Respekt für die Erhaltung seiner körpereigenen Filtersysteme verbindet und auch den exquisitesten Single Malt mit einem winzigen Schuss Wasser abschwächt. »Nein, nein, mein Freund, das ist kein Sakrileg«, wird er zu einem schockierten Whisky-Puristen sagen, »das ist bloßer Überlebensinstinkt, also reich mir den Wasserkrug!«

Die Existenz jenes alten Weinkellers in Santa María verrät einiges über die Landschaft, durch die man fährt, wenn man den Weg in nördlicher Richtung fortsetzt. Zudem gibt sie indirekt Aufschluss über den Grund für die Begeisterung, mit der wir uns zu unserer unrentablen Geschäftsreise nach Inca aufgemacht hatten. Als wir uns Consell näherten, wichen die Mandelpflanzungen und Schafweiden zunehmend Weingärten, denn wir erreichten die Wiege der mallorquinischen Weinindustrie, die eine neue Blüte erlebte. Vor nicht allzu langer Zeit wäre man in einer staubigen Fahrzeugkarawane mitgeschwemmt worden und hätte von diesem unscheinbaren Ort nicht mehr als die Schemen einiger armseliger beigefarbener Gebäude entlang der Hauptstraße gesehen, die kein Ende zu haben schien. Es hatte den Anschein, als wäre Consell gleich zwei der schlimmsten urbanen Plagen zum Opfer gefallen: dem seit langem üblichen uneingeschränkten Wachstum entlang der Hauptstraße und in jüngerer Zeit der Luftverschmutzung. Doch nun, da die automobile Belagerung Consells aufgehoben worden war, lohnte sich ein Stopp – und sei es nur, um eine bestimmte kleine Gaststätte aufzusuchen, in der ein klassisches ländliches, auf der Insel nahezu unübertroffenes Gericht serviert wurde.

Das Restaurant Los Pinos liegt an der Plaçeta des Pau, dem Brunnenplätzchen, verborgen hinter den riesigen Pinien, die ihm den Namen gegeben haben. Diese auf Mallorca gängige Bezeichnung des Platzes erinnert an eine Zeit, in der in den ländlichen Ortschaften niemand von einer Wasserleitung bis in das eigene Haus zu träumen wagte. Consells Gemeindebrunnen gibt es immer noch, in der Mitte des kleinen Platzes, dem er seinen Namen gegeben hat, und er funktioniert weiterhin, obwohl das alte *sínia*-Wasserrad heute nicht mehr von einem Esel, sondern elektrisch angetrieben wird.

Wir waren an einem frostigen Abend im vergangenen Winter auf dieses Restaurant gestoßen. Wir waren auf dem Heimweg, nachdem wir in Ca'n Picafort an der Nordküste bei einem »ehrlichen Autohändler«, den unser Freund Jock »Mr Fixit« Burns kannte, einen Gebrauchtwagen gekauft hatten. Der kleine weiße Ford Fiesta sah gut aus, klang gesund, fuhr ordentlich und war zu einem fairen Preis zu haben gewesen. Der Umstand, dass es keine Fahrzeugpapiere gab, war derart unbedeutend, dass man, wenn es nach Jock ging, keinen Gedanken daran verschwenden musste. Jock war ein Schotte, der seit vielen Jahren auf der Insel lebte; ein Draufgänger, der in solchen Angelegenheiten nur dann Fragen zu stellen pflegte, wenn er sicher war, dass ihm die Antwort gefallen würde. Wie sein Kumpel, der Autohändler Enrique, erklärt hatte, würden wir die Papiere »an einem der nächsten Tage« in der Post finden. Ich sollte *tranquilo* sein und mich glücklich schätzen, in der Zwischenzeit eine legitime Entschuldigung dafür zu haben, dass ich den Räubern von der Gemeinde die *ridículo* Fahrzeugsteuer nicht zahlen musste.

»Keine Papiere, keine kann zahlen die Steuer, *amigo*!« Ein kräftiger Schlag auf die Schulter, ein herzliches *»Hey-y-y, no hay problema, hombre!«*, und alles würde in Ordnung gehen, wie Enrique mir versicherte.

Wie prophetisch! Zwanzig Minuten nachdem wir Ca'n Picafort hinter uns gelassen hatten, warnte mich die Temperaturanzeige, dass Enrique ein wenig zu *tranquilo* gewesen war, als es darum ging, das Kühlwasser aufzufüllen. Dies war der Grund für unseren nicht eingeplanten Boxenstopp am Brunnenplätzchen von Consell. Eigentlich wollten wir den freundlichen Besitzer des Restaurants nur um einen Krug bitten, doch der Anblick und der Duft eines Gerichts, das gerade zu einem der Tische getragen wurde, ließ uns augenblicklich das Wasser im Mund zusammenlaufen – und gab uns Anlass zu schweigendem Rätselraten.

»*Escaldums de Gallina*«, klärte uns Jock auf, ohne unsere Frage abzuwarten. »Übrigens der beste Fraß auf Mallorca. Wunderbar!«

»Esky-was wovon?«, fragte Ellie mit bebenden Nasenflügeln.

»*Escaldums* vom Huhn. Aye, unschlagbar!«

Ellie war offensichtlich überzeugt, aber immer noch neugierig. »Aber was sind diese Esky-Dinger?«, forschte sie nach. »Esky – soll das heißen, sie sind gefroren? Ich mag gefrorenes Hühnchen nicht besonders gern, es sei denn, es wurde ordentlich aufgetaut und alles.«

»Nee, hat nichts mit gefroren zu tun, Schätzchen«, murmelte Jock abwesend. Mit seiner Liebe zum Essen hätte er sich problemlos qualifizieren können, um Schottland bei den Olympischen Essspielen zu vertreten, und seine vom *escaldum*-Duft betörten Sinne hatten bereits den Startschuss gegeben. »*Una mesa para tres!*«, rief er dem vorbeikommenden Kellner zu, wobei es ihm gar nicht in den Sinn kam, uns erst nach unserer Meinung zu fragen. Er hatte uns an der Startlinie zurückgelassen. »*Sí*, einen Tisch für drei, sobald einer frei wird, *por favor*.«

Während wir an der Bar warteten, ließen wir den Blick über ein verlockendes Angebot verschiedenster *tapas* auf der Theke schweifen. Das Angebot umfasste verschiedene traditionelle spanische Häppchen von scharf gewürzten Kartoffeln über gehacktes Kalbshirn bis zu Fleischklößchen.

»Lust auf ein paar Franks?«, fragte mich Jock, dessen Widerstand gegen die Versuchung im Handumdrehen gebrochen war.

»Franks?«

»Aye, du weißt schon – »Frank Zappas« – *tapas*. Rhythmischer Slang, verstehst du?« Er leckte sich die Lippen und warf einen Blick auf das Angebot. »Hmmm, ich könnte ein paar Carnegies den Garaus machen. Möchtest du auch, Alter?«

»Carnegies? Tut mir Leid, Jock, ich kann dir nicht folgen.«

»Carnegies, Mann! Komm schon, streng deinen Grips an!« Der Auftritt als Schullehrer war eine von vielen Figuren in Jocks großem Repertoire, und nun sah er mich finster an, so als würde er mich im nächsten Augenblick für eine halbe Stunde mit dem Rücken zur Klasse in die Ecke stellen. Die Drohung wirkte.

»Ach ja, jetzt verstehe ich. Die, äh – die *Carne*-gie Halls, richtig?«

»Aye, du hast es getroffen.«

»Na ja, die Fleischklößchen sind wirklich verlockend, Jock, aber nein, danke. Nein, ich werde meinen Hunger für die *escaldums* aufsparen.«

»Ich auch«, sagte Ellie. »Die Esky-Dinger sehen toll aus und ich will mir nicht den Appetit verderben.«

»Na ja … vielleicht habt ihr Recht«, grummelte Jock. Doch seine Worte widersprachen seinem Gesichtsausdruck. Schneller, als jemand »Kalorienzahl« hätte sagen können, schnappte er sich eine Hand voll schwarz schimmernder Oliven, die in einer großen Schüssel auf der Bar standen. »Aber ich nehme besser ein kleines Häppchen, um mich bei Kräften zu halten, ja?«

Bei Jocks »kleinem Häppchen« handelte es sich um etwa ein halbes Kilo eingelegter Oliven, die er in fünf Minuten verschlang. Aber das hielt ihn nicht davon ab, in dem Moment, als ein Tisch frei wurde, eine Portion *chipirones a la plancha* zu bestellen, auf der Grillplatte gebratene Jungkalmare. »Nur um etwas zum Knabbern zu haben, während wir auf die *escaldums* warten«, klärte er uns beiläufig auf. Als der Kellner die Bestellung entgegennahm, tippte ihn Jock am Ellbogen an und fügte mehrere Ergänzungen hinzu: »*Sí*, und äh, ein paar Oliven, ein bisschen Brot – getoastet – und ein Schälchen *all-i-oli* (Knoblauchpaste), *por favor*. Ah, *sí,* und ein paar Tomaten zum Brot, *naturalmente,* und werft besser mit dem Tintenfisch ein paar *gambas* auf die *plancha* – ich meine von den großen Garnelen, in Ordnung?« Dann deutete er auf die Bar und erklärte dem hektisch kritzelnden *camarero:* »*Sí*, und einen Teller *albóndigas* – von den hübschen großen Fleischbällchen dort.« Offensichtlich deutete er unsere verwunderten Blicke falsch, denn Jock warf uns ein beinahe schuldbewusstes Lächeln zu und sagte: »Oh, verzeiht – hätte vorher fragen sollen. Wollt ihr irgendwelche Vorspeisen?«

So seltsam es scheinen mag, es war nicht Jocks rekordverdächtige Leistung mit Fingern und Gabel, die an jenem Abend den größten Eindruck auf uns machte. Vielmehr waren es die hoch gelobten und freudig erwarteten *escaldums de gallina*. Jedem von uns wurde ein halbes Hühnchen vorgesetzt, das langsam in einem Frikassee aus Mandeln, Eidotter, Safran und Olivenöl gegart und mit einer Spur Knoblauch und frischen Kräutern verfeinert worden war. Als Beilage wurden Röstkartoffeln in *greixoneras* serviert, den charakteristischen mallorquinischen Tontöpfen. Wir stellten fest, dass die *escaldums* ein ausgezeichnetes Beispiel für die hohe Kunst der täuschend einfachen ländlichen Küche waren. Wie Jock gesagt hatte: wunderbar!

»*Chupitos?*«, sagte er in schulmeisterlichem Ton zum Kellner, als dieser den Kaffee brachte. Jock machte eine Schenkbewegung mit Zeigefinger und Daumen, um den Kellner für den Fall, dass dieser es vergessen hatte, daran zu erinnern, dass die Inhaber ländlicher mallorquinischer Restaurants ihren Gästen – insbesondere solchen, die das Essen so enthusiastisch gelobt hatten wie wir – am Ende der Mahlzeit mit dieser Geste ihre Wertschätzung zu zeigen pflegten.

»*Naturalmente, señor*«, erwiderte der Kellner, und das steife, aber höfliche Kopfnicken vermittelte den Eindruck, dass die Erinnerung nicht notwendig gewesen wäre, obwohl Jocks Hinweis verstanden worden war. Er kehrte nicht mit einer, sondern mit drei Flaschen Likör zurück und forderte uns auf, uns selbst zu bedienen.

»Sie sind nicht, was sie scheinen«, klärte uns Jock auf. »Sie sehen vielleicht aus wie Cointreau- oder Tía-María-Flaschen, aber wenn ihr euch die Etiketten anseht, werdet ihr feststellen, dass dort andere Bezeichnungen stehen.«

»Für mich schmeckt der hier wie Cointreau«, bemerkte ich und nippte erneut an meinem Schnaps.

»Und ich könnte schwören, dass meiner ein Tía María ist«, stimmte Ellie zu, wobei sie wie gewohnt nicht an ihrem Glas nippte, sondern schnüffelte.

»Aye, das Zeug ist gut, das stimmt schon«, sagte Jock,

der sich bereits das zweite Glas Anisschnaps einschenkte, bei dem es sich, wie er uns versicherte, um ein täuschend ähnliches Substitut für Marie Brizard handelte. »Kommt aus einer winzigen Brennerei außerhalb von Santa María.« Dort würden ähnlich schmeckende Nachahmungsprodukte mehrerer berühmter Marken erzeugt, fuhr er fort, und diese Schnäpse seien allesamt billiger als die Originale. Dennoch sei ihr erfolgreichstes Erzeugnis *Hierbas*, der einheimische grüne Likör mit Anisgeschmack, der mit einer Vielzahl von Kräutern wie Wacholder, Rosmarin, Myrte und einer geheimen Mischung anderer »aromatischer Wildpflanzen aus Mallorca« angereichert werde.

»Das erinnert mich daran«, verkündete Jock, während er sich ein Gläschen Pseudo-Cointreau eingoss, »dass ich seit ewigen Zeiten kein Glas dieses einheimischen grünen Gesöffs mehr getrunken habe.« Er rief den Kellner mit derselben Schenkbewegung wie zuvor herbei und fragte: *»Hierbas, amigo?«*

Sollte Jock durch seine hemmungslose »Selbstbedienung« aus den vier Flaschen, die schließlich unseren Tisch zierten, die Großzügigkeit des Gastwirts missbraucht haben, so ließen dieser und sein gewissenhafter Kellner es sich zumindest nicht anmerken. Selbst wenn sie nun früher als erwartet bei der Brennerei anrufen mussten, um eine Lieferung von *chupitos* in Auftrag zu geben, galt ihre einzige Sorge beim Abschied der Frage, ob uns die Spezialität des Hauses, ihre *escaldums de gallina*, geschmeckt hätte.

Nun, die *escaldums* waren derart gut gewesen, dass ich auf der Stelle versprach, diesem kleinen Restaurant bei unserem nächsten Aufenthalt in der Gegend wieder einen Besuch abzustatten. Doch das würde – ebenso wie die übrigens immer noch fehlenden Autopapiere – auf *mañana* warten müssen. An diesem Tag hatten wir eine dringende Verabredung in Inca, wo mit ein wenig Glück ein noch seltenerer Schmaus auf uns wartete.

* * *

Wenn man sich Binissalem nähert, der nächsten kleinen Ortschaft an der Straße nach Inca, weiß man, dass man sich wirklich im Weinland befindet. In alle Richtungen erstrecken sich endlose Reihen sorgfältig gepflegter Weinstöcke, die zu einer milden Unendlichkeit von Grün und Gold verschmelzen. Unter den rotgelben Septemberblättern hängen die Trauben, die den ganzen Sommer von *el bon sol,* dem Sonnengott der mallorquinischen Bauern, geküsst wurden, purpurrot und schwer von den Reben und warten darauf, geerntet zu werden.

Der Name Binissalem ist, wie sein Klang nahe legt, ein Überbleibsel der lang vergangenen maurischen Herrschaft, die in einigen Teilen Spaniens 600 Jahre dauerte. Der Präfix *Bini* leitet sich vom arabischen Ausdruck »Sohn des« ab und findet sich in vielen Ortsnamen auf Mallorca und der benachbarten Baleareninsel Menorca. Daher ist es umso verwunderlicher, dass Binissalem das Zentrum der Weinproduktion auf Mallorca ist, denn der Alkoholgenuss war laut den strengen religiösen Gesetzen der Mauren verboten. Doch die Kunst des Weinkelterns, die der Überlieferung zufolge von den Römern auf die Insel gebracht wurde (Plinius hielt die mallorquinischen Weine für die besten des Mittelmeerraums), überlebte die Mauren nicht nur, sondern gedieh sogar unter ihrer Herrschaft, die auf Mallorca vom 10. bis zum 13. Jahrhundert dauerte. Obwohl der Koran den Genuss von Wein verbietet, muss es in jener Zeit also irgendeine Nachfrage nach dem Getränk gegeben haben – warum hätte man sich sonst all die Mühe machen sollen, um die Weinerzeugung zu perfektionieren? Interessanterweise war es einer der größten persischen Dichter, Omar Chajjam, der schrieb:

*Alle Reichtümer der Welt für eine Schale Wein,*
*Alle Bücher und menschlichen Weisheiten für*
*den Duft des Weins,*
*Alle Liebesgedichte für den Klang fließenden Weins.*

Selbstverständlich gesteht der große Dichter nicht, selbst Wein zu *trinken*. Er betrachtet ihn nur, schnuppert daran und lauscht auf sein Plätschern. Wer's glaubt, wird selig, Omar. Vielleicht war die Beliebtheit des mallorquinischen Weins im Schatten der maurischen Enthaltsamkeitsvorschriften nichts anderes als ein Vorläufer des blühenden Alkoholschmuggels in der amerikanischen Prohibitionszeit der zwanziger Jahre. Fest steht, dass die süßen mallorquinischen Malvasia-Weine, die auf den rund um das Dorf Banyalbafur (arabisch *Buniola al-bahar,* der »kleine Weingarten am Meer«) von den Arabern angelegten, Ehrfurcht gebietenden Bergterrassen angebaut wurden, zu den besten der Welt gezählt wurden. Die Qualität war also offensichtlich seit der römischen Zeit, in der Plinius sein Urteil abgab, beibehalten worden, und der Weinanbau blühte auch nach der christlichen Rückeroberung der Insel durch König Jaume I. von Katalonien und Aragon im Jahr 1229 weiter. Der Ruf und die Beliebtheit des Malvasia, der auch als Malmsey oder (in Mallorca) als Albufar bekannt ist, erreichten schließlich sogar England, wo der Duke of Clarence im Jahr 1478 angeblich in einem Fass von Malvasierwein ertränkt wurde. Folglich könnte man – mit der Bitte um Verzeihung für die Formulierungsanleihe bei Johannes – sagen, dass »kein Mann größere Liebe zu seinem Wein denn die hat, dass er sein Leben darin lässt«. Der damalige Malvasier muss jedenfalls wirklich gut gewesen sein.

In den folgenden Jahrhunderten fand der Anbau von Wein – nicht nur der süßen Sorte – rasante Verbreitung. Die Qualität stieg ebenfalls und Ende des 19. Jahrhunderts wurde auf Mallorca sechsmal so viel Wein erzeugt wie heute. Zudem galt er als so gut, dass ein Großteil der Produktion nach Frankreich exportiert wurde. Doch gegen Ende des Jahrhunderts wurde aus Frankreich – welch grausame Ironie! – die Reblaus eingeschleppt und die wertvollen Weingärten der Insel wurden vollständig zerstört. Es dauerte lange, bis wieder eine Produktion nennenswerter Mengen hochwertigen Weins aufgebaut war. Doch glücklicherweise gelang es und engagierte mallorquinische Önologen wie Miguel Oliver, Francisco Servera, Jaume Mesquida, die Familie Macià Batle und natürlich José Ferrer aus Benissalem keltern heute mit modernsten Methoden Weine von ausgezeichneter Qualität. Dabei läuft die Weinlese heutzutage fast genauso ab wie in römischer Zeit. Abgesehen davon, dass gelegentlich ein Traktor den Esel ersetzt hatte, wenn es galt, die mit Trauben beladenen Karren zum Pressen zu bringen, hätten die Szenen, die wir an jenem Tag im Vorbeifahren sahen, in eine längst vergangene Zeit gepasst. Gruppen von Arbeitern, denen die immer noch kräftige Septembersonne auf den Rücken brannte, schnitten wie zu alten Zeiten die Trauben von Hand und füllten ihre Körbe damit – eine Arbeit, die keinen Verzug duldete, da die reifen Früchte geerntet werden mussten, solange sie sich in bestem Zustand befanden.

Dort, wo die herbstlichen Weingärten, in denen geschäftiges Treiben herrschte, wieder verschlafenen Mandelhainen wichen, erschienen in der Ferne die Dächer von Mallorcas drittgrößter Stadt Inca am Horizont. Zur Linken wanderte der Blick hinauf zu den steilen Tramuntanas, wo Geier, Drachensegler und Falken an einem wolkenlosen Himmel über schroffen Gipfeln kreisten, die sich majestätisch über die Wälder am Fuß der Berge erhoben. Der süße, schwere Duft der reifen Trauben und welkenden Weinblätter war bereits verflogen, und die warme Luft, die durch die offenen Seitenfenster in den Wagen drang, war mit den Aromen unzähliger wilder Kräuter und Blumen geschwängert. Die Versuchung war groß, an den Rand zu fahren und sich der zu einer Siesta einladenden Ruhe hinzugeben.

Vor uns schimmerten die Silhouetten der Häuser am Rand der Stadt. Aus der Entfernung erinnerte Inca eher an ein Dorf an einer Wüstenoase als an eine ländliche Stadt im Herzen einer fruchtbaren mediterranen Insel. Doch das war lediglich eine Illusion, ein Streich, der dem Auge von den über dem Asphalt hängenden Hitzeschleiern gespielt wurde. Bei den würfelartigen

Gebäuden am Rand der Stadt handelt es sich nicht um kleine Lehmhäuser, Relikte der maurischen Vergangenheit, sondern um moderne Wohnblocks. Diese sprachen von Incas wirtschaftlicher Bedeutung, die weniger auf seiner Stellung als wirtschaftlicher Angelpunkt der Region, sondern vielmehr auf der Tatsache beruht, dass hier das Zentrum der mallorquinischen Lederindustrie liegt. Die Stadt ist auf die Erzeugung hochwertiger Schuhe und Kleidungsstücke spezialisiert, wobei ein großer Teil der Produktion traditionell nach Nordeuropa und Amerika exportiert wird. Dennoch sind preisbewusste Privatkunden stets willkommen in den Fabriken, wo man dieselben Lederwaren, die in den eleganten Läden in Paris, Hamburg oder New York zu finden sind, sehr günstig erwerben kann. Man kann sich sogar Kleider und Schuhe nach Maß anfertigen lassen, ohne dass man Millionär sein müsste.

Des Weiteren ist Inca berühmt für den größten Wochenmarkt auf der Insel, der jeden Donnerstagvormittag stattfindet. Vor allem im Sommer fallen an diesem Tag Schwärme von Schnäppchenjägern und Bummlern aus ganz Mallorca in die Stadt ein, um im reichen Angebot zu stöbern. Inca ist auch alljährlich Schauplatz der größten Landwirtschaftsmesse auf der Insel, der *Dijous Bo,* zu der sich im November tausende Menschen in den Straßen und auf den *plazas* der Stadt drängen. Die an der Landwirtschaft Interessierten kommen, um eine beeindruckende Vielfalt von Nutztieren und Geräten zu bewundern, doch die Mehrheit der Besucher will einfach nur die wunderbare Festtagsatmosphäre genießen, die von der ganzen Stadt Besitz ergreift.

Für Ellie und mich liegt die größte Attraktion Incas jedoch nicht *in* seinen Straßen, sondern, so seltsam das klingen mag, *darunter*. Die alten Keller von Inca erinnern an das Zentrum des Weinbaus in der Region, das Inca einst war. Die meisten wurden im 17. Jahrhundert angelegt, und einige sind angeblich durch Tunnel miteinander verbunden, die aus maurischen Zeiten stammen sollen. Doch der Befall der umliegenden Weingärten durch die Reblaus setzte der Weinindustrie in Inca vor mehr als einem Jahrhundert ein abruptes Ende. Angesichts des drohenden Ruins wandelten einige Kellereibesitzer mit Unternehmergeist ihre einzigartigen unterirdischen Anlagen in Restaurants um. Das bekannteste und erfolgreichste von ihnen ist das *Ca'n Amer,* der Bestimmungsort der verlustträchtigen kleinen Kaki-Lieferung, die wir an jenem Tag mit viel Bedacht und äußerst behutsam von Andratx nach Caki brachten.

Als wäre es für den unerfahrenen Besucher nicht schwierig genug, seinen Weg durch das Labyrinth enger, verwinkelter Gassen im Herzen der Stadt zu finden, hatte die Stadtverwaltung ein teuflisches (wenn auch zweifellos notwendiges) System von Einbahnstraßen erdacht, um das Puzzle noch ein wenig zu erschweren. Daher war es einfacher, das Auto am Rand der Altstadt abzustellen und zu Fuß zu gehen. Ich hatte das *Ca'n Amer* erst ein Mal besucht und konnte mich lediglich erinnern, dass der Keller unweit der Markthalle im Herzen der Altstadt lag. Nun war Inca jedoch eine jener nicht allzu großen Städte, in denen man Gefahr läuft, vollkommen vom Weg abzukommen, wenn man auf der Suche nach dem *vermeintlichen*

Zentrum auf den eigenen Orientierungssinn vertraut. Obwohl ich diesen Fehler nicht beging, musste ich noch mehrere Male nach dem Weg fragen, bevor wir endlich zum Marktplatz kamen. Zu dieser Zeit war er menschenleer, doch die verstreuten Reste abgerupfter Blätter, zermatschter Tomaten und zerbrochener Holzkisten auf den Treppen der Markthalle verrieten, dass hier am frühen Morgen mit Obst und Gemüse gehandelt worden war. Die Überreste würden zweifellos bald beseitigt werden, allerdings erst, nachdem die Verantwortlichen ihre vorrangige Pflicht erfüllt hatten. Schließlich war es heiß und es war Siestazeit …

In der vom Marktplatz wegführenden Calle Pou, der Straße des (unvermeidlichen) Brunnens, findet man den überraschend unprätentiösen Eingang zu einem der bemerkenswertesten Restaurants auf Mallorca. Die Idee, eine *bodega* in ein Restaurant umzufunktionieren, ist im Lauf der Jahre überall auf der Insel kopiert worden, doch der Keller *Ca'n Amer* ist das Original, und seine unverkennbar authentische Atmosphäre nimmt den Besucher in dem Augenblick gefangen, in dem er durch die Tür kommt. Wer jedoch erwartet, er werde, da er einen alten Weinkeller betrete, Stufe für Stufe in ein dunkles, muffiges und klaustrophobisches Gewölbe hinabsteigen, in dessen Winkeln Spinnweben hängen und der Geruch von Trockenfäule und Mäusedreck in der Luft liegt, wird eine Überraschung erleben: Eine elegante Treppe führt hinab in einen großen, erfrischend kühlen und luftigen Raum, dessen hohe Deckengewölbe von Holzfässern gestützt werden, die im Lauf der Jahrhunderte einen dunklen Ton angenommen haben. An der Decke hängen an Ketten traditionelle Kerzenhalter, die den weiten Raum beleuchten, der mit schimmernden, im Lauf der Jahre ausgebleichten Terrakottafliesen ausgelegt ist.

»*Fundado en el año 1700*« steht auf einem Schild am Eingang, das stolz verkündet, dass dieses Gewölbe 300 Jahre alt ist. Natürlich wurde das Winzergerät vor langer Zeit entfernt, um Platz für zahlreiche Tische zu schaffen, auf denen karierte Decken liegen, die das rustikale Ambiente des dunklen Holzes ergänzen. Die gesamte Einrichtung wurde sorgsam ausgewählt, um mit dem alten Eichenholz der riesigen Weinfässer zu harmonieren, die immer noch aus den weißen Wänden ragen. Doch all das hätte bloß kosmetischen Wert, gelänge es der Küche des *Ca'n Amer* nicht, den Traditionen der Insel Ehre zu machen. Doch diese Küche bewältigt die Herausforderung, und zwar auf unvergleichliche Art und Weise.

»*Ah, muy buenas tardes, señores*«, sagte die kleine und liebenswürdige Antònia Cantallops, die uns am Fuß der Treppe erwartete, mit strahlendem Gesicht. »*Oooh, los caquis!*«, rief sie begeistert, wobei sie ihre Hand über die empfindlichen Früchte gleiten ließ, ohne sie zu berühren. »*Estupendos!*« Sie winkte zwei Kellner, die strahlend weiße knielange Schürzen trugen, herbei, die uns die Kisten mit den Früchten abnahmen. Señora Antònia, deren graues Haar ebenso makellos war wie ihre Kleidung (obwohl sie bezeichnenderweise stets die Ärmel hochgekrempelt hatte), war nicht nur die Besitzerin von *Ca'n Amer*, sondern auch das Talent, dem das Restaurant seinen wohlverdienten Ruf verdankte. Ihr Auftreten, dem jede Überheblichkeit fehlte, schien ebenso wenig zu der beeindruckenden Liste internationaler Auszeichnungen zu passen wie die unprätentiöse Atmosphäre ihres Restaurants.

Ihr Ehemann Josep war der Küchenchef, obwohl er selbst diese Beschreibung wahrscheinlich für zu angeberisch hielt. Groß, schlank und von lässiger Eleganz in Hemd und Krawatte, besaß er die seltene Gabe, freundlich, herzlich und aufmerksam zu seinen Gästen zu sein, ohne sich jemals aufzudrängen. Er war ein geborener Gentleman, der wusste, dass die Gerichte, die aus der Küche seiner Frau kamen, immer im Mittelpunkt stehen würden, was es ihm ermöglichte, seine Pflichten mit gelassenem Selbstvertrauen zu erfüllen, ohne sich jemals verstellen zu müssen.

»Sie haben unseren guten Ruf gerettet, *señores*«, sagte er lächelnd und kam uns entgegen, als begrüße er alte Freunde anstatt zwei Personen, die er erst zum zweiten Mal sah und die er nicht besser kannte als hunderte andere Gäste, die seine Gastfreundschaft in den sechs Monaten seit unserem ersten Besuch genossen hatten. An diesem Morgen hatte ihn ein Obsthändler auf dem Markt von Inca im Stich gelassen, der ihm versprochen hatte, zwei Dutzend reifer Kakis zu liefern, die seine Frau für die Zubereitung eines Gerichts benötigte, das eigens für eine große Familienfeier am selben Abend bestellt worden war. »Zum Glück«, fuhr Señor Josep fort, »erinnerte ich mich daran, dass Sie mir bei Ihrem letzten Besuch von den Kaki-Bäumen auf Ihrer *finca* erzählten, und da ich noch Ihre Telefonnummer hatte …« In seinem Lächeln mischte sich die Erleichterung mit einem Anflug von Selbstzufriedenheit. »… der Onkel wird's schon richten, wie ihr in *Gran Bretaña* sagt, nicht wahr? Aber kommen Sie – Sie haben einen weiten Weg hinter sich, sie müssen vor der Rückfahrt nach Andratx etwas essen.«

Übermäßige Vorfreude kann leicht zu einer Enttäuschung führen, doch ein Blick auf Antònias Speisekarte genügte, um zu wissen, dass wir bei dieser Gelegenheit kaum zu viel erwartet hatten. Ihr Grundsatz lautete, nur einheimische Produkte von bester Qualität zu verwenden, wobei sie dank ihres kulinarischen Einfallsreichtums mit täuschend einfachen Zutaten die wunderbarsten Gerichte zauberte. An diesem Tag hatte Señora Cantallops getreu ihrem Grundsatz ein Mittagsmenü vorbereitet, das uns vor die quälende Wahl zwischen folgenden Hauptgerichten stellte:

*Schweinefilets in Schinken mit Traubensauce,*
*heißen Trauben und knusprigen Kartoffelstreifen*
*Hase mit Garnelen in pikanter Sauce*
*Rebhuhn in einem würzigen Linseneintopf*
*Filetierte Milchlammhaxe in Orangen-Honigsauce*

Wir konnten uns einfach nicht entscheiden, doch der aufmerksame Señor Josep erlöste uns aus unserer offenkundigen Unentschlossenheit, indem er uns diskret vorschlug, uns »bescheidene« Portionen von allen vier Gerichten zu teilen. Damit lag er richtig, nur das Wort »bescheiden« war nicht ganz passend. Doch bald legten vier leere *greixoneras* – die hier häufig anzutreffenden Tonschalen – ein (kaum erforderliches) Zeugnis über die Perfektion der Kreationen seiner Frau ab. Und es bedurfte keiner großen Überredungskunst, um uns anschließend noch dazu zu bewegen, unsere Gaumen mit ein wenig Zimteis und einem Traubenmostsorbet zu erfrischen.

Dies war ein Essen, für das man hätte sterben können, und meine einzige Sorge war, dass die Rechnung ebendiese Reaktion auslösen könnte. Trotz Ellies halbherzigen Versuchen, mich beim Anblick des Menüs zur Zurückhaltung zu ermahnen, hatte ich mich überhaupt nicht bremsen können – nicht einmal, als Señor Josep eine seltene Flasche eines hervorragenden Gran Reserva von José Ferrer zum Fleisch vorschlug, das »sorgsam für das einfache Menü ausgewählt« worden war, wie er es ausdrückte. Da Ellie nur ein Glas getrunken hatte, dachte ich nun, ich würde den bevorstehenden finanziellen Schlag dank meines hohen Alkoholkonsums leichter wegstecken.

»*La cuenta?*«, fragte Josep nach, als ich eine Geste wie beim Unterzeichnen der Rechnung machte. »Aber ich habe Sie eingeladen, *Señor*. Und Sie haben den weiten Weg auf sich genommen, um unsere späte Bestellung zu liefern. Ich bin derjenige, der *Sie* bezahlen muss!«

»Der Preis von zwei Dutzend Kakis entspricht nicht einmal einem anständigen Trinkgeld für Ihre Kellner«, sagte ich und griff nach meiner Brieftasche.

Doch Señor Josep legte mir die Hand auf die Schulter, um mich zu bremsen, und sagte lächelnd: »Es war uns ein Vergnügen, Sie bewirten zu dürfen, und es ist eine Ehre für meine Frau und mich, Sie als Gast gehabt zu haben.«

Ich wusste, dass ich ihn nur beleidigen würde, wenn ich weiter insistierte. Also gab ich nach, ohne mich unangemessen zu zieren. Wir hatten gerade ein herrliches Beispiel für das stolze Entgegenkommen der Mallorquiner erlebt. Der vergleichsweise unbedeutende Gefallen, den wir ihnen mit der Lieferung von ein paar Früchten getan hatten, die ohnehin bald vom Baum gefallen wären, war nicht mit gleicher Münze zurückgezahlt, sondern mit einer Geste ungewöhnlicher Großzügigkeit belohnt worden. Auf der Heimfahrt saß Ellie am Steuer und ich genoss die sanften Nachwirkungen des köstlichen Weins von José Ferrer und das Volumen meiner Geldbörse. Als ich ihr meine Überlegungen mitteilte, antwortete sie: »Ich weiß, aber meiner Meinung nach hast du alles verdorben, als du Señora Cantallops beim Abschied zuriefst, sie könne uns jederzeit anrufen, sollte sie einmal rasch ein paar Quitten oder Granatäpfel brauchen. Subtil wie ein Erdbeben.«

Darauf wusste ich keine Antwort, also lehnte ich mich angemessen getadelt zurück und machte es mir gemütlich, um meine längst überfällige Siesta zu halten. »Fahr vorsichtig, Ellie«, murmelte ich. »Du hast eine wertvolle Fracht an Bord.«

»Ich weiß nicht, was du meinst«, gab sie zurück, wobei sie aufs Gas stieg. »Wir haben die Kakis doch in Inca gelassen!«

Vier

# Charlie goes to »Hollywood«

»Was vermisst du am meisten in der Heimat?« Diese Frage wurde uns unvermeidlich von allen gestellt, die uns in Ca's Mayoral besuchten, während sie Urlaub auf der Insel machten. Die ehrliche Antwort lautete: »Familie und Freunde«, auch wenn diese uns geholfen hatten, derartigen Gefühlen gegenzusteuern, indem sie von Zeit zu Zeit aus Schottland kamen, um ein oder zwei Wochen mit uns zu verbringen. Obwohl wir uns in Mallorca zusehends »zu Hause« fühlten, freuten wir uns über jeden Besuch.

Auf der anderen Seite handelte es sich bei vielen Besuchern, die nur einmal »vorbeischauen« wollten, lediglich um zufällige Bekanntschaften, die wir seit Jahren nicht gesehen hatten, und die Zahl dieser Besucher war im Lauf unseres ersten Sommers im Tal gestiegen.

»Ich dachte nur, ihr würdet euch freuen, ein vertrautes Gesicht aus der Heimat zu sehen«, erklärten sie, wenn sie unangemeldet vor unserem Tor standen. »Wir kamen gerade hier vorbei.« Was sie geflissentlich unterschlugen, war die Tatsache, dass sie am Vorabend in ihrem Hotelzimmer wahrscheinlich stundenlang über den Landkarten gebrütet hatten, um einen Hinweis auf die Lage von Ca's Mayoral zu finden. Dann waren sie mit den wenigen verfügbaren Informationen zu einer entschlossenen Suchexpedition durch das verwirrende Netz von Landstraßen im Südwesten Mallorcas aufgebrochen. Um »zufällig vorbeizukommen«, mussten sie üblicherweise viel Zeit und Mühe aufwenden. Doch der Fairness halber muss gesagt werden, dass sie die Mühe auf sich genommen hatten, und da wir gesellige Leute waren, versuchten wir immer, diese überraschenden Besucher freundlich aufzunehmen. Allerdings kam es vor, dass wir »vertraute Gesichter aus der Heimat«, nachdem wir ein gut Teil des Tages damit verbracht hatten, sie zu unterhalten, schließlich wieder verabschiedeten, ohne sicher zu sein, mit wem wir es überhaupt zu tun gehabt hatten.

»Oh, das wäre das richtige Leben für mich«, erklärte ein namenloses Gesicht, während er es sich in einem Liegestuhl vor dem Haus bequem machte. »Der Stoff, aus dem die Träume sind. Endloser Sonnenschein, fabelhafte Umgebung, drollige alte Bauern als Nachbarn, immer billige Kippen und Gesöffe und ein Haufen Zeit, um das alles zu genießen. Ja, ein solcher Platz wäre auch was für mich. Shangri-la.« Er streckte mir sein leeres Weinglas entgegen, legte den Kopf ein wenig zur Seite und grinste erwartungsvoll. »Vollkommene Ebbe, Kapitän, eh!«

Was das Gesöff anbelangte, hätte ich ihm sagen können, *er* würde nie an etwas Billigeres kommen als an den Stoff, mit dem ihn ein ausgenutzter und zunehmend verärgerter Gastgeber versorgte, der das Getränk mit seinen eigenen hart verdienten Peseten bezahlen musste. Ich hätte ihn auch darüber aufklären können, dass das Leben in diesem speziellen Shangrila wenig mit dem zu tun hatte, was er sich ausmalte. Und wahrscheinlich hätte ich darauf hinweisen sollen, dass jede Stunde, die Ellie und ich damit verbrachten, uns um sein »vertrautes Gesicht« zu kümmern, eine vergeudete Stunde war. Unser Haus war zugleich unser Arbeitsplatz, und abgesehen von seiner idyllischen Lage auf einer mediterranen Ferieninsel zählte Ca's Mayoral ebenso in diese Kategorie wie jeder vom Wind zerzauste und vom Regen gepeitschte Hof auf einem kalten schottischen Hügel, wo man allerdings selten Besuch von Leuten erhält, die »gerade in der Nähe waren«. Aber ich sagte nichts dergleichen. Was für einen Sinn hätte es auch gehabt? Schließlich hatte der ungebetene Gast erklärt, ein alter Freund der Familie zu sein, und so vage das auch klang, erinnerte ich mich doch dunkel daran, ihn *irgendwoher* zu kennen.

»Hey, es wird sicher nicht lange dauern, bis ich dich das nächste Mal besuche«, drohte er, als er sich endlich zum Aufbruch entschlossen hatte. »Versuch mal, mich fern zu halten, jetzt, wo ich weiß, wie ich dich finde, eh! Ja, ich bin jedes Jahr mindestens zweimal auf Mallorca.«

Ellie und ich zuckten gleichzeitig zusammen. »Nächstes Mal bringe ich Frau und Kinder mit«, fügte er mit einem Lächeln hinzu, das nicht geeignet war, die überwältigende Verzweiflung zu lindern, die uns augenblicklich nach einem Weg suchen ließ, ihn höflich davon abzubringen, diese Drohung wahr zu machen. »Eine Bande von wilden kleinen Rackern, die Sprösslinge«, kicherte er, womit unsere hektischen Überlegungen außer Kontrolle gerieten. »Tornados mit quiekenden Stimmen nenne ich sie. Oh, aber dieser Ort würde ihnen gefallen. Die Obstgärten – all die Bäume zum Klettern und all das. Haufenweise Obst zu futtern. Kinder eben. Müssen immer was reinstopfen.« Er schlug mir auf den Rücken – ein wenig zu begeistert, wie mir schien. Dann zwinkerte er Ellie zu – ein wenig zu vertraulich, wie ihr schien. »Ganz so wie die Kälber, die du in der Heimat aufgezogen hast, nicht wahr, Darling?«

Es war das folgende gezwungene Lachen, das meiner Erinnerung den entscheidenden Anstoß gab – das und der Hinweis auf die Kälber. Nun begriff ich, wer dieser Schnorrer war, der uns die Zeit stahl. Es musste zehn Jahre her sein, dass dieser schmierige Handelsvertreter auf unserem Hof in Schottland aufgetaucht war, um uns stark verbilligtes Viehfutter aus »gereinigten« Geflügelexkrementen zu verkaufen, die »in der Branche« euphemistisch als *Hühnerfedern* bezeichnet wurden.

»Kosten ein Drittel weniger als die üblichen Proteinmischungen für Kälber, die von den großen Futterproduzenten verscheuert werden«, hatte er mit einem Augenzwinkern erklärt, das bei jener Gelegenheit fast verschwörerisch gewirkt hatte. »Furchtbare Proteinverschwendung, die durchschnittliche Henne, mein Herr. Jagt etwa zehn Prozent des Proteins, das sie frisst, gleich wieder zum Arsch raus. Wissenschaftliche Tatsache das. So sammeln meine Kontaktleute in der Branche einfach Tonnen von Hühnerscheiße aus den Legebatterien im ganzen Land, unterziehen sie ihrem geheimen Reinigungsprozess – absolut wissenschaftlich, entwickelt im Nahen Osten, in der Wüste fehlt es an pflanzlichem Protein – und schwups, haben wir unbegrenzten Nachschub an Hochproteinfutter für einen Scheißpreis – kleines Wortspiel. Recycling heißt das in der Branche, mein Herr. Spare in der Zeit, dann hast du in der Not.«

Diese letzte Aussage hatte – auf eine verdrehte Art und Weise – ein wenig Ähnlichkeit mit den Ratschlägen, die Maria gab, wenn sie richtig in Fahrt war. Doch das war auch die einzige Ähnlichkeit zwischen den beiden. Marias in der Tradition verwurzelte Überzeugung, wir müssten ein Schwein halten, um das Fallobst zu verwerten, war sehr viel nützlicher als der Versuch, uns einzureden, der modernen Wissenschaft sei es gelungen, Pflanzenfresser dazu zu bringen, sich von »behandeltem« Hühnerdreck zu ernähren und verwertete Körperteile ihrer Artgenossen zu fressen, was unnatürlich war und tödlich enden musste. Schließlich hatte noch niemand von einer unheilbaren Krankheit gehört, die von Feigen fressenden Schweinen auf den Menschen übertragen wurde. Nur sollte man sein nützliches »Porky« nicht in die Nähe einer toten Kuh lassen – mit Hühnerdreck gefüttert oder nicht –, denn das Schwein würde dieses Mahl mit Freuden verzehren. Wie launisch die Natur doch ist!

Damals in Schottland war ich froh gewesen, als dieser aufdringliche Hühnerdreckvertreter das Weite gesucht hatte, und ich freute mich nicht weniger, als er endlich Ca's Mayoral verließ. Ich hatte – wie sich herausstellte, vergeblich – gehofft, unverschämte Vertreter dieses Schlags in Großbritannien zurückzulassen, und seit unserer Ankunft im Tal waren wir nie von einem mallorquinischen Vertreter dieser Spezies heimgesucht worden. Am nächsten kam ihm noch ein Immobilienmakler aus Palma, der kurz nach unserem Umzug anrief und eine deftige Provision für den Verkauf für Ca's Mayoral verlangte. Als ich ihm erklärte, der Verkauf der *finca* sei ohne Beteiligung irgendeines Maklers zwischen Privatpersonen zustande gekommen, weshalb er keinerlei Anspruch auf eine Provision habe, erhielt ich meine erste Lektion in spanischen Beschimpfungen. Ich befände mich nun in Spanien, erinnerte er mich in nicht sehr gastfreundlichem Ton, und zu meinem eigenen Besten solle ich mich rasch an die spanischen Gepflogenheiten gewöhnen. Die Ferrers, so behauptete er, hätten seine Firma mit dem Verkauf von Ca's Mayoral beauftragt, womit er unabhängig davon, ob wir seine Dienste genutzt hätten oder nicht, Anspruch auf einen Anteil habe.

»Wenn Sie eine Vereinbarung mit den Ferrers geschlossen haben«, sagte ich ihm, »dann müssen Sie sich Ihre Provision von den Ferrers holen.«

»So funktioniert es vielleicht dort, wo Sie herkommen, *amigo,* aber hier läuft das anders. Sie schulden mir meinen Anteil und ich werde ihn mir holen – auf die eine oder andere Art!«

Nach einigen Drohanrufen, auf die ich immer in derselben Weise reagierte, gab der Makler schließlich auf, wobei er mir zum Abschied unter freizügiger Verwendung englischer Verwünschungen erklärte, ich würde es noch bereuen, ihm über den Weg gelaufen zu sein. Wenn ihm überhaupt jemand über den Weg gelaufen war, so waren es die Ferrers. Aber selbst wenn es so war, war mir nach unseren Verhandlungen mit jenem Paar klar, dass eher Marias Schwein fliegen lernen würde, als dass der Makler eine Provision von den Ferrers bekäme. Zweifellos war ihm das auch klar, und deshalb versuchte er, uns dazu zu nötigen, die Kosten zu übernehmen, die ihm angeblich entstanden waren, als er das Grundstück über einen längeren Zeitraum in der Presse annonciert hatte. Ob ich etwa glaube, fragte er mich, dass er im letzten Jahr derart viel Zeit damit verbracht habe, potenzielle Käufer in Ca's Mayoral herumzuführen, nur um die gute Luft dort zu genießen.

Später fanden wir heraus, dass wir in eine beinahe typische Situation geraten waren: Die Eigentümer beauftragten einen oder mehrere Makler mit dem Verkauf ihres Besitzes, wobei vorausgesetzt wurde, dass die Provision des Maklers auf den vom Käufer bezahlten Preis aufgeschlagen würde. Selbstverständlich musste ein potenzieller Kunde bei der Kontaktaufnahme mit dem Makler über diese Bedingung aufgeklärt werden, um die grundlegenden Regeln der Geschäftsethik zu erfüllen. Da wir rein zufällig bei einem Ferienausflug auf Ca's Mayoral gestoßen waren und die für den Kauf erforderlichen Formalitäten abgeschlossen hatten, ohne dass ein Makler involviert war, waren wir aber in keiner Weise zur Zahlung einer Provision verpflichtet. Hätten wir unseren spanischen Rechtsanwalt eingeschaltet, so hätte er dies dem reizbaren Señor Anteil gewiss klar gemacht. Doch dieser gab schließlich von allein auf, und wenn es ihm mit seinem aggressiven Auftreten auch gelungen war, uns Neuankömmlinge ein wenig zu verunsichern, war es auf eine seltsame Art erfrischend, dass ein Immobilienmakler einen solch »direkten« Weg zur Beutelschneiderei wählte. Wir waren von daheim an subtilere Vorgehensweisen dieses übel beleumdeten Berufsstands gewöhnt.

Wir vergaßen rasch seine Drohung, er werde sich »seinen Anteil auf die eine oder andere Art« holen, doch sie wurde uns kurze Zeit später in Erinnerung gerufen, als Einbrecher all unsere persönlichen Wertgegenstände stahlen. Kein einziges Stück tauchte je wieder auf, aber wir beschlossen, der Polizei nichts von unserem Verdacht zu erzählen, dass die Einbrecher möglicherweise von einem verärgerten Immobilienmakler darüber informiert worden waren, dass sich im Tal eine in Sicherheitsfragen unbedarfte ausländische Familie niedergelassen hatte. Wer hätte einen derart lächerlichen Gedanken auch ernst genommen! Dennoch zeigten diese Erfahrungen die Richtigkeit der alten römischen Maxime *Caveat emptor:* Der Käufer möge auf der Hut sein – sei es beim Erwerb eines Grundstücks oder eines Sacks Viehfutter.

Womit wir wieder bei dem ungeladenen Hühnerdreckvertreter aus Schottland wären. Nachdem er fort war, schwor ich, im nächsten Sommer weniger gastfreundlich zu Mr Recycling und seinesgleichen zu sein. Doch wie Ellie weise bemerkte, würde dieser über das

Knie gebrochene Entschluss, so sinnvoll er auch sein mochte, den Test der Zeit erst noch bestehen müssen. Und sie hatte nicht Unrecht, denn sosehr wir auch die regelmäßigen Unterhaltungen mit unseren mallorquinischen Nachbarn genossen, war es doch gut, von Zeit zu Zeit Gelegenheit zu einem Gespräch mit jemandem zu haben, der unsere Sprache sprach. Wenn man die Sprache seiner Wahlheimat nicht fließend spricht (und wir kämpften noch hart mit dem Spanischen), können die beiläufigen Gespräche mit den Nachbarn am Zaun mühsam werden und geschäftliche Verhandlungen eine noch härtere Prüfung darstellen als ohnehin schon. Wenn es zum Beispiel von der richtigen Verwendung der im Spanischen verwirrend ähnlichen Worte für »fünfzig« und »fünfhundert« abhängt, ob man einen bescheidenen Gewinn erzielt oder ein finanzielles Desaster erleidet, gerät der Sprachschüler leicht unter Druck.

Trotz alledem waren wir nie versucht gewesen, einer der Vereinigungen der Auslandsbriten beizutreten, die es in einigen Emigrantenkolonien in Spanien gibt. Diese Briten sind entweder Rentner oder betreiben Unternehmen, die sich der Versorgung ihrer Landsleute widmen. Im Lauf der Jahre haben sich in vielen spanischen Ferienorten am Meer solche Enklaven gebildet. Dort gibt es kleine Gemeinschaften von »Ausländern«, die in Spanien leben, jedoch in Wahrheit die »Heimat« nie verlassen haben. In beliebten Orten wie Palma Nova auf Mallorca sind diese Gemeinschaften derart fest etabliert, dass sie britische Ärzte, Zahnärzte, Friseure, eine Unzahl von Pubs und Cafés sowie Metzger, Buchhandlungen, Videotheken und unter Umständen sogar ihren »Fish and Chips«-Imbiss haben. Wer nicht will, muss an solchen Orten eigentlich nie Spanisch sprechen. Vermutlich streben diese Menschen ein Gefühl der Sicherheit an, das für sie unabdingbar für ein Leben im »Ausland« ist. Und für viele Auslandsbriten, insbesondere für jene, die von einem Tag auf den anderen auf sich gestellt sind, können derartige Gemeinden und ihre verschiedenen Vereinigungen den Unterschied zwischen ungewollter Einsamkeit und der Geborgenheit in der Gemeinschaft ihrer Landsleute ausmachen. Für viele Menschen hat sich der Traum von einem wunderbaren Leben unter der spanischen Sonne in einen Albtraum verwandelt, da sich die Dinge nicht wie erhofft entwickelten. Das ist häufig der Fall, wenn eine Partnerschaft zerbricht, eine Krankheit zuschlägt, ein Ehepartner stirbt, die allzu optimistisch eingeschätzten Ersparnisse verpuffen oder das »Traumgeschäft« (bei dem es sich bezeichnenderweise meist um eine Bar handelt) scheitert.

Selbstverständlich waren auch wir nicht gegen diese Gefahren gefeit, aber unsere Absicht war es von Anfang an gewesen, nicht auf einem verpflanzten Stück Großbritannien, sondern im wirklichen Mallorca zu leben. Wir wollten uns so gut wie möglich unserer Wahlheimat anpassen. Nicht dass wir die einfältige Vorstellung gehegt hätten, *guiris* zu werden, wie die Spanier ausländische »Siedler« nennen, die sich schließlich selbst für Spanier halten. Sosehr wir uns auch um Anpassung bemühten, wir würden stets Ausländer bleiben, darüber machten wir uns keinerlei Illusionen. Doch da wir in der Landwirtschaft tätig waren, gab es für uns keine Alternative zur Integration. Und bisher war alles weitgehend nach Plan gelaufen – wenn wir die Möglichkeit beiseite ließen, dass unser älterer Sohn Sandy nicht von seinem Ferienjob in Schottland zurückkehren würde, und wenn wir die Gefahr außer Acht ließen, dass der Obstanbau möglicherweise nicht ausreichen würde, um unseren Lebensunterhalt zu sichern. Die lange vernachlässigten und erst seit kurzem wieder gepflegten Bäume waren noch weit davon entfernt, volle Erträge zu bringen, und nun mussten wir uns zusätzlich über die schwer einzuschätzenden Auswirkungen des spanischen Beitritts zur Europäischen Gemeinschaft auf die Orangenpreise Gedanken machen. Dazu kam, dass wir uns nie von dem ernüchternden Gedanken befreien konnten, dass wir praktisch alles, was wir besaßen, in dieses Unternehmen investiert hatten.

Ja, es gab Zeiten, da war es schön, mit jemandem in unserer eigenen Sprache sprechen zu können, und sei es nur zu therapeutischen Zwecken. Und so kam es uns sehr gelegen, dass der kleine Charlie eine englischsprachige Schule besuchte.

* * *

Als wir an jenem Freitagnachmittag im September das Restaurant *Ca'n Amer* in Inca verließen, kehrten wir nicht auf dem Weg heim, auf dem wir gekommen waren, sondern nahmen die neue *autopista* nach Palma. Da wir zu lange beim fabelhaften Essen von Señora Cantallops gesessen hatten, drohten wir zu spät zu kommen, um Charlie von der Schule abzuholen. Nicht dass sich Charlie allzu große Sorgen gemacht hätte. Er hatte sich mit einer Begeisterung in die entspannte

Umgebung seiner neuen Bildungsanstalt eingefügt, die in Anbetracht der Ablehnung, die er in Schottland gegenüber der Schule an den Tag gelegt hatte, kaum nachvollziehbar war. Dabei waren die schulischen Anforderungen nicht geringer als in Großbritannien. Ganz im Gegenteil: Die Schule, die von Briten geführt wurde und vorwiegend britische Kinder ausbildete, hielt sich an den staatlichen britischen Lehrplan und erfüllte obendrein die Voraussetzungen, die für eine weiterführende Ausbildung in den Vereinigten Staaten oder Deutschland gegeben sein mussten. Und die Ausbildungsergebnisse sowie der Prozentsatz der zum Universitätsstudium zugelassenen Abgänger konnten nur als beeindruckend bezeichnet werden.

Es war jedoch nicht das ausgezeichnete Bildungsangebot, das Charlie anzog. Er nahm das Lernen genauso in Angriff wie eh und je: Gefiel ihm ein Fach, brachte er gute Leistungen, während er auf Gebieten, die ihm langweilig vorkamen, deutliche Wissensmängel zeigte. Nein, was Charlie in Mallorca gefiel, war das Schulleben. Da war zunächst die Kleiderordnung. Die Kleidung war lässig – keine langweiligen Sakkos, keine langen grauen Hosen, weißen Hemden und beengenden Krawatten wie in vielen britischen Schulen, sondern eine frei zu wählende »Uniform«, bestehend aus T-Shirts, Jeans und Sportschuhen. Im mediterranen Klima war das sinnvoll und hätte den Eltern zumindest theoretisch gefallen müssen, wenn man die Kostenersparnis gegenüber dem verpflichtenden Kauf einer förmlichen Uniform zu Beginn jedes Schuljahrs bedenkt. Weit gefehlt: Der Gruppendruck ist eine mächtige Kraft in der Welt der Teenager oder jener Kinder, die wie unser zwölfjähriger Charlie bemüht sind, Aufnahme in die rätselhafte Bruderschaft der Halbwüchsigen zu finden.

Ich war immer der Meinung gewesen, dass ein Paar Sportschuhe wie das andere sei, dass Jeans eben Jeans seien und dass ein einfaches T-Shirt das grundlegende und unerhebliche Kleidungsstück par excellence darstelle, wenn man einmal von dem aufgedruckten Slogan absah, der es von anderen T-Shirts unterscheiden konnte. Um diese Jahreszeit hätten wir uns in Schottland angesichts des nahenden Winters vor allem Gedanken darüber gemacht, ob Charlie die Gummistiefel vom letzten Jahr noch passen würden. Aber dies war Mallorca, und er war ein akzeptiertes Mitglied einer Gruppe modebewusster Jungen geworden, die einen Großteil der Schüler einer kleinen internationalen Schule stellten. Hier war der Unterschied zwischen Nike und Reebok – ein für nicht eingeweihte Eltern nebensächliches Detail – für die jugendlichen Kenner derart bedeutsam, dass eine furchtbare Demütigung drohte, wenn man die schändliche Sünde beging, diesbezüglich einen Fehlgriff zu tun.

»Du bekommst nur, was du auch bezahlst«, lautete Ellies Reaktion auf mein fassungsloses Schlucken beim Anblick der Preise für die aktuelle legere »Schulkleidung« in einem schicken Kaufhaus in Palma.

»Aber wo liegt der Unterschied zwischen dem T-Shirt da mit dem Krokodillogo und dem anderen dort, das kein Logo hat – abgesehen natürlich vom Preis?«

»Das Logo ist der Grund für den Preis und der Preis ist der Grund für das Logo.«

»Noch einmal bitte.«

»Das Krokodil steht für *Lacoste* und *Lacoste* steht für Qualität.«

»Ja, das ist mal wieder typisch für das verworrene Denken einer Frau, die in einem Kleidergeschäft losgelassen wird. Vergiss es, Ellie – ich rücke kein Geld für das zweifelhafte Privileg heraus, einem Kind ein gewöhnliches T-Shirt zu kaufen, auf das ein winziges Krokodil gebügelt wurde, und damit Schluss!«

»Aber du hast doch auch ein paar Lacoste-Shirts, Dad«, quiekte Charlie. »Tolle Qualität, sagtest du. Halten ein Leben lang, sagtest du. Wirklich schön.«

»Jetzt mach mal halblang, Charlie. Deine Mutter hat mir diese Shirts gekauft, und hätte ich gewusst, was sie dafür bezahlt hat, hätte ich sie sofort damit in den Laden zurückgeschickt. Eine empörende Geldverschwendung ist das.«

»Aber Dad …«

»Keine Diskussion, Charlie. Ich habe eine Sache bekommen und du wirst eine andere bekommen.«

»Das ist nicht fair, Peter«, warf Ellie ein.

»Das ist durchaus fair. Wie schon gesagt, werden meine Lacoste-Shirts ein Leben lang halten, während Charlie in ein paar Monaten aus seinen T-Shirts herauswachsen wird, wenn er sie nicht in der Zwischenzeit kaputtmacht. Du weißt, wie Jungen in diesem Alter sind – sie klettern auf Bäume, raufen ständig und so weiter.«

»Ja, Dad – aber *alle* Jungs tragen dieses Jahr die mit dem kleinen Krokodil drauf.«

Ich wandte mich an Ellie: »Wir können es uns nicht leisten, mit einigen reichen Eltern mitzuhalten.« Mein Blick fiel auf die Reebok-Schuhe in einem Regal. »Meine

Güte! Wie viele Tonnen Orangen müssten wir verkaufen, um ein Paar von *denen da* bezahlen zu können?«

»Hey, kein Problem, Dad!« Charlie grinste in jener oberschlauen Art, die für Kinder typisch ist, die in die Pubertät kommen. »Diese Marke ist ziemlich *pasado*. Ja, Mann, heute braucht man Puma-Schuhe. Die Spitzenmodelle von Puma sind der Renner.«

»Was ist aus den guten alten schwarzen Turnschuhen geworden?«, brummte ich. »Gutties hießen sie in Schottland, als ich zur Schule ging. Turnschuhe eben. Die kosteten fast nichts und erfüllten ihren Zweck auch. Was sollen all diese leuchtend bunten Schnörkel und blitzenden Stoßdämpfer und Kotflügel und Knöpfe und Polster und Krempen, die sie heutzutage auf die Schuhe kleben? Nutzloser Firlefanz – nichts als Ausreden, um den Preis hoch zu treiben!«

»Das nennt man Stil«, ließ mich Ellie herablassend wissen und verdrehte die Augen, um Charlie zu verstehen zu geben, dass ich eben hinter dem Mond lebte. »Komm schon«, murmelte sie an ihn gewandt, »sehen wir uns oben in der Jeansabteilung um.« Sie packte Charlie am Ellbogen und zog ihn mit sich, wobei sie so laut, dass ich es hören musste, hinzufügte: »Im Schaufenster hängt ein Schild, auf dem steht, dass die neuen Calvin Kleins schon da sind!«

Ich wusste nicht, was Calvin Kleins waren, aber der Name klang teuer.

»Großer Gott, Ellie!«, schrie ich ihr nach. »Wie zum Teufel soll ich dem Jungen beibringen, sparsam mit Geld umzugehen, wenn du ihn ermutigst, sich all diese beschissenen Designerklamotten umzuhängen?!«

Ich bemerkte die missbilligenden Ausrufe und die

verblüfften Blicke der makellos gekleideten spanischen Kundinnen um mich herum kaum, und ich machte mir auch keine großen Gedanken darüber, was sie von mir halten mochten. Ellie hatte ihre Kreditkarte hervorgekramt, die Lage war kritisch. In Großbritannien hätte ich nie getan, was ich als Nächstes tat. Es ist seltsam, wie leicht man jeglichen Anstand verliert, wenn man glaubt, die umstehenden Personen könnten einen ohnehin nicht verstehen.

»Ich werde dir etwas sagen, Ellie!«, rief ich, während ich mir meinen Weg durch ein Grüppchen schockierter *señoras* in der Dessousabteilung bahnte. »Schließen wir einen Kompromiss, in Ordnung? Ellie, hör zu! Warte eine Sekunde, bitte! Lass uns darüber reden ...«

Ich stürmte weiter, als mein Zeh mit etwas kollidierte – entweder mit dem Fuß eines unschuldigen Kleiderständers oder mit dem Fuß einer böswilligen *señora*. Das Geklapper auseinander fallender Stangen und Schienen begleitete mich bei meinem Sturz und ich wurde von einer Lawine von Wonderbras, Negligees und Damenschlüpfern begraben.

»Verflucht!«, heulte ich instinktiv los. »Mein Zeh!«

»SILENCIO!«

Ich verstand nicht viel von dem Wortschwall, mit dem mich der stämmige Manager bedachte, der plötzlich über mir stand wie ein Stierkämpfer, der seinem Opfer den Gnadenstoß versetzen will. Er lispelte in einem säuselnden Ton und verschluckte zahlreiche Silben, was ebenso wie sein dunkles Äußeres darauf hindeutete, dass er aus der Wiege des Stierkampfs, dem südlichen Andalusien, stammte. Doch verwirrender Akzent hin oder her, die Bedeutung des Wortes *»expul-*

*sión«* war unschwer zu erraten, insbesondere, da es von einem erhellenden Fingerzeig in Richtung des Ausgangs begleitet wurde. Entschuldigungen auf Spanisch beherrschte ich bereits gut, also bat ich überschwänglich um Verzeihung, rappelte mich auf und wand mich geschickt wie eine unglückliche junge Kuh in einer Stierkampfarena an dem Ladentorero vorbei. Ich war nicht sicher, ob er *»Olé!«* murmelte, als ich mich vorbeigedrängt hatte, aber das amüsierte Gekicher der Kundinnen, das durch die samtene, einschmeichelnde Hintergrundmusik drang, war deutlich zu hören. Es war immer wieder erbauend, dachten sie zweifellos, einem *extranjero loco* dabei zuzusehen, wie er sich in der Damenunterwäscheabteilung zum Affen machte.

»Der Wochenmarkt in Andratx am kommenden Mittwochvormittag«, stieß ich hervor, als ich Ellie und Charlie endlich eingeholt hatte. »Dort haben sie auch diese ganzen Designermarken, aber zu einem Bruchteil des Preises, stimmt's? Warum warten wir nicht die paar Tage und kaufen die Sachen dort? Das wäre doch vernünftig.«

»Alles Raubkopien.« Charlie schnaubte geringschätzig. »Gefälschte Etiketten, Ramschschuhe, drittklassige Stoffe.«

»Na und? Sieht alles genauso aus wie dieses überteuerte Zeug hier.«

Charlie schüttelte den Kopf und warf mir einen mitleidigen Blick zu. »Nee, vergiss es, Dad. Man sieht den Unterschied auf eine Meile Entfernung.«

»Er hat vollkommen Recht«, sagte Ellie und marschierte zielstrebig weiter. »Man bekommt das, was man bezahlt – womit wir wieder am Anfang wären.«

»Aber was ist mit der alten Maxime, dass man seinen finanziellen Mitteln gemäß leben soll – den Mantel passend zu den Hosen schneidern?«, fragte ich in beinahe flehendem Ton, als Ellie unseren Sohn auf eine Rolltreppe schubste.

»Na ja, Dad«, rief mir Charlie über die Schulter zu, während er an der Seite seiner Mutter davonglitt, »wenigstens musst du mir keinen Mantel kaufen. Die sind nur was für Schlaffis. Absolut uncool, Mann.«

Ellie zuckte mit den Schultern, tätschelte Charlie den Kopf und warf mir ein Lächeln zu, das verriet, wie zufrieden sie mit »ihrem Jungen« war.

Nachdem ich jahrelang von meiner kaufsüchtigen Frau durch Kaufhäuser geschleppt worden war, wusste ich, wann ich geschlagen war. Doch glücklicherweise gibt es in spanischen Kaufhäusern eine großartige humanitäre Einrichtung, einen Ort des Trosts für den wartenden Ehemann, auf dem herumgetrampelt wurde: eine Bar. Dorthin zog es mich, sobald Ellie und ein entzückter Charlie himmelwärts ins Calvin-Klein-Land entschwunden waren. Ich sagte mir, die bevorstehende Kreditkartenblutung würde nicht mehr ganz so schmerzhaft sein, nachdem ich mein Mütchen mit einem oder zwei eiskalten *San Miguel*-Bierchen gekühlt hatte.

Zum Glück stellte sich heraus, dass mich Ellie nur auf die Palme hatte bringen wollen – jedenfalls war dies ein Teil ihres Plans gewesen. Sie hatte tatsächlich eine Vorliebe für teure Kleidung, und es wurde langsam klar, dass Charlie diese Neigung geerbt hatte. Doch Ellie war zugleich durch und durch pragmatisch, wenn es ans Einkaufen ging. Sie hatte nie Geld im Überfluss gehabt, und um sich gewünschte Dinge leisten zu können, hatte sie sich die Kunst des Stöberns und Feilschens angeeignet, die alle Frauen beherrschten, die in einem Modegeschäft losgelassen werden – und sie beherrschte diese Kunst mit einer Virtuosität, mit der sie auf jedem Basar bestanden hätte. Als sie schließlich triumphierend in der Bar erschien, während Charlie mürrisch einige Schritte hinter ihr herschlurfte, war klar, dass sie erfolgreich gewesen war. Irgendwie war es ihr gelungen, den Kauf modischer Klamotten mit finanzieller Besonnenheit in Einklang zu bringen. Ich wollte gar nicht wissen, wie ihr das gelungen war. Die Ausgaben für Charlies »Uniform« schienen mir immer noch eine übermäßige Belastung unserer Geldbörse, doch als Ellie erläuterte, wie viel höher sie hätte ausfallen können, hätte sie nicht ihre Kasbah-Fähigkeiten eingesetzt, stieß ich einen Seufzer widerwilliger Zustimmung aus und bestellte mir noch ein Bier.

Charlies Klage, die drei Streifen auf den Sportschuhen, die sie ihm gekauft hatte, seien nicht gerade das, was gegenwärtig als cool gelte, und seine Feststellung, die Calvin-Klein-Jeans seien besser geschnitten als die Levis, die seine Mutter ihm aufgedrängt habe, verhallten ungehört. Doch in Anbetracht der Tatsache, dass er mit schmutzigen bäuerlichen Arbeiten wie der Fütterung von Kälbern aufgewachsen und seinerzeit entsprechend eingekleidet worden war, schienen mir seine heutigen Ansprüche in Bezug auf die Kleidung ein wenig bedenklich. Charlie hatte gelernt, auf morastigen winterlichen Feldern gehackte Rüben in die Futtertröge der Rinder zu schaufeln. Nun war dieser

Junge vom Land erstmals einem potenziell teuren Aspekt der *vida loca* ausgesetzt, dem goldenen Vlies der Vergnügungssüchtigen, die auf der Welle des jugendlichen Hedonismus in Ferienzentren wie Mallorca angeschwemmt wurden. Und wie wir bald entdecken sollten, hielt die Insel noch mehr derartige Ablenkungen für den leicht zu beeindruckenden Charlie bereit.

* * *

Die Schule lag malerisch am Hang eines steilen, von Pinien beschatteten Hangs in Sant Agustí, einem ruhigen Vorort von Palma. Bevor die mallorquinische Regierung viele Ortsnamen vom Spanischen wieder ins ursprüngliche *mallorquín* umgewandelt hatte, hatte dieser Vorort San Agustín geheißen. Die geänderte Schreibweise einiger Orts- und Straßennamen, ja sogar der Hinweisschilder auf der *autopista,* kann den Besucher, der bereits an die spanischen Bezeichnungen gewöhnt war, mitunter verwirren. Trotzdem lohnen sich diese Änderungen in den Augen traditionsbewusster Inselbewohner, die lange Zeit hart für das Überleben ihrer Sprache gekämpft haben. Diesen Mallorquinern sei viel Glück gewünscht, und noch mehr Glück wünsche ich Ihnen, wenn Sie sich verzweifelt bemühen, sich auf der Insel mit einer nicht aktualisierten Karte zurechtzufinden – allerdings sei darauf hingewiesen, dass man in einigen abgelegenen Gegenden möglicherweise gerade eine veraltete Karte braucht. Lassen Sie nicht locker, denn dies ist Mallorca, und mit seinen kleinen Sonderheiten sollten Sie sich abfinden, selbst wenn Sie sich manchmal hoffnungslos verirren werden. Sie können sich immer mit der Gewissheit trösten, dass Sie sich nie weit von einem Gasthaus befinden werden, wo sie nach dem Weg fragen oder einfach Rast machen können, um Ihre Sorgen mit einem erfrischenden Getränk hinunterzuspülen, während Sie die Karte zerreißen oder im Telefonbuch nach der Nummer der Telefonseelsorge suchen.

Aus dem Stegreif könnte ich immer noch nicht den Namen der kleinen Straße nennen, an deren Ende die Schule lag, aber sie ist ganz leicht zu finden. Entweder nimmt man von der Autobahn Palma – Andratx die im Zickzack hinunterführende Straße wie wir an jenem Tag oder man legt die kurze Strecke von der Küste bergan zurück. Die alte Straße, die am Meer entlangführt, war früher die Hauptverbindungsader zwischen der Hauptstadt und den beliebten Ferienorten entlang der Südwestküste. Diese modernen Siedlungen, die immer näher zusammenrücken, erinnern an »Schmucksteine« in einem Collier aus Beton, das um die immergrünen Berghänge der Sierra de Na Burgesa liegt. Dieser »Fortschritt« mag unvermeidlich sein, doch hier wie überall liegt die Schönheit im Auge des Betrachters.

»Hey, Don Pedro! *Cómo le va, amigo?* Wie geht's, alter Kumpel?«

Jock Burns, diesmal als Lehrer verkleidet, stand auf der obersten Stufe der Treppe und grüßte mich in theatralischem amerikanischem Ostküstenakzent. Das strahlend weiße, schnörkellose Gebäude, in dem ursprünglich ein Hotel untergebracht war, wirkte ungewöhnlich einladend für eine Schule. Dieser Ort war traumhaft schön im Vergleich zu der Grundschule, die ich in Schottland besucht hatte, einer kargen viktorianischen Anlage, die für ein Kind ein ebenso angenehmer Anblick war wie der Wagen des Hundefängers für einen sorglosen Streuner. Zu beiden Seiten des Eingangs, dessen elegante Bögen beinahe unter Kaskaden von mauvefarbenen Wisterien verschwanden, wucherten süß duftende Wacholderbüsche. Auf der einen Seite der weit ausladenden Treppe, die zur Eingangstür hinaufführte, warfen die schimmernden Blätter und die unberührten Früchte eines Zitronenbaums gescheckte Schatten auf einen Teppich aus Gänseblümchen und die darunter liegende niedrige Steinmauer. Die roten Trompetenblüten eines Hibiskus bereicherten diesen hübschen kleinen Garten um eine spektakuläre Farbexplosion, deren Heiterkeit in deutlichem Kontrast zu den deprimierenden, mit Graffiti verschmierten Eingängen der Schulen in vielen weniger begünstigten Gegenden stand. Jock Burns hatte selbst eine Zeit lang an einer solchen Schule in einer berüchtigten Gegend in Edinburgh unterrichtet, bevor er nach Mallorca geflüchtet war, um eine Lehrtätigkeit anzunehmen, die mit seiner vorigen nicht mehr als die Bezeichnung gemein hatte.

Charlie durfte sich tatsächlich glücklich schätzen, in Sant Agustí zur Schule zu gehen, und das wortkarge schottische Bürschchen, das sich im vorangegangenen Winter so dagegen gesträubt hatte, diese Schule zu besuchen, war nach relativ kurzer Zeit kaum wiederzuerkennen. Der erste Eindruck, den er vom Leben auf einer Obstplantage in einem abgelegenen Tal auf Mallorca gewonnen hatte, war nicht allzu vorteilhaft gewesen, und die Aussicht auf den Leidensweg, der ihm seiner Meinung nach als neuem Jungen in einer in jeder Beziehung vollkommen andersartigen Schule bevorstand, hatte ihm noch weniger gefallen. Doch dauerte es nicht lange, bis Charlie seine Meinung änderte, was dem entspannten Schulleben, der lockeren Kleiderordnung, dem Gefühl der Freiheit in einem mediterranen Klima, das zahlreiche Aktivitäten im Freien ermöglichte, und vor allem der Begegnung mit jungen Menschen verschiedener Nationalität und ethnischer Herkunft zu verdanken war, einem Kontakt, der den Horizont unseres Charlie erweiterte.

Es war eine Freude, zuzusehen, wie die Kinder fröhlich aus der Schule strömten: Kinder jeder Altersstufe, von Kleinkindern bis zu hoch aufgeschossenen Siebzehnjährigen, lauter von der Sonne gebräunte, vor Gesundheit strotzende Gesichter, und ihr Verhalten, das wild und laut war wie bei allen Schulkindern der Welt, zeigte zugleich eine erfrischend freundliche Einstellung. In kaum einem dieser Gesichter war der Ausdruck verdrießlichen Widerwillens zu sehen, den Kinder sonst oft an den ersten Schultagen nach einer langen Sommerpause an den Tag legten.

»Schön, einen so zufriedenen Haufen von Kindern zu sehen«, sagte ich zu Jock, als wir einander am Fuß der Treppe trafen.

»Aye, sie sind nicht schlecht, Alter«, sagte er in seinem »normalen« schottischen Akzent, nachdem er sich verstohlen umgesehen hatte, um sich zu vergewissern, dass uns niemand hörte. Sein Ostküstenakzent war ein unverzichtbarer Bestandteil des Images, das er seinen Schülern gegenüber zu wahren versuchte. So wie ich Jock kannte, war er wohl der Überzeugung, ein weltläufiges Auftreten werde seine Glaubwürdigkeit in einer Schule wie dieser erhöhen. Und wenn man nach den fröhlichen Zurufen seiner Schüler ging, war er offensichtlich ein sehr beliebtes Mitglied des Lehrkörpers.

»Täusch dich nicht«, fuhr er fort, »man muss auch mit dem einen oder anderen kleinen Nichtsnutz fertig werden. Vor allem verzogene Sprösslinge reicher Eltern. Von denen haben wir hier eine Hand voll. Was die brauchen, ist ein ordentlicher Tritt in den Arsch. Aber darauf kann man leider nicht zurückgreifen – nicht solange ihre Eltern gutes Geld für Schulgebühren hinlegen.«

Damit hatte er ein Thema angesprochen, das mir am Herzen lag – oder, um es treffender zu sagen, ein Thema, das mir immer schwerer auf dem Herzen lag. Als wir vor dem Umzug nach Mallorca unsere finanziellen Möglichkeiten durchgerechnet hatten, hatten die Schulgebühren ganz oben auf der Liste der Ausgaben gestanden, die wir würden einplanen müssen. Und wir hatten geplant – anfangs rechneten wir in Pfund Sterling und später, als wir uns an den Umgang mit der Landeswährung gewöhnt hatten, in Peseten. Doch als wir im Lauf der Zeit einzuschätzen lernten, welcher Ertrag von unserem Hof zu erwarten war, begann ich automatisch, die Kosten von Charlies Ausbildung in Orangenkisten zu schätzen. Das Ergebnis war niederschmetternd. Vom Erfolg oder Misserfolg der Orangenernte im bevorstehenden Herbst würde die Antwort auf viele grundlegende Fragen abhängen, mit denen ich mich schon seit einiger Zeit beschäftigte.

Ironischerweise waren die Ausgaben für Charlies Schule genau der Budgetposten, bei dem wir, wenn wir wollten, am einfachsten Geld sparen konnten. Wir mussten ihn nur in die öffentliche Schule in Andratx schicken. Diese hatte einen guten Ruf und vor allem kostete sie nichts. Obendrein hatten Charlie und Sandy – ebenso wie Ellie und ich in der Vergangenheit – in Schottland auch nur das öffentliche Bildungswesen gekannt und nichts dagegen einzuwenden gehabt. Wir kannten britische Familien in Mallorca, die ihre Kinder in spanische Schulen schickten. Diese Kinder integrierten sich rascher und sehr viel besser als ihre Altersgenossen, die Privatschulen besuchten. Sie eigneten sich aus bloßer Notwendigkeit heraus im Handumdrehen nicht nur die spanische Hochsprache für den Unterricht an, sondern auch das Mallorquinische beziehungsweise Katalanische, das in der Pause auf dem Schulhof gesprochen wurde. Wir hatten ein schottisches Paar kennen gelernt, das auf der anderen Seite der Berge lebte und seine fünfjährige Tochter in die kleine Schule in ihrem Wohnort geschickt hatte. Nach wenigen Monaten sprach die Kleine deutlich besser Spanisch als ich nach jahrelangem Brüten über meinen Grammatikbüchern.

Warum sollten wir mit Charlie nicht dasselbe tun und damit die Möglichkeit ausschließen, dass die Schulgebühren ein Problem für uns wurden? Nun, wir dachten, dass er bereits die aufwühlende Trennung von seiner vertrauten Umgebung und die Anpassung an eine neue Schule hatte bewältigen müssen, eine Erfahrung, an der er gewachsen war. Möglicherweise begingen wir einen Fehler, aber es fiel uns schwer, ihn erneut einer solchen Veränderung auszusetzen. Er war zwar ein sowohl körperlich als auch emotional robustes Kind, aber in dieser heiklen Lebensphase konnte ihm eine weitere Entwurzelung leicht schaden, und wir als seine Eltern waren nicht berechtigt, dieses Risiko in seinem Namen einzugehen. Also beschlossen wir, ihn weiter in die Schule in Sant Agustí zu schicken, und sollten eines Tages Kürzungen am Familienbudget erforderlich werden, würden wir irgendeinen Weg finden, das benötigte Geld anderswo einzusparen.

»Und was machst du in einer Schule wie dieser mit den faulen Äpfeln?«, fragte ich Jock. »Du weißt schon, die paar störenden Schüler, über die du gesprochen hast.«

»In den meisten Fällen überlässt man das einfach den anderen Kindern. Unangenehme kleine Bengel sind hier immer in der Minderheit, und wenn sie von ihren Kameraden ausgeschlossen werden, ändern sie ihr Benehmen meistens schneller, als du einen lassen kannst. So etwas wie eine *Disziplinarmaßnahme* ist eigentlich nie notwendig.«

»Hört sich an, als wäre das hier ein schöner Ort zum Unterrichten.«

»Na ja, sagen wir's so: Ich hab in schlimmeren Schulen gearbeitet. Aber ich muss mich sputen, Alter. Muss mich mit einem Typen treffen, der ein paar Mobiltelefone zu verkaufen hat.« Jock tippte sich an die Nase. »High-Tech-Geräte, Low-Tech-Preis – du verstehst, was ich meine? Mehr verrate ich nicht!«

Ich räusperte mich und warf einen flüchtigen Blick über die Schulter. »Nun, in diesem Fall«, sagte ich mit gedämpfter Stimme, »könnte ich durchaus Interesse haben.«

Jock schüttelte den Kopf. »Nee, nee, kein Risiko. Ich

würde dir keins von den Dingern empfehlen, Alter.« Er beugte sich zu mir und flüsterte mir ins Ohr: »Die Dinger brauchen vielleicht eine kleine *Anpassung*, um es einmal so auszudrücken, bevor sie in der so genannten westlichen Hemisphäre funktionieren, verstehst du?« Nun war er an der Reihe, sich verstohlen umzusehen, bevor er mit der Sprache herausrückte: »Ich bekomme sie über meinen Kumpel Juan, der im Hafen von Palma Geschäfte macht. Werden direkt von einem nordkoreanischen Frachter abgeladen. Keine Fragen, keine Garantien.« Er warf sich in die Brust und verkündete bestimmt: »Ohne Rückgaberecht, versteht sich!«

»Ah, das alte *Caveat emptor,* nicht wahr? Käufer, sei auf der Hut!«

Jock lachte verschlagen. »Eher *Caveat nauta* – Seemann, sei auf der Hut! Ja, ich werd sie an ein paar großspurige Yachtbesitzerschnösel verscherbeln, die eine Stunde später in Richtung Bahamas in See stechen. Die haben mehr Geld als Verstand. Mit ein bisschen Glück werden die Idioten an den Kanarischen Inseln vorbei sein, bevor sie spitzkriegen, dass sie übers Ohr gehauen worden sind!«

Mit diesen Worten strebte er mit großen Schritten seinem Auto zu, wobei er im Vorbeigehen flüchtig Eltern begrüßte und sich – selbstverständlich in dröhnendem amerikanischem Ostküstenakzent – von seinen Schülern verabschiedete.

Ellie kam aus dem Schatten einer weit ausladenden Pinie herüber, wo sie mit einigen wartenden Müttern geplaudert hatte.

»Wie macht er das nur?«, fragte sie und nickte zu

dem glänzenden neuen BMW Cabrio hinüber, in den Jock gerade seinen massigen Körper zwängte. »Sieh dir die Rostlauben der meisten anderen Lehrer an. Die sind alle zusammen kaum so viel wert wie ein Rad von Jocks Schlitten.«

»Nun, Ehre, wem Ehre gebührt. Er arbeitet wirklich hart. Kommt nie zur Ruhe. Von hier direkt zum Hafen, um einen kleinen Handel abzuwickeln, dann in den Yachthafen, um schnell ein wenig Geld zu verdienen. Und anschließend hat er seine beiden nächtlichen Auftritte vor Hotelgästen. Damit ist er beschäftigt bis spät in die Nacht, und trotzdem ist er am frühen Morgen wieder frisch und munter zur Stelle, um die Kinder zu unterrichten.«

»Es wundert mich, dass er Zeit zum Essen findet«, sagte Ellie mit hochgezogenen Augenbrauen.

Als hätte er auf ein Stichwort gewartet, strahlte Jocks Mondgesicht unter der Krempe eines weißen Schlapphuts hervor, als er in seinem Wagen vorbeirauschte. »So long, pardners!«, brüllte er und winkte mit einem Hühnerbeinchen, das er irgendwo hervorgezaubert hatte. »YEE-EE-HA-A-A-AH!«

Ellie zuckte resigniert die Schultern, sagte jedoch nichts. Das war auch nicht nötig. So beschäftigt er auch sein mochte, Jock würde nie verhungern.

Die Nachmittagssonne stand noch immer hoch über dem Meer, dessen glitzerndes Wasser nur einen Steinwurf entfernt am Fuß des Hügels an die Küste schwappte. Durch die Pinien konnten wir die Segel zweier Yachten sehen, die weit draußen elegant und ohne Eile dahinglitten. Noch weiter entfernt zog die Fähre nach Valencia einen dünnen Kreidestrich durch das satte Blau des Meers. Das spanische Festland lockte unsichtbar hinter dem westlichen Horizont. Wir hatten unser Auto an der hohen, weiß gekalkten Mauer abgestellt, die den Vorhof der Schule flankierte. Die Hitze im vom Stein reflektierten Sonnenlicht war intensiv, und meine Gedanken kehrten zu Ellies Drängen zurück, die nötigen Ausbesserungsarbeiten am Haus in Angriff zu nehmen. Wenn das Wetter so blieb, konnte ich unter Umständen noch eine Weile die *mañana*-Karte spielen! Bei diesen Temperaturen war es ratsamer, wie jene Glücklichen auf den weit entfernten Yachten in einer kühlen Brise zu segeln. Selbst relativ leichte Arbeiten wie das Wässern der Obstbäume – eine Aufgabe, die ich zweimal täglich zu erledigen hatte, bis endlich der Herbstregen kam – schienen mir in der Sommerhitze mühsam. Doch im Augenblick genoss ich es einfach, an die Mauer gelehnt mit geschlossenen Augen die beruhigende Wärme der Septembersonne aufzusaugen.

»Keine Spur von Charlie«, seufzte Ellie, nachdem wir ein oder zwei Minuten der Muße genossen hatten. »Ich gehe besser hinein und sehe nach, wo er bleibt. Wahrscheinlich spielt er noch am Computer oder so etwas. Typisch Mann – kein Zeitgefühl!«

Ich musste ein wenig eingedöst sein, denn als ich die Augen wieder öffnete, bemerkte ich, dass die Autos aller anderen Eltern verschwunden waren. Auf dem Schulhof sah ich nur noch ein Grüppchen von Internatsschülern, die im Schatten der Pinie saßen und Hausaufgaben machten, wobei die Arbeit immer wieder von Gekicher unterbrochen wurde. Ellie kam die Treppen herunter.

»Drinnen ist er auch nicht!«, rief sie mir zu. »Der Direktor sagt, er sei sofort nach dem Läuten mit einem seiner Kameraden weggegangen. Er hat die beiden die Straße hinuntergehen sehen.«

»Ah, in Ordnung«, gähnte ich. »Wahrscheinlich hat er gedacht, wir würden ihm entgegenkommen. Kein Grund zur Sorge, ich nehme an, er sitzt unten an der Ecke auf der Terrasse der Bar *Tu-y-Yo* und trinkt eine Cola. Dort hat er schon ein paar Mal auf mich gewartet, wenn ich ein bisschen spät dran war.«

Ellie stieg ins Auto. »Wie der Vater, so der Sohn«, murmelte sie ärgerlich. »Nicht einmal dreizehn Jahre alt und hängt schon in Bars herum!«

»Du wirst dir noch genug Sorgen machen können, wenn er erst beginnt, sich ein *San Miguel* zu bestellen«, murrte ich zurück und erlaubte mir ein zufriedenes Grinsen darüber, wie sich Charlie auf das Erwachsenwerden in der gelösten Atmosphäre Mallorcas vorbereitete. Überhaupt, was sollte Ellies Prüderie? Was war daran auszusetzen, dass sich ein Junge auf die Terrasse einer respektablen Café-Bar setzte, um mit seinen Freunden zu plaudern? In einem ruhigen Lokal wie dem *Tu-y-Yo* würden sie ohnehin sehr viel eher ein paar Tee trinkenden alten Damen als einer Gang rüpelhafter jugendlicher Trinker begegnen. In Spanien war es nicht ungewöhnlich, dass sich Mittelschüler nach der Schule in solchen Lokalen trafen – obwohl die Jugendlichen im Allgemeinen zugegebenermaßen etwas später damit begannen als Charlie. Doch die Hauptsache war, dass bei solchen Treffen kein heimliches Bier, sondern eine harmlose Cola auf dem Tisch stand. So verhielten sich spanische Jugendliche dieser

Altersgruppe (zumindest in der Öffentlichkeit), und im Grunde gefiel es mir, dass Charlie den Dreh so früh raushatte. Ich hielt meine Einstellung für vorbildlich liberal. Nun hätte man mir entgegenhalten können, ob nicht die Möglichkeit bestand, dass ich meine Haltung eines Tages bereuen würde. Eine vollkommen berechtigte Frage, hätte ich bereitwillig eingeräumt – ich wusste nicht, dass ich eine Antwort darauf bald erhalten sollte.

* * *

Der goldene Rolls-Royce glitt derart geräuschlos hinter uns die Straße zur Schule hinauf, dass ich ihm beim Ausparken fast in den Kotflügel gefahren wäre. Ein majestätisches Hupen verhinderte einen Blechschaden, und das breite Grinsen der Fahrerin gab uns die beruhigende Gewissheit, dass mit Sicherheit keinerlei Beschimpfung drohte.

»Well, hello there, me darlin's!«, trällerte die Frau mittleren Alters mit einer charakteristisch breiten irischen Aussprache und winkte uns durch das offene Beifahrerfenster zu, als wäre sie alten Freunden begegnet. Sie fuhr auf der anderen Straßenseite an den Rand. Ich hatte noch nie einen derart großen Rolls-Royce ohne die Queen auf der Rückbank gesehen, geschweige denn, dass ich den Besitzer eines solchen Wagens gekannt hätte.

»Wer zum Teufel ist *das*?«, stieß ich hervor.

Ellie schüttelte nur den Kopf und erwiderte mit einem etwas dümmlichen Gesichtsausdruck das Lächeln der Dame.

An ihrer Erscheinung fielen sofort die ungemein tief gebräunte Haut, eine mit Diamanten besetzte Catwoman-Sonnenbrille, riesige goldene Ohrringe, an denen eine Gymnastin hätte turnen können, und das hoch aufgetürmte »blonde« Haar auf, mit einer Frisur, die irgendwo zwischen der frühen Dusty Springfield und einem Bienenstock von biblischen Ausmaßen einzuordnen war. Doch so verblüffend diese Erscheinung auch sein mochte, war sie nichts im Vergleich zu dem Anblick, der sich uns bot, als sie die Tür öffnete und ausstieg. Ich hatte Jock Burns' schrill gekleidete Gattin Meg einst als Einpersonenkarneval bezeichnet, doch diese Frau hier übertraf Meg bei weitem! Der obere Teil ihrer schlanken Figur war in ein fluoreszierendes rosarotes Top mit grünen Tupfern gezwängt, während die untere Hälfte in hautengen Leggins mit Ozelotmuster steckte. Um diesem bizarren Modebekenntnis den krönenden individuellen Anstrich zu geben, hatte sie um ihre Taille einen Chiffonschal aus traditionellem irischem »Royal Stewart«-Karo gewickelt. Sie sah aus wie das farbliche Resultat einer Kollision zweier Zirkuskarawanen. Nun trippelte sie uns in einem Paar mauvefarbener Manolo-Blahnik-Stilettos entgegen, die ein Knirps durchaus als Stelzen hätte verwenden können. Abgesehen davon waren vermutlich allein diese Schuhe mehr wert als unser kleiner Ford Fiesta.

»Wirklich wunderbar, Se endlich mal zu treffen«, sagte sie strahlend. »Sie müssen Peter und Ellie sein, und hoffentlich hamse nich geglaubt, dass ich ihren Jungen gekidnappt hab. Ah, was für 'n feinen Jungen Se da ham.«

Erst in diesem Augenblick bemerkte ich, dass Charlie in königlicher Haltung und mit einem zufriedenen Grinsen im Fond der Limousine saß. Neben ihm saß ein Junge, in dem ich Dec erkannte, einen Schulfreund Charlies, den wir ein paar Mal gesehen hatten, ohne mehr über ihn zu wissen, als dass er ein fröhliches Kind mit guten Manieren war. Charlie hatte einige Male am Wochenende bei ihm zu Hause übernachtet und war am nächsten Tag von Decs älterem Bruder Mick in dessen uraltem Strandbuggy heimgebracht worden. Wir hatten keine Fragen gestellt und uns keinerlei Sorgen gemacht. Diese Besuche waren Teil des vertrauensvollen, gelösten Zusammenlebens auf Mallorca.

»O'Brien«, sagte die Rolls-Lady, wobei sie jedem von uns eine ihrer mit Gold beladenen Hände entgegenstreckte, bevor sie mit Genuss zur spanischen Begrüßung überging, die Küsse auf beide Wangen beinhaltete. »Colleen O'Brien, das bin ich, aber meine Freunde nenn' mich nur Col.« Sie brach in ein raues Gelächter aus. »Se wissen schon: Col – das spanische Wort für Kohl. O ja, und 'n toller Name für 'n irisches Mädchen, mein'n Se nich auch?« Sie versetzte mir einen Stoß mit dem Ellbogen in die Rippen und murmelte mit einem Augenzwinkern aus dem Mundwinkel: »Noch besser is, dass mein Alter Herr Cannon hieß.« Sie gab mir einen weiteren Knuff. »Colcannon – so irisch wie der verdammte Irish Stew.« Sie schlug mir auf die Schulter, warf den Kopf in den Nacken und ließ ein noch lauteres, kratzendes Gelächter hören, dessen Echo über den verwaisten Schulhof hallte.

Ellie und ich hatten nicht die geringste Chance, auch nur den Mund zu öffnen, bevor sich Mrs O'Briens Gelächter in einem weiteren Wortschwall auflöste. Sie seien gerade in ein neues Haus gezogen, informierte sie uns. Da sie und ihr Mann den Tumult satt hätten, hätten sie beschlossen, am Abend das alte Boot zu Wasser zu lassen – »nur um die Spinnweben wegzublasen«, wie sie uns erklärte. Sie hatte im Sekretariat der Schule eine Nachricht für ihren Sohn Dec hinterlassen, damit er gleich nach Schulschluss seinen Hintern in Bewegung setzte, um ihr zu helfen, im Supermarkt unten an der Ecke ein paar Dinge für den Bootsausflug zu besorgen.

»Und ich sag's Ihnen, sein kleiner Freund Charlie ist zu der Fete eingeladen. Prima Junge, Ihr Charlie«, sagte sie zu Ellie. »Wir halten alle sehr viel von ihm, wirklich. So ein lieber Junge, und ich hoffe, Se lassn ihn bei uns übernachten.«

Wir hätten nichts dagegen einzuwenden, sagte ich ihr. Tatsächlich sei ihr Angebot sehr freundlich. »Allerdings«, begann ich zu erklären, »wollen wir morgen mit der Mandelernte beginnen, und da Samstag ist, hatten wir mit Charlie gerechnet –«

»Ah, nun gehn Se aber mit den blöden Nüssen! Heilige Mutter Gottes, Ihre Mandelbäume wern noch da sein, wenn Se schon hundert Jahre hinüber sinn! Lassen Se den Jungen sein Wochenende genießen. Man soll's Leben genießen, solange man jung is, meine ich. Und dank meinem Schnuckelchen bin ich selbst ja noch 'n junges Ding!«

Sie versetzte meiner Schulter eine weitere linke Gerade und brach erneut in wildes Gelächter aus. Wir hatten es hier mit einer Vollblutlebefrau zu tun. Dabei war sie auf Anhieb sympathisch und ihre Philosophie gefiel mir. Eine schöne Einstellung zum Leben – sofern man es sich leisten konnte. Nach ihrem Auto und dem kleinen Vermögen in Juwelen zu urteilen, das auf jedem sichtbaren Stück ihrer Haut glänzte, konnte Colleen O'Brien es sich mit Sicherheit leisten.

»Komm Se«, lockte sie, als sie wieder in ihren Wagen stieg. »Komm Se und nehm Se mit mir 'nen kleinen Willkommenstrunk in meinem neu'n Häuschen. Na, wie wär's? Mit Sicherheit gut, um alles zu lindern, was Ihnen zu schaffen macht!«

Bevor wir ein Wort sagen, geschweige denn nach einer Ausrede suchen konnten, rauschte der Rolls-Royce flüsternd den Hügel hinunter und der immer noch grinsende Charlie winkte uns majestätisch durch die Heckscheibe zu. Ellie und ich sahen einander an, tauschten ein resignierendes Schulterzucken und folgten gehorsam.

* * *

Vielleicht hätten uns die vergoldeten Tore aus massivem Gusseisen, die sich automatisch öffneten, als der goldene Rolls-Royce nahte, auf den Anblick vorbereiten sollen, der sich uns bieten würde, aber das war nicht der Fall. Nichts hätte uns darauf vorbereiten können. Wollte man den Weg, auf dem wir fuhren, als Auffahrt bezeichnen, so könnte man auch den Mount Everest einen Maulwurfshügel nennen. Dies hier war eine veritable Esplanade, die zur Gänze mit völlig wahnsinnigem (ein besseres Wort fällt mir nicht ein) weißem Marmor gepflastert war. Col parkte den Rolls neben einem strahlend weißen Mercedes von präsidialen Ausmaßen. Neben dem Mercedes stand ein rotes Ferrari-Coupé, das der Inbegriff der Protzerei gewesen wäre, hätte sich noch ein halbnacktes Filmstarlet auf dem Kühler geräkelt. Mir kam unwillkürlich in den

Sinn, dass der Wert dieses automobilen Luxustrios den mehrerer kleiner *fincas* wie Ca's Mayoral übersteigen musste.

»Die gehören alle ihnen!«, versicherte uns Charlie begeistert, als er seiner Mutter die Tür unseres kleinen Fords öffnete. »Die Autos, meine ich – ja, alles ihre, und hinten in der Garage stehen noch mehr.«

Ich nahm kaum auf, was er sagte. Selbst eine Flotte derartiger Autos konnte, verglichen mit dem, was ich nun sah, lediglich ein Trinkgeld wert sein. Das Haus erhob sich hinter dem Schwimmbecken wie in einer Szene aus einem Hollywood-Film. Ellie und ich standen da und starrten mit offenen Mündern.

Col O'Brien trippelte auf ihren Stilettos zu uns herüber. »Also gut, ihr beiden!«, schalt sie uns, wobei sie sich bei uns einhakte. »Ihr wisst ja, was mit der alten Dame passierte, die 'ne Fliege verschluckte. Kommt mit rein und ich führ euch rum – ich werd euch den Kesselflickerkarren zeigen, in dem euer kleiner Junge heut Abend pennen wird.«

Jetzt wusste ich, warum sie diese riesigen Catwoman-Sonnenbrille trug. Meine ungeschützten Augen schmerzten im gleißenden Weiß, das uns von allen Seiten bedrängte. Weiß, alles war weiß. Reinstes, betäubendes Weiß, das nur von feinen Details in Gold unterbrochen wurde. Die Front des Hauses schien drei Ebenen zu haben, doch die gestuften und sanft gewellten Konturen seiner breiten Fassade verliehen ihm ein gefälliges, niedriges Aussehen – schlau gemacht. Auf der gesamten Länge der oberen Stockwerke erstreckten sich weitläufige Balkone mit Balustraden, die Arkaden ruhten auf schneeweißen Marmorsäulen. Obwohl das Haus neu war, zierten bereits Grüppchen kleiner Palmen und die schlanken grünen Finger von Zypressen beide Seiten des spektakulären Eingangs. Die Bäume waren echt, doch sie wirkten so, als seien sie von Hand gefertigt und einer nach dem anderen sorgsam an einem vorbestimmten Platz eingesetzt worden, um sich perfekt in ihre Umgebung einzufügen. Dies war ein Palast aus einem Filmset, und es hätte mich nicht überrascht, wären plötzlich Doppelgänger von Fred Astaire und Ginger Rogers leichtfüßig über die Marmorstufen der leicht gewundenen Treppenflucht herabgeschwebt. Es fehlten nur die Scheinwerfer, die Kameras, die Mikrophone und der Kerl mit der Klappe.

Colleen O'Brien musste meine Gedanken gelesen haben.

»Also gut«, sagte sie und schob uns durch die große Eingangstür, »ihr fragt euch wohl, wo 'ne stinknormale Schlampe aus Irland das Geld für all das herhat, nich wahr? Muss in der Lotterie gewonnen ham, denkt ihr wahrscheinlich.«

Wir waren beide immer noch sprachlos, so dass sie ungehindert weiterreden konnte. Nein, nicht dem Glück verdankte sie ihren Lebensstil, wie sie uns erklärte. Es hatte harter Arbeit bedurft – und einer gesunden Dosis der guten alten irischen Schlauheit. Gegründet hatte das Unternehmen der Vater ihres Mannes. »Der alte Paddy O'Brien«, kicherte sie und zwinkerte wieder mit ihren smaragdgrünen Augen. »Sah aus wie 'n Landstreicher, konnte es aber mit Einstein aufnehmen. Stürzte sich auf die große Chance wie 'n Frettchen auf 'ne unabgeschlossene Schublade«, lachte sie und stieß mich in die Rippen. »Nach dem Krieg, wisst ihr. Überschüssiges Militärmaterial. Man glaubt gar nich, wie viel Knete man mit alten Armeestiefeln machen kann – natürlich nur, wenn man die Nerven hat, 'nen Berg davon als Partieware zu kaufen. Später machte er in Schrott. Ich mein nich alte Fahrradrahmen, rostige Abflussrohe und solches Zeug, nee, nee. Er dachte immer im großen Maßstab. Kriegsschiffe und U-Boote waren sein Fall – britische, deutsche, amerikanische oder französische, dem alten Paddy war's völlig wurscht.«

Dann erklärte sie uns, dass kluge Investitionen in Grundbesitz und der Aufbau eines Einzelhandelsimperiums mit Unterstützung seiner beiden Söhne die Familie endgültig reich gemacht hatten. »Aber natürlich«, sagte sie mit einem philosophischen Schulterzucken, »gibt's 'ne Zeit für die Arbeit und 'ne Zeit fürs Vergnügen. Als der alte Paddy – Gott schenke seinen miefenden Füßen Ruhe – schließlich auf den großen Schrottplatz im Himmel kam, lösten mein Liebster und ich ein paar Chips ein und kamen hierher, um zu leben … und zu spielen!«

Und sie spielten im großen Stil! Das Innere des Hauses war noch verblüffender als das Äußere. Auch hier herrschten Weiß und Gold vor, ergänzt durch rosarote Vorhänge und Möbel in weichen Farbtönen. Schlanke Säulen durchbrachen dramatisch drei Stockwerke und trugen eine gläserne Kuppel, die ein von einer Galerie gesäumtes Atrium umschloss, das das Herzstück einer Empfangshalle von den Ausmaßen eines Ballsaals bildete. Flötenmusik verstärkte den Eindruck, sich in der Eingangshalle eines Luxushotels zu befinden. Ich musste an Las Vegas denken. Ein Wintergarten samt klassischen Statuen und einer kleinen Replik des Trevi-Brunnens erstreckte sich durch einen maurischen Bogengang bis zu einem verspiegelten Speisesaal, der sich auf der anderen Seite zu einem Freizeitbereich samt Billardtisch öffnete. Den prominentesten Platz in diesem Raum nahm eine großzügig ausgestattete ovale Bar ein. Um das Bild perfekt zu machen, hätte nur noch Dean Martin in lässiger Haltung auf einem der mit weißem Leder bezogenen Barhocker setzen müssen. Stattdessen saß dort Sean, Cols Liebster, ein schlaksiger Bursche mit einem wilden schwarzen Haarschopf und einem Grinsen, so breit wie die Dublin Bay.

»Alles von Valentino entworfen, müsst ihr wissen«, erklärte er uns in vollkommen unprätentiösem Ton, nachdem wir einander begrüßt hatten. Er lenkte unsere Aufmerksamkeit auf einen weißen Flügel, der in der riesigen Nachbildung einer Hand stand. »Wenn das keine Klasse hat, stimmt's? Das ist mal 'n italienischa Designer.« Er ließ einen Champagnerkorken knallen und füllte vier Flöten. »O ja, die italienischen Designer – wir bemühen sie für alles. Qualität und Geschmack. Spricht für sich selbst.« Den kleinen Finger angemessen abgespreizt, führte er sein Glas an den Mund, nippte am Champagner und deutete auf seine Frau. »Nehmen Sie nur die Klamotten, die die Missus trägt.« Ein diskreter Rülpser. »Versäiß.« (Er meinte »Versace«.)

Dann wandte er sich an Ellie und sagte etwas, was offenkundig dem ungläubigen Ausdruck geschuldet war, der auf ihrem Gesicht erschienen war, als sie erneut ihren Blick über die unfassbare Garderobe seiner Frau wandern ließ.

»Stimmt schon«, sagte er nachsichtig, »in deinen Augen sieht es vielleicht wie Mist aus, Darlin', aber es ist der beste Mist, den man für Geld kriegen kann!«

Sean und Col starrten uns einige Augenblicke lang mit großen Augen an. Gewiss ergötzten sie sich schweigend an Ellies verzweifelter Suche nach einer angemessen diplomatischen Antwort. Dann brachen beide in das kratzende Gelächter aus, das wir schon von Col kannten. Es war ebenso ansteckend wie willkommen.

»Mit ihm muss man höllisch aufpassn«, sagte Col und forderte uns auf, ihr weiter zu folgen. »Kommt mit und ich zeig euch den Rest der Hütte.«

Nach einem geführten Rundgang durch die Küchen, das Frühstückszimmer, das Morgenzimmer, die Bibliothek, die Zimmer der Angestellten, die Sauna und ein Bad samt Jacuzzi geleitete sie uns über eine Wendeltreppe aus einem Fred-Astaire-Film, die sich unter einem Kristalllüster emporwand, den Ludwig XIV. zu schätzen gewusst hätte, in den ersten Stock hinauf. Ich verlor bald den Faden beim Zählen der Bäder – zu jedem der fünf luxuriösen Schlafzimmer gehörte eins und dazu kamen noch mindestens zwei weitere. Die Kombination von Weiß und Gold war auch für die Wand- und Bodenfliesen in den Bädern beibehalten worden, wo riesige Keramikmuscheln, die jeweils eine Badewanne mit vergoldeten Armaturen enthielten, diesem Dekor einen verschwenderischen Charakter verliehen. Auf die Spitze getrieben hatte der verspielte Signor Valentino das Molluskenthema beim Design des Schlafzimmers der Hausbesitzer. Den Mittelpunkt dieses Raums bildete eine geöffnete Austernmuschel, in der ein riesiges Wasserbett stand. Vor meinem inneren Auge entfaltete sich unwillkürlich eine Szene, in der dieser Muschel nicht Col O'Briens eckige Figur, sondern die sanften Kurven von Botticellis *Venus* entstiegen. Das Ganze war derart maßlos, dass der Betrachter Gefahr lief, allein vom Anschauen Nasenbluten zu bekommen.

»Jesus!«, stieß mein Mund ohne jegliche Beteiligung meines Gehirns hervor.

Ellie verschluckte sich, was Col dazu bewegte, ihr einen herzhaften Klaps auf den Rücken zu versetzen.

»Ah, nich zu übersehen, dass ihr beeindruckt seid«, sagte sie grinsend. »Und ich mach euch kein' Vorwurf. Wie mein Schätzchen sagt: In Qualität und Geschmack kann's niemand mit 'n Italienan aufnehmen.«

»Die Qualität ist unglaublich«, stieß Ellie keuchend hervor und ließ die Frage des Geschmacks taktvoll außer Acht.

»Aber wenn du das Bett schon Klasse findest«, schwärmte Col, »dann sieh dir erst mal den Schnickschnack hier an, den se mir dafür gemacht ham.«

Sie ließ sich auf eine Seite des Bettes fallen, womit sie unter der goldbestickten Satinüberdecke eine kleine Flutwelle auslöste. Dann drückte sie mit von kindlicher Vorfreude glänzenden Augen auf einen Knopf in der unteren Austernschale. Mit sanftem Surren hoben sich langsam die Deckel der beiden Nachttische und gaben »seine« und »ihre« Minibar frei, die Champagnerflaschen und andere alkoholische Getränke enthielten. Ein kleiner Glockenschlag signalisierte schließlich, dass die »Betriebshöhe« erreicht war.

»Und das is noch nich alles!«, rief Col begeistert und warf uns einen Ermunterung heischenden Blick zu – als hätte sie diese nötig gehabt. Sie drückte auf einen weiteren Knopf, worauf sich »ihre« Kommode zu drehen begann. So blieb es der im Bett liegenden Genießerin erspart, sich über Gebühr bewegen zu müssen, um an den Drink ihrer Wahl zu gelangen.

»Jesus!«, murmelte ich erneut.

»Hab ich mir gedacht, dass euch das gefallen wird«, sagte sie mit einem Kopfnicken. Dann zwinkerte sie uns wissend zu: »Aber ich weiß, was ihr denkt – da fehlt noch was, stimmt's?«

Sie drückte auf einen weiteren Knopf und aus der Seitenwand der hochgefahrenen Minibar fuhr ein strategisch auf Kopfkissenhöhe positionierter Kasten in Muschelform heraus. Aus einer Musicbox ertönte *Roll out the Barrel,* um zu bestätigen, dass dieses technische Manöver abgeschlossen war. Col griff mit einer vergoldeten Zange, die im Inneren verborgen gewesen war, in den Kasten und holte einen Eiswürfel hervor.

»Na, was hab ich euch gesagt?!«, rief sie lachend. »Brillant, eh? Die kleinen Bars sind gekühlt. Ja, und das war alles meine Idee!«

Signor Valentino war also schließlich doch noch übertroffen worden. Doch die Krönung war der Natur vorbehalten – oder, um es genauer zu sagen, dem Ort, den die Natur für das Haus bereitgehalten hatte. Als wir aus dem Schlafzimmer der Herrschaften auf den überdachten Balkon hinaustraten, bot sich uns ein überwältigender Blick auf das Mittelmeer. Im Erdgeschoss war es mir nicht aufgefallen, doch von hier oben konnte ich sehen, dass das Haus auf einer kleinen Landzunge stand und einen eigenen Zugang zum Meer hatte. Auf derartige Grundstücke stürzten sich die Bauherren üblicherweise, um ein Fünfsternehotel zu errichten, doch dieser Platz war dem neuen Haus der O'Briens vorbehalten. Der alte Paddy und die Berge von Armeestiefeln hatten seiner Familie ausgezeichnete Dienste erwiesen. Als ich vom Balkon auf den Swimmingpool hinuntersah, stellte ich fest, dass das Becken die Form eines Stiefels hatte, ein passend schräger Tribut an das Geschäft und den Weitblick des alten Herrn. In meinen Augen gab dieser Pool besseren Aufschluss über den Charakter dieser einzigartigen Familie als all die maßlos übertriebene Opulenz, in der ihr angebeteter »italienischa« Stilguru das Haus ertränkt hatte.

Als wir zur Bar zurückkehrten, half Charlie gerade Dec und dessen beiden ältern Brüdern, ein paar Kühlboxen mit Erfrischungsgetränken, Bierflaschen und Mineralwasser zu bestücken. Auf den ersten Blick (der üblicherweise der aufschlussreichste ist) schienen die O'Brien-Söhne bodenständige, normale Jungen zu sein, die in einem außergewöhnlichen Haus lebten. Nichts an ihrem Auftreten deutete auf jene abgehobene Überlegenheit hin, die man von derart privilegierten jungen Burschen erwarten könnte. Offensichtlich waren sie mit einem gehörigen Maß irischer Erdverbundenheit aufgezogen worden. Ihr Vater Sean, eine volle Champagnerflöte zwischen Zeigefinger und Daumen, überwachte die Arbeit von seinem Dean-Martin-Barhocker aus.

»Ah, da seid ihr wieder!«, brüllte er Ellie und mir zu. »Hierher mit euch und macht's euch gemütlich. Zeit genug für 'n Schlückchen Schampus, bevor wir das alte Boot zu Wasser lassen.«

Ich hatte geglaubt, das ganze Gerede über den Ausflug mit dem Boot sei nicht ernst gemeint gewesen, da die O'Briens an diesem Abend Hauseinweihung feiern wollten. Doch als ich half, die Vorräte für den »Bootsausflug« aus dem Rolls-Royce zu ihrer privaten Anlegestelle zu tragen, wurde mir klar, dass sie es tatsächlich ernst gemeint hatten. An dem kleinen Pier lag eine Riva-Barkasse – auch diese »italienisch«, wie Sean bemerkte. Ich verstehe nicht viel von Booten, aber in diesem erkannte ich unschwer ein glänzendes Exemplar jener Sorte von luxuriösen Ausflugsbooten, auf denen die Queen von und zur königlichen Yacht *Britannia* chauffiert wurde. Ich hatte sie im Fernsehen gesehen, wenn über eine Reise der Königin in einen abgelegenen Winkel des Commonwealth berichtet wurde. Selbst die wunderbaren cremefarbenen Ledersitze waren identisch mit jenen der königlichen Gegenstücke dieser Barkasse.

Sean sprang als Erster an Bord, setzte die Kapitänsmütze auf und schob sie aus der Stirn. »Komm an Bord, Darlin'!«, rief er Ellie zu und reichte ihr eine helfende Hand. »Wir fahrn nur 'n Stück die Küste runter, um die große Schwester der Jungs und ihren Freund zu 'ner Fete am Strand abzuholen. Wenn ihr wollt, könnter mitfeiern. Und macht euch keine Gedanken – könnt über Nacht bleiben, wir ham genug Kojen für alle.«

Da die Riva im Grunde ein Beiboot war – wenn auch das prestigeträchtigste unter den Beibooten –, konnte ich nicht recht glauben, dass es dort Kojen geben sollte. Nicht dass Ellie und ich uns große Gedanken darüber gemacht hätten, da wir die Einladung ohnehin nicht annehmen konnten, so widerwillig wir auch auf die Gelegenheit verzichten mussten. Bonny, die Boxerhündin, war schon fast den ganzen Tag allein zu Hause und musste gefüttert werden. Außerdem musste ich vor Einbruch der Dunkelheit die Bäume wässern, und es war unmöglich, sich dieser Pflicht zu entziehen, um zu einer Strandparty zu gehen. Also entschuldigten und verabschiedeten wir uns.

Es dauerte nicht lange, bis das Geheimnis um die Übernachtung an Bord gelüftet wurde. Sean steuerte die Riva direkt zu einer schlanken, hochseetauglichen Zweimasteryacht hinaus, die nur etwa fünfzig Meter vom Strand entfernt im tieferen Wasser vor Anker lag. Dieses Schiff war ein schwimmendes Hotel. Charlie kletterte als Erster an Deck, gefolgt von den O'Briens, die die Vorräte für den »Bootsausflug« trugen.

Ellie und ich standen fassungslos da, als ein raues Gelächter und das Knallen eines weiteren Champagnerkorkens über das Wasser hallten und die elegante Yacht in See stach. Sogar auf diese Entfernung konnten wir Charlies entzücktes Grinsen sehen, als er mit den anderen Jungen widerstrebend den Befehlen gehorchte, die Captain Sean über das Deck brüllte.

»Das erinnert mich an das alte Lied«, sagte ich.

»Rote Segel im Sonnenuntergang?«, murmelte Ellie verträumt.

»Nein«, brummte ich, während ich Charlie zuwinkte. »Ich meine ›Wie werden wir ihn auf dem Hof halten, nun, da er Paris gesehen hat?‹«

Fünf

# Die Abgründe des Landlebens

Das Klappern von Bambusrohr auf Holz hallte seit einer Woche täglich durch das Tal. Dies war auch für unerfahrene Nüssesammler wie uns ein sicheres Zeichen dafür, dass es an der Zeit war, uns auf die Mandelernte vorzubereiten, so gering unsere auch im Vergleich zum Ertrag einiger Nachbarn ausfallen würde. Da wir in Ca's Mayoral einen Brunnen hatten, der genug Wasser für alle Bäume lieferte, die auf dem Grundstück Platz fanden, war die *finca* entsprechend bepflanzt worden. Schon vor langer Zeit hatten durstige Zitrusbäume fast alle anderen Pflanzen verdrängt. Hingegen mussten sich die Besitzer von *fincas*, denen ein derartiges Wasserreservoir fehlte, auf den »Trockenanbau« spezialisieren, was in Mallorca normalerweise bedeutete, dass entweder Oliven- oder Mandelbäume gepflanzt wurden. Diese an das mediterrane Klima angepassten Bäume können dank ihrer tief in den Boden eindringenden, zum Aufspüren geringster Feuchtigkeitsmengen geeigneten Wurzeln problemlos das ganze Jahr über von dem Wasser leben, das in den Wintermonaten vom Himmel fällt. In den Ebenen und auf den Terrassen (den *bancales*), die viele Berghänge wie riesige geschwungene Treppen säumen, werden weite Gebiete seit grauer Vorzeit für den Anbau von Mandeln genutzt. Im Februar bedeckt ein wunderschön anzusehender Teppich rosig weißen »Blütenschnees« weite Teile des Landes – ein Anblick, der jedem Besucher der Insel unvergesslich bleibt.

Doch ironischerweise wird nun die natürliche Schönheit Mallorcas zur Bedrohung für die Existenz der Mandelpflanzungen. Die Millionen Touristen, die alljährlich auf der Insel landen, gehen nicht so sparsam mit dem Wasser um wie die Mandelbäume. Die Grundwasserreserven, die ewige Zeiten genügten, um die empfindlichen Ökosysteme der Insel zu erhalten, werden derart rücksichtslos ausgebeutet, dass mittlerweile mit Schiffen Wasser gebracht werden muss, um die Nachfrage in den Tourismuszentren zu bedienen. Doch während derartige unternehmerische Lösungen den Interessen der Fremdenverkehrsbranche dienen, sind sie nicht geeignet, die Bedrohung zu bremsen, die sich unsichtbar unter den Bäumen ausbreitet, die in der Vergangenheit so wertvolle Beiträge zur wirtschaftlichen Entwicklung der Insel geleistet haben. Mit über 60 Prozent der Gesamtproduktion Spaniens stieg Mallorca einst zum größten Mandelexporteur der Welt auf, und sogar heute, da ihm Anbaugebiete wie Kalifornien, wo moderne Erntetechniken eingesetzt werden, Konkurrenz machen, ist die Qualität seiner Erzeugnisse nicht zu überbieten. Doch da die Süßwasservorräte der Insel ausgebeutet wurden, ist Meerwasser in die tief gelegenen Wasservorkommen eingedrungen, die einst einen ungewöhnlich lyrischen Geologen dazu bewegten, die Insel mit einem großen Schildkrötenpanzer zu vergleichen, der einen Schatz unterirdischer Seen und Lagunen berge. Es gibt unübersehbar Hinweise darauf, dass im Hinterland einiger Küstenstriche bereits große Schäden entstanden sind. Dort stehen tote oder sterbende Mandelbäume als stumme Zeugen dafür, dass sie Salzwasser aus der Tiefe gefördert haben. Die Natur hat sie mit kraftvollen Wurzeln versehen, um ihr Überleben zu sichern, doch nun fallen sie ebendieser Fähigkeit zum Opfer, zu tief liegenden Wasservorkommen durchzudringen. Noch beunruhigender ist, dass die fortschreitende Grundwasserversalzung auf einer Insel einer geologischen Theorie zufolge nicht mehr aufzuhalten ist, wenn sie einmal begonnen hat. Die einzige Möglichkeit bestünde darin, die Ursache des Problems rasch zu beseitigen. Doch wie groß ist die Chance, dass Mallorca in Zukunft Millionen von Touristen abweisen wird, die der Insel einen Reichtum gebracht haben, den sich die Mandelbauern in der Vergangenheit nicht in ihren kühnsten Träumen auszumalen gewagt hätten?

Die *finca* des alten Pep war ein »trockenes« Gut, das glücklicherweise weit genug im Hinterland lag, um von der Salzwasserkontamination, die von der Küste aus vordrang, noch nicht betroffen zu sein. Pep nutzte das Land zwischen seinen Mandelbäumen, deren Zahl in die hunderte ging, auch für den Anbau einer weiteren Nutzpflanze, die mit dem Regen aus einer Saison auskommt: Er baute Hafer an, mit dem er seine kleine Schafherde und die anderen Nutztiere fütterte. Die Halme verwendete er als Einstreu im Stall, und die anfallende Mischung aus Stroh und Dung brachte er wieder auf dem Feld aus, das so genügend Nährstoffe erhielt, um im folgenden Jahr wieder eine gute Ernte zu bringen. Diese Nutzungsmethode ist so alt wie die Landwirtschaft selbst: »Tu der Natur Gutes und sie wird es dir vergelten.« Heute wird dafür das Modewort »organischer Landbau« verwendet. Allerdings können nur wenige moderne Anhänger des Systems wie der alte Pep und ungezählte Generationen vor ihm für sich in Anspruch nehmen, vollkommen ohne Chemie auszukommen.

In Peps Fall war die »Selbstversorgung« nicht nur oberflächliches Gerede von der Art, das man von »Lebenskünstlern« aus der Vorstadt hören konnte, die genug Geld auf der Bank hatten, um sich eine launenhafte »Rückkehr zu den Wurzeln« leisten zu können. Für Pep war die Methode eine absolute Notwendigkeit und ein ebenso fester Bestandteil seines Lebens wie sein geschickter Umgang mit der Natur, die ihm die Mittel zur Selbstversorgung zur Verfügung stellte.

»*Hombre*«, sagte er einmal zu mir, »das *Einzige,* was mir diese *finca* nicht liefert, ist Strom, und ich kam gut ohne ihn aus, bevor die Elektrizitätsgesellschaft auftauchte. Überall Masten! *Bastardos!*«

Das war allerdings nicht die *reine* Wahrheit. Denn er setzte sich sehr wohl gelegentlich auf sein klappriges altes Moped, um zum Einkaufen in den Ort zu fahren. Zudem besaß er einen uralten, mit Brennöl angetriebenen Traktor, den er ein Mal im Jahr hervorholte, um seine kleine Dreschmaschine in Betrieb zu nehmen. Doch nichts auf seinem Grundstück deutete auf eine Ölquelle, geschweige denn auf eine Raffinerie hin … Der Fairness halber muss gesagt werden, dass die paar Liter Treibstoff, die er im Lauf eines Jahres kaufte, um diese beiden Maschinen anzutreiben, kaum mehr als das Benzin kosten konnten, das wir in einer Woche verbrauchten, um die 34 Meilen zur Schule und zurück zu fahren. Ja, Pep war so selbstgenügsam, wie es in unserer Zeit noch möglich war. Selbst die Rechnung für den Strom, den er widerwillig nutzte, konnte nicht sehr hoch sein. Ich war nie in seinem baufälligen Häuschen gewesen, doch wenn man nach Peps Arbeitskleidung und nach dem Grad des Verfalls seines Hofes ging, durfte man annehmen, dass er auf elektrische Haushaltsgeräte weitgehend verzichtete. Allerdings war neben der Eingangstür seines Hauses eine Außenlampe angebracht, die er bei Einbruch der Dunkelheit einschaltete. Aber auch diese 40-Watt-Glühbirne verlosch wieder, sobald er seine letzten Arbeiten unter freiem Himmel verrichtet hatte und sich ins Haus zurückzog.

Es war nicht so, dass Pep geizig gewesen wäre – ganz im Gegenteil. In seinem Fall war die Notwendigkeit die Mutter der Sparsamkeit, und diese Eigenschaft konnte in Verbindung mit dem mürrischen Gehabe, das er so sorgsam pflegte, den Eindruck erwecken, dass er so etwas wie ein mallorquinischer Mr Scrooge war … allerdings nur so lange, bis man ihn kennen lernte. Trotz der Kargheit, die sein eigenes Dasein prägte, hätte er seinem Nächsten nie etwas vorenthalten, sofern ihm seine bescheidenen Mittel zu helfen erlaubten. Ich werde nie vergessen, wie er uns in unserem ersten beschwerlichen Winter mit ausreichend Mandelholzscheiten versorgte, um uns in Ca's Mayoral warm zu halten. Die unbeständige Witterung schien sich mit dem klammen alten Haus verschworen zu haben, um uns in eine elende Lage zu bringen oder sogar wieder aus dem Tal zu vertreiben. Pep hatte nichts im Überfluss, jedenfalls nicht im materiellen Sinn, aber das, was er hatte, teilte er bereitwillig mit dem, der Hilfe brauchte. Und er hatte nie eine Gegenleistung im Sinn, ja er weigerte sich sogar, ein entsprechendes Angebot überhaupt in Betracht zu ziehen.

In den fast zehn Monaten, die seit jenen furchtbaren Weihnachtstagen vergangen waren, hatte ich Pep schätzen gelernt und einen regelrechten Narren an seinem eigenwilligen Charakter gefressen. Die traditionelle mallorquinische Art, einen Hof zu bewirtschaften, war ihm in die Wiege gelegt. Er kannte die Launen des Tals und wusste die Hinweise auf einen bevorstehenden Wetterwechsel besser zu deuten als jeder andere – die alte Maria vielleicht ausgenommen. Ich legte großen Wert auf seinen Rat und hatte gelernt, den damit verbundenen gutmütigen, wenn auch oft beißend wirkenden Spott klaglos hinzunehmen.

An einem Spätnachmittag überquerte ich die Straße, um ihn zu besuchen. Ich hatte mich entschlossen, mit dem Wässern unserer Zitrusbäume noch zu warten, bis die Sonne ein wenig tiefer stand. In Mallorca hatte ich schnell gelernt, dass das Wasser ein zu wertvolles Gut war, um es durch Verdunstung zu vergeuden. Ich hatte gewartet, bis das von Peps kleiner Truppe von

Mandelsammlern verursachte Klappern der Bambusrohre verstummt war. Dies war das Zeichen dafür, dass seine Helfer aus dem Dorf ihre Stöcke für eine Weile weggelegt hatten, um ihren Durst zu stillen. Ihre Aufgabe war es, die reifen Mandeln mit den langen Bambusrohren von den Zweigen zu schlagen, so dass diese in unter den Bäumen ausgebreitete Netze fielen. Nachdem die Mandeln eingesammelt worden waren, verstaute Pep die Säcke auf seinem Maultierkarren.

Ich konnte ihn am anderen Ende seines Gehöfts sehen, wobei das Wort »Gehöft« möglicherweise ein zu großes Wort für eine solch kunterbunte Ansammlung von Hütten und Verschlägen war. Und als »Hütte« wiederum hatte Colleen O'Brien ihre aus Hollywood importierte Villa bezeichnet, durch die ich vor nur einer Stunde geschlendert war – obwohl sie es natürlich ironisch gemeint hatte. Innerhalb dieses kurzen Zeitraums hatte ich zwei völlig gegensätzliche Welten betreten, zwischen denen auf der rätselhaftesten aller Inseln nur wenige Meilen und eine Laune des Schicksals lagen. Aber waren die O'Briens glücklicher als Pep? Ich bezweifelte es.

»Wih-ip!«, rief er mir zu, jene alte mallorquinische Begrüßung, die auf der Insel so häufig verwendet wird wie anderswo das gleichermaßen bedeutungslose »Huhu!«

Er stand in der für ihn charakteristischen entspannten Haltung da, die Schulter an das hölzerne Rad seines Maultierkarrens gelehnt, die in ausgebeulten Hosen steckenden Beine gekreuzt und das schwarze Barett in die Stirn gezogen, um die Augen vor der Sonne zu schützen. Er zog eine selbst gedrehte Zigarette aus der

Brusttasche seiner abgewetzten Fliegerjacke, riss am Stahlreifen des Wagenrads ein Streichholz an und zündete sich inmitten des üblichen kleinen Feuerwerks von Funken und Geknister sein *cigarrillo* an.

»*Como va su vida?*, stieß er hervor, wobei der Rauch aus seinen Nasenlöchern qualmte. »Wie läuft das Leben?«

Ich wollte gerade antworten, als Perro, Peps dämlicher Hund, um die Ecke der nächststehenden Hütte bog. *Perro* ist das spanische Wort für »Hund«, ein Name, den Pep auch all seinen früheren vierbeinigen Gefährten gegeben hatte. »*Coño!*«, hatte er beim Anblick meines fragenden Gesichtsausdrucks ausgerufen, als er mir zum ersten Mal von seiner eigenartigen Gewohnheit erzählt hatte. »Ist doch logisch, oder? Wie redet man einen Mann an, wenn nicht als *hombre*?«

Spiel, Satz und Sieg Pep, wie immer.

Perro war groß, schwarz und, wie Pep nie müde wurde zu betonen, ein ausgezeichnetes Exemplar der einheimischen mallorquinischen Rasse, die als *Ca de Bestiar* – wörtlich »Rinderhund« – bezeichnet wurde, obwohl es sich tatsächlich um ein Tier handelte, das sich gleichermaßen für die Jagd, als Hirtenhund und als furchtloser Wachhund eignete (was auch auf Perro zutraf, wenn man Pep Glauben schenken wollte). Pep schrieb seinem Hund den Instinkt zu, jeden zu attackieren, der seinen Herrn oder sein Territorium bedrohte.

Tatsächlich war Perro im Vergleich zu anderen *Cas de Bestiar,* die ich bei Landwirtschaftsmessen auf der Insel gesehen hatte, ein herausragendes Exemplar. Bedauerlicherweise hatte dieser Hund, obwohl Pep das nie zugegeben hätte, bei seiner Geburt die für seine Rasse charakteristische Intelligenz und ihre angebliche Aggressivität gegen ein gehöriges Maß entwaffnender Blödheit eingetauscht. Wenn man einmal von seiner Farbe und seinem massigen, an einen Labrador erinnernden Körperbau absah, hätte es sich bei Perro durchaus um eine Reinkarnation jenes Vorfahren handeln können, der einst Walt Disney zur Schöpfung von Goofy inspiriert hatte. Als ich mich zum ersten Mal auf Peps Grundstück gewagt hatte, war ich tatsächlich von Perro attackiert worden – mit der Zunge. Zudem hatte er mich angepinkelt, nachdem er mich in einem Anfall hemmungsloser Freundlichkeit zu Boden geworfen hatte. Um fair zu sein, muss ich allerdings sagen, dass er damals wenig mehr als ein übergroßer Welpe gewesen war, dessen impulsives Wesen in den folgenden Monaten durch eine langsam vorrückende Reife gemildert wurde. Durch eine *sehr langsam* vorrückende Reife!

Die hochspanische Bezeichnung für den *Ca de Bestiar* lautet *Perro de Pastor Mallorquín*, was »Mallorquinischer Hirtenhund« bedeutet. Und obwohl er sich sehr bemühte, wie ein richtiger Schäferhund aufzutreten, hatte Perro noch immer nicht die Grundlagen seiner Arbeit begriffen. Pep ergänzte das auf seinen Wiesen wachsende Futter für seine Schafe, indem er die Tiere zum Grasen auf andere *fincas* im Tal trieb, was eine vernünftige Methode zur Pflege von Weiden war, deren Besitzer keine eigenen Nutztiere hatten, um das Gras zwischen den Bäumen kurz zu halten. Dabei mussten Schäfer und Schäferhund gut zusammenarbeiten, um die Herde auf verschiedenen Landstraßen bis zu ihrem Ziel zu treiben, das stets nur wenige Kilometer von Peps Hof entfernt war. Nun hätte Perro die Aufgabe gehabt, die Herde zu umkreisen und dafür zu sorgen, dass sich unterwegs kein Schaf oder Lamm von der Herde entfernte. Ein richtiger Hirtenhund wäre auch fähig gewesen, den Anweisungen seines Herrn folgend an einer Weggabelung die Schafe in die richtige Richtung zu lenken. Um diese Aufgabe bewältigen zu können, hätte Perro vor der Herde herlaufen müssen, um den falschen Weg zu versperren. Doch es funktionierte nie wie geplant, und die Flüche und Drohungen, mit denen Pep seinen begriffsstutzigen Köter überhäufte, änderten nichts daran, dass die Übung durchweg in einer Farce endete: Die Schafe zerstreuten sich in alle Richtungen, und Perro versuchte verzweifelt, jedes einzelne von ihnen einzufangen, was die Schafe nur noch mehr verwirrte. Und dazu bedurfte es einiger Kunst, denn die älteren Mutterschafe – sie mochten als hirnlos gelten, doch sie waren klüger, als Perro jemals sein würde – hatten diese Reisen so oft gemacht, dass sie ohnehin instinktiv wussten, welche Richtung sie einzuschlagen hatten. Hätte Perro diese älteren Leittiere sich selbst überlassen, so hätten sie die anderen ohne jeden Aufruhr richtig geführt.

Tatsächlich waren die kleinen Gruppen von Schafen, die begleitet vom Klingeln ihrer Glöckchen geordnet ihres Weges zogen und hier und dort innehielten, um am Straßenrand ein paar Grasbüschel abzureißen, einer der schönsten Anblicke, die das ländliche Mallorca zu bieten hatte. Perro indes hatte die Zerstörung dieses wunderbaren Anblicks zu einer Kunst entwickelt.

Doch zumindest bei der Begrüßung von Besuchern

hatte sich der Hund seit unserer ersten Begegnung ein wenig gemäßigt. Statt mich umzuwerfen, warf er sich jetzt vor meinen Füßen auf den Boden, rollte sich unterwürfig auf den Rücken und lud mich ein, ihm den Bauch zu kraulen. Allerdings gelang es ihm immer noch nicht, seinen Harndrang zu beherrschen, wenn er aufgeregt war. Beim Anblick des Wasserstrahls, der sich in hohem Bogen aus Perros Lendengegend ergoss, kam mir in den Sinn, dass Pep in seinem Garten auch so etwas wie eine Replik des Trevi-Brunnens hatte.

»Ihr Glück, dass ich hier bin, *amigo*!«, erklärte Pep und sah bewundernd auf seinen besten Freund und schwachsinnigen Gehilfen herab. »Sonst hätte er Ihnen den Fuß abgerissen!«

Die Wahrheit war, dass Perro, so groß er auch war, lieber auf meinem Knie gesessen hätte, als an meinem Knöchel zu nagen. Ich strich freundlich mit der Fußspitze über seinen Brustkorb und zog das Bein schnell zurück, um dem zu erwartenden Harnstrahl auszuweichen. Nach dem Lächeln auf seinem Gesicht zu urteilen, war Perro vollkommen glücklich über diese Gunstbezeugung.

Pep täuschte Gleichgültigkeit vor, obwohl ich aus Erfahrung wusste, dass sein Verstand auf Hochtouren arbeitete. Er hatte den Grund für meinen Besuch bereits erraten, dessen war ich mir sicher. Doch er würde dieses Wissen so lange für sich behalten, wie es ihm zupass kam. Das *interludio dramático* war Peps Handwerkszeug. Doch trotz seiner Gerissenheit fühlte ich mich in seiner Gesellschaft wohl. Seine Eigenarten hatten etwas Vertrautes für mich, sie erinnerten mich in vielerlei Hinsicht an meinen Großvater, der ebenfalls ein Inselbewohner und bodenständiger Bauer gewesen war, der für Dummköpfe nichts übrig gehabt hatte und einigermaßen exzentrisch gewesen war, dabei jedoch einen messerscharfen Verstand besessen hatte. Obwohl zwischen den Orkney Islands und Mallorca 2000 Meilen lagen, waren sich die beiden Männer sehr ähnlich. Beide schienen sich nicht allzu viele Gedanken über ihre äußere Erscheinung zu machen und hatten doch eine unübersehbare Präsenz. Sie hatten Charisma, vielleicht ohne es selbst zu wissen, wenngleich ich den Verdacht habe, dass sich beide insgeheim sehr wohl ihrer Anziehungskraft bewusst waren. Es war unerheblich, dass mein Großvater seine Individualität zum Ausdruck brachte, indem er heruntergerollte, mit Stroh gefüllte Gummistiefel trug, die er absichtlich zwei Nummern zu groß kaufte, während Peps Markenzeichen sein keck aufgesetztes schwarzes Barett und sein flottes Halstuch waren. Es war nicht ihre Erscheinung – so fesselnd diese auf seltsame Art auch sein mochte –, sondern eine innere Qualität, durch die sie sich von der Menge abhoben. Dies schienen auch die Tiere zu erkennen, denn diese alten Burschen hatten beide eine ungewöhnliche Art, mit ihren Tieren zu kommunizieren: Es genügte ihnen, ein oder zwei Worte zu sagen oder auch nur die Augenbrauen auf eine bestimmte Art zu heben. Ich nehme an, es handelte sich um eine Form von Telepathie und sie funktionierte – nun ja, zumindest meistens, denn Perro war offensichtlich eine Ausnahme.

Ich sah Pep zu, wie er ein weiteres Streichholz entfachte und seine Zigarette, die in einem kleineren Granathagel von Funken erloschen war, wieder anzündete. Die Funken mussten auf seiner Gesichtshaut wie hundert heiße Pfeile stechen, doch er zuckte kaum mit den Wimpern.

»*Cuarenta putas!*«, brummte er. »Vierzig Huren! Zu viel Salpeter in dieser Rolle!«

Gemeint war natürlich die Tatsache, dass er seinen Tabak nicht nur selbst anbaute, sondern auch selbst trocknete. Dieser Tabak war eine giftige Mixtur, die wie ein spontan entzündeter Misthaufen roch und noch schlimmer schmecken musste. Doch Pep schwor, bei seinem Tabak handle es sich um echten Havanna und sein geheimes Trockenverfahren sei einzigartig. Vor allem aber schmeckte ihm seine Mischung besser als jedes im Laden gekaufte Äquivalent – es gab, wie er mit Bedauern hinzufügte, ohnehin nichts, was seinem Tabak auch nur nahe gekommen wäre. Zumindest am Wahrheitsgehalt der letzten Behauptung hatte ich keinen Zweifel. Doch unabhängig vom Geschmack war Peps selbst angebauter Tabak ein weiteres Beispiel dafür, wie gut er sich auf die Selbstversorgung verstand. Hätte er seinen Weinberg nicht Jahre zuvor verpachtet, würde Pep mit größter Wahrscheinlichkeit noch immer seinen eigenen Wein keltern, und in einer seiner Hütten würde er vielleicht ein wenig Weinbrand aufbewahren, als Grundlage für eine »stärkere Medizin« für die Wintermonate. Aber die berüchtigten Tage, in denen Pep getrunken hatte, waren Vergangenheit, und nun konzentrierte er sich auf seine letzte verbliebene Sünde: das Rauchen.

»Der Sex ist ein überschätzter Zeitvertreib«, sagte er aus heiterem Himmel.

»*Sí?*«, erwiderte ich überrumpelt.

»*Sí*«, sagte er. »Nehmen Sie nur Ihre Nachbarin, diese alte Ziege Maria.«

»Maria und Sex? Aber sie ist mindestens neunzig. Sie wird mit Sicherheit nicht mehr –«

»Haben Sie nicht ihre neuen Zähne gesehen?«, unterbrach er mich, wobei er den Kopf zurücklegte, um unter seinem Barett hervor meine Reaktion besser beobachten zu können.

»Ah, ja, natürlich«, stammelte ich, denn ich wollte nicht in böses Gerede hinter dem Rücken der alten Frau verwickelt werden. »Ich – ich meine, wir – wir haben bemerkt, dass, Sie wissen schon ...«

Mit einem erhobenen Zeigefinger gebot mir Pep Schweigen. »Muss Ihnen nicht peinlich sein, *tío*!« (Im Spanischen signalisiert man mit dem Wort *tío*, das »Onkel« bedeutet, Vertrautheit, selbst wenn die angesprochene Person, wie in diesem konkreten Fall, jung genug ist, der Neffe dessen zu sein, der die Anrede benutzt.) »Wissen Sie«, fuhr er ruhig im gelehrten Ton eines medizinischen Sachverständigen fort, der sich anschickt, eine Diagnose abzugeben, »die alte Maria ist nicht mehr ganz richtig im Kopf.« Meinen verwirrten Blick beantwortete er mit einem Kopfnicken und ließ die Mundwinkel fallen. »*Ah sí*«, bekräftigte er feierlich. »Um es mit den Worten der jungen Leute von heute zu sagen: sie hat nicht mehr alle Tassen im Schrank. *Totalmente loca* – und das alles wegen dem Sex.«

Ich konnte ein Kichern nicht unterdrücken.

Das gefiel Pep überhaupt nicht. »Sie zweifeln an meiner Wirkung auf die Frauen?«, fragte er schnippisch.

Das war zu viel für mich. Ich brach in ein derart lautes Gelächter aus, dass selbst Perro, der zu meinen Füßen geschlafen hatte, die Ohren aufstellte und mit dem Schwanz zu wedeln begann. Doch Peps Körpersprache passte nicht zu der seines Hundes, und mir wurde klar, dass ich mich zusammenreißen musste, wenn ich harte Worte vermeiden wollte.

»Es tut mir Leid, Pep«, sagte ich und wischte mir eine Träne aus dem Augenwinkel. »Ich wollte nicht – ich will damit sagen, ich habe nicht über *Sie* gelacht. Es war nur, dass –« Meiner Nase entwich ein weiteres ersticktes Lachen, das diesmal nebenbei zwei Rotzblasen hervorbrachte. Die inquisitorische Haltung seines Kopfes verriet mir, dass diese verblüffende Leistung Perro mehr beeindruckte als seinen Herrn.

»Mach schon, lass es heraus«, murrte Pep. »Lach dich schief.« Er zuckte die Schultern in einer für ihn ungewöhnlichen Nonchalance. »*Va bé, hombre*. Ist mir doch egal.«

Ich hatte den Verdacht, Pep sei in Wirklichkeit daran interessiert, dass ich mich in Demut übte und ihn anflehte, mehr über Marias angebliche, dem Sex geschuldete Verrücktheit zu enthüllen. Hinter der Fassade der Gleichgültigkeit war ihm deutlich anzusehen, dass Pep darauf brannte, aus dem Nähkästchen zu plaudern. Doch ich war entschlossen, es ihm eine Zeit lang mit gleicher Münze heimzuzahlen.

Vom Feld hinter dem Hof klang erneut das Klappern der Rohre der Mandelpflücker herüber. Pep hob eine Augenbraue, blieb ansonsten jedoch ungerührt. Er keuchte einen Zug aus der Zigarette aus, der in seinem Mundwinkel hängen geblieben war, und in der vollkommen unbewegten warmen Abendluft blieb die Rauchschwade fast intakt, während sie aufstieg und zu einer kleinen flachen Wolke wuchs, die einen Augenblick lang wie ein Heiligenschein über seinem Kopf hing. »Sankt Pep, der Schutzheilige der Zigarettendreher«, schoss es mir durch den Kopf. Allerdings hätte er kaum Aussichten gehabt, heilig gesprochen zu werden – insbesondere jetzt nicht, da er seine Anziehungskraft auf das andere Geschlecht – oder besser, *dessen* Anziehungskraft auf ihn – zugegeben hatte. Wie dem auch sei, die Vorstellung, dass irgendeine Frau, vor allem ein scheues altes Huhn wie Maria, nach einem durchtriebenen alten Fuchs wie Pep verrückt sein sollte, schien eher abwegig. Andererseits gab es da dieses Gerücht über irgendeine »Beziehung« zwischen ihnen in der dunklen, fernen Vergangenheit – die Dreiecksromanze, die dem hiesigen Tratsch zufolge die Ursache für die langjährige Feindschaft zwischen Maria und Francisca Ferrer war. Vielleicht war doch etwas Wahres an dieser Geschichte. Meine Neugierde übermannte mich.

Ich wollte gerade das Gespräch erneut auf Marias neue Zähne bringen, als Perro für unbeabsichtigte Ablenkung sorgte. Er gähnte, wuchtete sich in Sitzstellung, streckte sich, gähnte erneut und begann, rückwärts über das Feld zu robben, Hinterläufe gespreizt, Hinterpfoten in der Luft. Seine Ohren hatte er zurückgelegt wie ein Windhund im Rennen und er verzog die Mundwinkel zu einer manischen Grimasse. Unsere alte Colliehündin in Schottland hatte das manchmal getan, aber sie hatte sich einen grasbewachsenen Flecken dafür ausgesucht. Perro hingegen vollzog diese Übung auf einem harten, steinigen Untergrund, was den Schluss nahe legte, dass er entweder unter akutem Wurmbefall litt oder einen Wellblechhintern hatte. Soweit ich Perro kannte, handelte es sich vermutlich um eine Kombination aus beidem, wobei das zweite Leiden die alte Redensart bestätigte: *»No brain, no pain.«*

»Bei einem Hund ein Zeichen der Zufriedenheit«, sagte Pep, dessen Blick Perros rascher, von den Vorderpfoten angetriebener Wanderung über den Hof folgte. »Ein Zeichen völligen Vertrauens in die Umgebung.«

»Ist es nicht ein Hinweis auf Würmer?«, wagte ich zu fragen.

Keiner seiner Hunde habe je unter Würmern gelitten, erklärte Pep selbstbewusst und rief mir die »natürlichen« Maßnahmen zur Vorbeugung in Erinnerung, auf die er schwor und von denen er mir früher schon erzählt hatte. »Habe ihm erst gestern eine Knoblauchzehe hinten reingeschoben«, erklärte er rundum. »Knoblauch – besser als all diese *medicinas sintéticas* gegen Würmer.« Er verzog sein ledriges Gesicht zu einem breiten Grinsen, das verriet, dass ihm ein Gedanke gekommen war. Er nahm die Zigarette aus dem Mund und deutete mit dem glimmenden Ende auf die Fliegen auf seiner Hose. »Rohen Knoblauch zu essen bringt übrigens auch die Lampe eines Mannes zum Leuchten«, sagte er mit einem wissenden Augenzwinkern. »Ich schwöre darauf. *Ah sí, claro.*«

Wenn dies Peps Art war, das Gespräch tollpatschig auf Marias Rückbesinnung auf die lange vergessene Fleischeslust zu bringen, so hätte der Trick fast funktioniert. Ich wollte das Thema gerade wieder ansprechen, als sein Maultier, das sich zwischen den Arbeitseinsätzen im Stehen ausruhte, vom schabenden Geräusch der schlittenlosen Schlittenfahrt des Hundes erschreckt, plötzlich aus seinem Schlummer hochschreckte. Ein Ruck des Karrens brachte Pep aus dem Gleichgewicht. Mit einem Schmerzensschrei taumelte er zur Seite und griff sich mit beiden Händen ans Schienbein.

Ich machte einen Satz nach vorn, um zu verhindern, dass er vornüberfiel und sich vielleicht noch mehr verletzte. Doch Pep hatte das Gleichgewicht und seine Fassung wiedergewonnen, bevor ich nahe genug bei ihm war, um einzugreifen. Er war kein Mensch, der sich bereitwillig unter die Arme greifen ließ. Das erinnerte mich an die Gerüchte, die umgegangen waren, als wir ihn in der heißesten Zeit des Sommers mehrere Wochen lang nicht zu Gesicht bekommen hatten. Wir hatten angenommen, dass er sich tagsüber einfach in seine Hütte zurückzog, um sich am schattigsten, kühlsten Ort zu verstecken, bis die Sonne sank. Am Abend, so dachten wir, machte er sich dann mit seinen Schafen auf den Weg zu den gewohnten Wanderungen durch das Tal. Daran wäre nichts Ungewöhnliches gewesen. Alle Welt, darunter auch wir, hielt sich an den drückend schwülen Sommertagen, die sogar alteingesessene Bewohner des Tals wie Francisca Ferrer als fürchterlich bezeichneten, an die Siesta. Übrigens war es Francisca, die Ellie lachend erzählte, Pep habe sich ein Bein gebrochen, als ihn sein Ziegenbock an einem Berghang von hinten gestoßen und kopfüber über die Kante einer hohen Terrasse befördert habe, auf der das launische Biest mit seinem kleinen Harem von Ziegen weidete. Natürlich war dies ein Missgeschick, das Pep nie eingestanden hätte. Ein solcher Unfall, der ebenso schmerzhaft für das Opfer wie komisch für einen zufälligen Beobachter gewesen sein musste, wäre seinem Ruf, Herr über die Tiere zu sein, nicht förderlich gewesen.

»Schrapnell«, sagte er, während er sich das Schienbein rieb. »Aus dem Bürgerkrieg.«

Ich sagte nichts. Ich bezweifelte, dass Pep je Soldat gewesen war, doch in seinem Pokerface war nicht der geringste Hinweis darauf zu erkennen, dass er etwas anderes sagte als die reine Wahrheit.

Die Wunde schmerze immer noch hin und wieder, fuhr er fort, und der Schmerz tauche aus heiterem Himmel auf. »Etwa so leicht vorherzusehen wie ein Furz im Wirbelsturm, *amigo,* und sehr viel schwieriger zu kontrollieren.«

»Hat also nichts mit Wetterfühligkeit zu tun«, sagte ich, um ihn weiterzuführen. »Es ist kein Zeichen für bevorstehenden Regen oder etwas in der Art?«

Pep schluckte den Köder. »Nein, nein, mit dem Regen hat es nichts zu tun«, sprudelte er hervor. »Um die Wahrheit zu sagen: Manchmal ist es in der Sommerhitze schlimmer. *Ah sí*«, sagte er und schluckte begierig noch ein Stück von dem Köder, den ich ihm angeboten hatte, »und deshalb war ich einen Großteil des Augusts ans Haus gefesselt. Höllenqualen!« Er blinzelte mich durch die Rauchschwade an, die aus seiner Zigarette waberte, und in seinem Gesicht konnte ich die Worte »Willst du nicht mehr wissen?« lesen.

»Aber was haben die neuen Zähne der alten Maria mit alldem zu tun?«, forschte ich geflissentlich nach.

Die Antwort folgte prompt. Bei all ihren weiblichen Schrullen und Schwächen sei Maria doch eine gute

Nachbarin, gestand er mit einem Anflug von Widerwillen, um umgehend einen vertraulichen Ton anzuschlagen. »Eins kann ich Ihnen sagen«, gestand er, »kaum hatte sie von meinem Unf… ähm-ah, *perdón,* ich meine, von meiner wieder aufgebrochenen Kriegsverletzung erfahren, da stand sie auch schon vor meiner Tür, um mir ihre Hilfe anzubieten. *Sí, sí* – du weißt schon: die Rebhühner füttern, die Ziegen melken, die Eier einsammeln und all diese Kleinigkeiten – einfache Dinge, auf die sich die Frauen verstehen.« Mit einem wissenden Nicken spuckte Pep den Zigarettenstummel aus, tippte sich mit einem Finger an die Nase und vertraute mir an: »Es war nur eine Frage der Zeit, bis sie der Versuchung nicht mehr widerstehen konnte, *amigo mío.*«

Ohne dass ich ihn im Geringsten hätte drängen müssen, erzählte er mir nun, wie er an einem besonders heißen Tag auf dem Bett gelegen hatte, von den Schmerzen in seinem Bein gelähmt, als Maria plötzlich uneingeladen in seinem Zimmer erschienen war. Sie hatte erklärt, nur ein wenig im Haus aufräumen zu wollen, doch Pep war fest davon überzeugt, dass dies nur ein Vorwand, eine weibliche List gewesen war, um in sein Schlafzimmer vorzudringen.

»Als sie durch die Tür kam, nahm sie Witterung auf, wie ich es bei Mutterziegen und -schafen gesehen habe«, klärte er mich mit vollkommen ernstem Gesicht auf. »Die Viecher haben dann denselben Ausdruck im Gesicht wie Maria an jenem Tag – *muy sensual, muy erótico* –, ein sicherer Hinweis darauf, dass sie in Hitze sind. Die Nüstern beben, die Oberlippe kräuselt sich – ein dem erfahrenen Viehhalter vertrautes Signal sexueller Begierde beim Weibchen.«

Ich musste mir eine Hand vor den Mund halten, um ein Lächeln zu verbergen, das drauf und dran war, sich zu einem breiten Grinsen auszuwachsen. Glücklicherweise war Pep zu sehr in seinen Bericht vertieft, um es zu bemerken.

»Und in dem Augenblick sah ich zum ersten Mal ihre neuen Zähne«, fuhr er fort. »In meinem dämmrigen Zimmer strahlten sie wie ein paar Glühwürmchen, die sich für eine heiße Nummer aufwärmen!«

Ich täuschte ein Husten vor und hielt mir erneut die Hand vor den Mund.

Pep beachtete mich nicht. Er war nicht mehr zu bremsen. Aufgrund der erstickenden Hitze, gab er bereitwillig preis, habe er nur in Unterwäsche auf dem Bett gelegen, in jenen leichten wolligen *combinaciones,* die er von Anfang Mai bis zum Beginn der Oktoberstürme trug.

»›Zieh das aus!‹, schrie sie mich an. Ich sag's dir, *tío,* sie lechzte danach, wie die jungen Leute heute sagen.«

Wenn es stimmte, dass er, wie er behauptete, in den fünf heißesten Monaten des Jahres stets dieselbe einteilige Unterwäsche trug, war es kaum verwunderlich, dass Maria danach lechzte, dass er sie auszog, vor allem, nachdem sie einen ungelüfteten Raum betreten hatte, in dem es vermutlich wie im Nest eines Iltis roch. Peps Vorliebe für rohen Knoblauch hatte vermutlich ebenfalls kaum zur Verbesserung der Luftqualität beigetragen. Sex musste in dieser Situation das Letzte gewesen sein, was Maria in den Sinn hatte kommen können. Ich nahm an, dass der überwältigende Drang, seine stinkenden Klamotten in den Waschzuber zu werfen, der einzige Beweggrund für ihre Aufforderung an ihn gewesen war, sich auszuziehen. So sah ich es, doch Pep sah es anders.

»Sie war wie eine Besessene«, rief er aus, »wie eine Wildkatze, die mir die Krallen in meine langen *pantalones* schlug und die ganze Zeit schrie ›Runter damit, runter damit!‹ Ich sag Ihnen, ich war schneller aus dem Bett und vor dem Haus als jeder Mann mit zwei heilen Beinen. Puh!«, stieß er hervor, wobei sich seine Augenbrauen unter der Krempe seines Baretts zu einem Ausdruck des Missfallens zusammenzogen. »Sie hatte wohl geglaubt, ein paar neue Zähne in ihrem Mund würden genügen, um einen Mann wie mich zu verführen. Neue Zähne? *Coño*, es wäre sehr viel mehr als ein paar neue Zähne nötig, um mich dieser wilden alten Nymphomanin zu unterwerfen!«

Der Drang, zu lachen, war ebenso stark wie der Zwang, es nicht zu tun. Ich wünschte, ich wäre vor dem Besuch bei Pep vorsichtshalber auf die Toilette gegangen. Nun verschränkte ich die Beine und konnte plötzlich Perros Neigung zum spontanen Wasserlassen nachempfinden. Ich konnte nicht sprechen, doch ich hätte ohnehin nicht gewusst, was ich sagen sollte. In diesem Augenblick kam mir Pep unbeabsichtigt zu Hilfe, indem er plötzlich verkündete, ein viel beschäftigter Mann zu sein, weshalb er nicht länger herumstehen und tratschen könne. Ich fasste es so auf, dass er meinte, seine doppelte Mission erfüllt zu haben: Er hatte seine Männlichkeit unter Beweis gestellt und gleichzeitig eine in seinen Augen glaubwürdige Geschichte erzählt, um seine Erniedrigung durch einen Ziegenbock zu vertuschen.

»*Adéu*«, murmelte er, als er sein Maultier am Zügel

nahm und sich anschickte, es über den Hof zu führen, um den Karren mit einigen weiteren Säcken voller Mandeln zu beladen. »*Hasta luego, eh!*«

»*Hasta luego,* Pep«, erwiderte ich und machte kehrt, um nach Hause zu gehen und mich in Ruhe an dieser köstlichen Geschichte zu ergötzen. Ich wusste nie, was ich von einem Gespräch mit diesem alten Halunken zu erwarten hatte, doch wenn ich mich von ihm verabschiedete, fühlte ich mich stets besser als vorher. Fraglich war nur, ob er das, was er bei Gelegenheiten wie dieser von sich gab, so ernst nahm, wie er vorgab, oder ob er mich einfach erbarmungslos auf den Arm nahm. Doch das war nebensächlich. Peps Prahlereien zuzuhören war stets der Höhepunkt des Tages.

Ich hatte fast das Tor erreicht, als mich seine kratzende Stimme einholte: »*Oiga!*«, brüllte er. »Sie haben anscheinend vergessen, weshalb Sie gekommen sind, stimmt's?«

Ich hatte tatsächlich den Zweck meines Besuchs vergessen, was viel über die Qualität der Unterhaltung sagte.

Pep wartete nicht auf eine Antwort. »Dort drüben beim Holzstapel!«, rief er. »Ein paar robuste Schilfrohre und ein Netz zum Auffangen der Mandeln. Ich wusste, dass Sie eines brauchen würden. *Sí,* ich war sicher, dass der üble *hijo de puta* Ferrer nichts von dem Werkzeug zurückgelassen haben würde.«

»*Gracias,* Pep!«, rief ich zurück und hob den rechten Daumen, um ihm meine Anerkennung für seine Weitsicht zu signalisieren. »*Muchísimas gracias!*«

»*De nada, hombre.* Ist mir ein Vergnügen. Aber, hey … das Netz hat ein großes Loch. Sagen Sie Ihrer Frau, sie soll es stopfen, ja? *Sí, claro,* die Frauen verstehen sich auf diese einfachen Dinge.«

»*Sí, claro!*«, brüllte ich zurück, und diesmal täuschte ich mit dem erhobenen Zeigefinger Zustimmung vor, während ich insgeheim den Göttern der Heuchelei dafür dankte, dass weder Ellie noch die alte Maria in Hörweite waren.

»Und noch etwas, *amigo*!«, rief Pep, bevor er hinter der Ecke seines Hauses verschwand. »Die Zähne der alten Maria – die haben etwas *sehr* Seltsames an sich. *Ah sí,* ich kann Ihnen sagen, die sind einfach nicht … *normal*!«

Wo hatte ich das schon einmal gehört?

* * *

Als ich mit dem Mandelnetz und einem großen Bündel von Bambusstöcken unser Grundstück betrat, kam mir Ellie aus dem Haus entgegen.

»Du wirst dich mit dem Gießen der Orangenbäume heute Abend sehr beeilen müssen«, keuchte sie. Ihr Gesicht war ein einziges Lächeln, ihre Wangen glühten von unverhohlener Freude.

»Lass mich raten: Du hast beim Lotto gewonnen und wir rauschen ab in Richtung Bahamas!«

»Nein, viel besser. Es ist Sandy! Er hat gerade angerufen und kommt zurück – heute Abend!«

Ich wurde ebenfalls von Freude übermannt. »Endgültig?«, fragte ich in der Hoffnung, Ellie werde es mir bestätigen.

»Das hat er nicht gesagt – er hat keine Zeit gehabt. Er hat aus einer Telefonzelle am Flughafen in Edinburgh angerufen – die Münzen sind ihm ausgegangen –, er hat nur gesagt, dass er auf der Warteliste stand und einen Platz im nächsten Flug nach Palma bekommen hat.« Ellie war außer sich vor Aufregung. »Also komm schon!«, drängte sie mich und riss mir die Bambusstöcke aus der Hand. »Gib den Bäumen schnell Wasser und dann auf zum Flughafen!«

Sechs

# Kommt er heim oder geht er heim?

Vielleicht war es typisch für einen Achtzehnjährigen, dessen Wachstum noch nicht abgeschlossen war, dass Sandys erste Worte beim Verlassen des Gates am Flughafen nicht: »Schön, euch zu sehen« oder auch nur: »Nett, wieder hier zu sein« waren, sondern: »Mann, ich bin am Verhungern! Winzige Portionen auf diesen Flügen – ein Sägemehlwürstchen, sechs zerdrückte Erbsen und eine Styroporkartoffel – nicht einmal genug, um eine Maus satt zu machen. Und obendrein alles kalt. Ich sag's euch, ich bin so hungrig gewesen, dass ich sogar drei dieser steinharten Brötchen gegessen habe, die sie als Beilage anboten!«

Das Restaurant *Punta Son Gual* befand sich fast direkt in der wichtigsten Einflugschneise des Flughafens von

Palma und war (sofern man die Straßen kannte) nur eine kurze Fahrt vom Terminalgebäude entfernt. Ellie und ich glaubten, dieses Lokal schnell genug erreichen zu können, um Sandy vor dem Hungertod zu bewahren, und hofften, die dortigen Portionen würden groß genug sein, um seinen gigantischen Appetit zu stillen. Es handelte sich um eines jener unprätentiösen Lokale, an denen man leicht vorbeirauscht, ohne sie eines Blickes zu würdigen. Das *Punta Son Gual* war eines von zwei unscheinbaren Restaurants, die einander an der viel befahrenen Straße von Palma nach Manacor gegenüberlagen. Sein einziger Anziehungspunkt schien die umgebende Pla de Sant Jordi zu sein, die mit Windmühlen gesprenkelte Ebene im Herzen der Insel. Doch von keinem Geringeren als dem anerkannten Feinschmecker Jock Burns hatten wir den ersten Hinweis auf den ausgezeichneten Ruf dieses kleinen Lokals erhalten. Ihm hatte wiederum ein mallorquinischer Freund davon erzählt, der damit unbedacht ein bis dahin eifersüchtig gehütetes Geheimnis in alle Welt hinausposaunt hatte, das eigentlich nur einheimische Kenner der guten Küche kannten.

Das *Punta Son Gual,* übersetzt »Lammstück« (dessen aufschlussreicher Name von seinen auf Gerichte aus diesem Fleisch spezialisierten Besitzern gut gewählt worden war), verzichtete auf jeden Firlefanz. Sein Küchenchef hielt unerschütterlich an dem fest, was er am besten konnte, strebte unaufhörlich danach, es besser als jeder andere zu tun, und blieb dabei, einen angemessenen Preis dafür zu verlangen. Miquel Serra hatte sich seinen Ruf erworben, indem er aus einem einfachen, traditionellen Gericht, das die Mallorquiner beinahe als Selbstverständlichkeit betrachteten, eine Spezialität gemacht hatte. Kaum jemand hätte dieses Gericht für geeignet gehalten, in die Annalen der Küche Mallorcas einzugehen. Das Gericht heißt *cordero asado,* geröstetes Lamm. Das Geheimnis von Miquels Erfolg? Wiederum die »Einfachheit« und seine kluge Entscheidung, auf die Verwendung moderner Kochgeräte zu verzichten und das Fleisch stattdessen in einem jener steinernen Holzöfen zu garen, die in vergangenen Zeiten in allen spanischen Bauernhäusern zu finden waren.

Miquels Entscheidung sollte ihn erst berühmt und schließlich auch reich machen. Das Essen in seinem Restaurant erlangte derartige Beliebtheit, dass er und sein Partner Matias schließlich gezwungen waren, an derselben Straße, jedoch näher zur Hauptstadt gelegen, ein sehr viel größeres und anspruchsvolleres Lokal zu eröffnen, das den sehr passenden Namen *Ca'n Matias Miquel* erhielt – ein ausgezeichnetes Restaurant, dessen zur Essenszeit überfüllter Parkplatz von seiner Popularität zeugt.

Doch das kleine Lokal, das Miquels Sprungbrett zum Erfolg war, hat immer noch etwas Besonderes an sich. Selbst heute ist die Chance, am Sonntagmittag, wenn ein Großteil der Hauptstadtbewohner zum Essen aufs Land fährt, im *Punta Son Gual* einen Tisch zu bekommen, etwa so groß wie die Wahrscheinlichkeit, dass Jock Burns magersüchtig wird. Und da schon am Freitagabend der gastronomische Start in das typische mallorquinische Wochenende beginnt, mussten wir es als ungewöhnliches Glück betrachten, einen freien Tisch zu finden, als wir an diesem Abend um elf Uhr

– genau auf dem Höhepunkt der abendlichen Stoßzeit in spanischen Restaurants – mit dem hungernden Sandy dort eintrafen.

Vegetarier seien gewarnt! Der Duft schmackhaft gegrillten Fleischs durchdringt sogar den dichten blauen Zigarrenqualm, der die überfüllte kleine Bar durchzieht, durch die man sich hindurchkämpfen muss, um in das eigentliche Restaurant zu gelangen. Einmal dorthin vorgedrungen, erkennt man sofort, dass es nicht seine Atmosphäre ist, die scharenweise Gäste in dieses Lokal lockt. Denn ein »Lammstück« ist, was es ist – im besten Sinne des Wortes, versteht sich. Es ist nur so, dass an diesem Ort auf jeglichen Luxus verzichtet wird. In einem schmalen Raum stehen einfache Tische mit Papiertischdecken und die Wände sind mit anspruchslosen Bildern geschmückt. Das einzig Erwähnenswerte ist die Reihe großer Passagierflugzeuge, die man durch die Fenster scheinbar auf Windmühlenhöhe zur nahe gelegenen Landebahn hinabgleiten sieht. Doch selbst das Gebrüll der Flugzeugturbinen geht im Lärm der angeregten Unterhaltungen unter, die für das Essen in Gesellschaft in Spanien charakteristisch sind.

Die Frage, ob Sandy endgültig nach Mallorca zurückgekehrt war, war während der kurzen Fahrt vom Flughafen zum Restaurant nicht zur Sprache gekommen, und obwohl wir unbedingt wissen wollten, wie er sich entschieden hatte, hielten Ellie und ich es für besser, das Thema ruhen zu lassen, bis Sandy es selbst aufbrachte. Das rasche Eintreffen des Essens sorgte dafür, dass wir uns noch eine Weile würden gedulden müssen.

Wir begannen mit den für mallorquinische Restaurantbesuche üblichen »Kleinigkeiten« wie Oliven, knuspriges Brot und die typische Knoblauchpaste *all-i-oli*. Anschließend teilten wir uns eine Platte *gambas a la plancha* – große, ungeschälte Garnelen, die in Olivenöl und Zitronensaft auf einer Grillplatte bis zum Punkt rosiger Perfektion gegart und anschließend mit Salz und Kräutern gewürzt und großzügig mit Zitronenschnitzen garniert worden waren. Wenn ich sage, wir »teilten«, muss hinzugefügt werden, dass die Portion *zum Teilen bestimmt* gewesen wäre, doch in Anbetracht von Sandys Hunger hatte diese Bestimmung rein akademischen Charakter. So hungrig wir selbst waren – Ellie und ich bekamen die Garnelen kaum zu sehen. Doch Eltern von Teenagern sind daran gewöhnt, bei Tisch derartige Opfer zu bringen. Abgesehen davon war es schön, Sandy dabei zuzusehen, wie er die erste Mahlzeit nach seiner Rückkehr auf die Insel genoss, den Garnelen die Köpfe abriss und nach spanischer Art den Saft heraussaugte, bevor er den Panzer von den Körpern schälte, um das köstliche Fleisch zu verschlingen.

»Es ist, als wäre er nie fort gewesen«, flüsterte mir Ellie zu, während sie unserem älteren Sprössling liebevoll dabei zusah, wie er seine Energiereserven auffüllte.

»Es waren ja nur lächerliche zwei Wochen«, maulte ich. »Er hat ja wohl kaum über Nacht vergessen können, wie man sich voll stopft!«

Auf unserer Platte waren nur noch zwei Garnelen übrig.

»Ich, ähm, ich nehme an, dass ihr schon vorher gegessen habt«, sagte Sandy, als er die winzigen Häufchen von Garnelenresten bemerkte, die sich auf unseren Tellern verloren. »Kommt schon«, forderte er uns gutmütig auf, »bedient euch nur. Nicht viel dran an diesen winzigen Kerlchen.«

Es war nicht mehr nötig als eine schüchterne abweisende Handbewegung von Ellie und ein höfliches Kopfschütteln meinerseits, um Sandy dazu zu bewegen, mit einem gleichmütigen Schulterzucken das verbliebene Garnelenpaar seiner Verdauung zu überantworten. Ich war versucht, ihm die Wurmkur vorzuschlagen, die der alte Pep bei seinem Hund anwandte, verzichtete jedoch darauf, um nicht gegen die guten Essenssitten zu verstoßen.

Da wir uns immer noch ein wenig schuldig dafür fühlten, dass wir am Mittag im *Ca'n Amer* in Inca derart geschlemmt hatten, hatten Ellie und ich im Gegensatz zu Sandy der Versuchung widerstanden, als Hauptgericht Miquels berühmte Lammkeule zu bestellen. Stattdessen hatten wir uns für Milchlammrippchen entschieden, *costelles d'anyell,* die uns weniger schwer im Magen und auf dem Gewissen liegen würden, obwohl sie nicht weniger köstlich waren als die Keule. Das mallorquinische Lammfleisch unterscheidet sich von dem in nördlicheren Breiten Europas dadurch, dass der Mangel an natürlichem Futter aufgrund des trockenen Klimas eine Schlachtung der Tiere in sehr jungem Alter erzwingt. Dies und der von Natur aus schlanke Körperbau der mallorquinischen Schafe sorgt dafür, dass das Fleisch der Lämmer zart und fettarm zugleich ist – im Gegensatz zu dem britischer Schafe, deren dicke Fettschicht lange Zeit als wünschenswert betrachtet wurde.

Wird das mallorquinische Lamm richtig zubereitet, so zergeht sein Fleisch auf der Zunge und entbehrt völlig des bei älteren, weniger schlanken Tieren oft starken Hammelgeschmacks, der an das Aroma einer nassen alten Wolljacke erinnert. Mit einem Wort: Gut zubereitetes Fleisch vom mallorquinischen Lamm ist eine Klasse für sich, und besser als im *Punta Son Gual* wird es nirgendwo zubereitet.

Obwohl Sandys geringschätziger Seitenblick auf unsere Milchlammrippen verriet, dass er der Meinung war, die kleinen Medaillons auf den Rippen würden ähnlich wie seine Mahlzeit an Bord des Flugzeugs kaum genügen, um eine Maus zu sättigen, stand ihr Geschmack in keinem Verhältnis zu ihrer Größe. Sie waren auf die typische spanische Art gegart worden, *a la brasa,* so dass die große Hitze des Holzkohlengrills die Oberfläche rasch gebräunt und versiegelt hatte, während das Innere wunderbar rosig und saftig blieb. Und das Aroma des Olivenholzrauchs hatte den Geschmack um eine krönende Prise mallorquinischen Zaubers bereichert.

Man braucht den Appetit eines erwachsenen Mannes, um eine ganze Keule allein essen zu können, selbst wenn es sich um die eines schlanken mallorquinischen Lamms handelt. Dass Sandy in der Lage war, die über seinen Teller hinausragende Lammkeule mühelos bis auf den Knochen abzunagen, verriet uns, dass er nicht länger als Junge betrachtet werden konnte, zumindest nicht, was das Essen anbelangte. Dank des alten Steinofens hatte die Keule außen eine knusprige, pergamentartige Textur angenommen, während das Fleisch bis zum Knochen schmackhaft und saftig geblieben war. Miquels Prinzip der Einfachheit folgend war die Lammkeule ebenso wie unsere Rippchen mit golden schimmernden Röstkartoffeln und einer Schüssel des erfrischenden *trempó* serviert worden, eines klassischen mallorquinischen Salats, der Süßzwiebeln, milde grüne Paprika, Tomaten, Birnen und eingelegte Kapern enthielt und mit Olivenöl und einem Essig mit Portulakaroma angemacht worden war. Es ist schwer vorstellbar, dass diese gleichermaßen geradlinige und liebevolle Zusammenstellung erstklassiger Zutaten durch irgendeine Ergänzung verbessert werden könnte. Jeder Versuch, eine derart unprätentiöse Vollkommenheit zusätzlich aufzupolieren, würde gewiss nur ihren Glanz schmälern.

Nachdem er den letzten köstlichen Bissen genossen hatte, schnalzte Sandy mit der Zunge und erklärte: »Wisst ihr, ich habe das noch nie gesagt, aber als wir hierher kamen, zählte das schottische Essen zu den Dingen, die ich am meisten vermisste.«

Ellie und ich sahen ihn schief an, um uns anschließend fragende Blicke zuzuwerfen. Hatte er möglicherweise eine geheime Sehnsucht nach dem verborgenen Zauber von Mince and Tatties, dem traditionellen schottischen Hackfleischeintopf, gepflegt?

»Ich sag's euch«, fuhr er fort. »Als ich wieder dort war, bin ich als Erstes in einen Fish-and-Chips-Laden gegangen und hab mir ein White Pudding Supper bestellt. Mmmm, köstlich!«

Ich wollte die kulinarische Anziehungskraft des White Pudding nicht gering schätzen (ich selbst liebe dieses Gericht), doch diese auch als »Mehlpudding« genannte schottische Spezialität ist eine Speise, die im

Wesentlichen aus Hafermehl besteht und nur mit einem Hauch von Gewürzen verfeinert wird. So fad das klingen mag, ist der White Pudding, wenn er frittiert und in Papier eingewickelt serviert und von in einer scharfen Sauce getauchten Chips begleitet wird, tatsächlich eine Köstlichkeit. Ein Vergleich mit anspruchsvolleren internationalen Gerichten wäre jedoch ein wenig unfair. Das sagte ich auch Sandy.

»O ja, ich bin ganz deiner Meinung«, gestand er bereitwillig ein. »Um die Wahrheit zu sagen: Diese großen, saftigen Garnelen und diese fabelhafte Lammkeule und all das haben mich nachdenklich gemacht.«

»Ach so?«

»Ja, wirklich! Ohne Scherz, ich glaube, das Essen auf Mallorca ist schließlich und endlich auch nicht viel schlechter als in Schottland!«

Offensichtlich würden Leute wie Miquel und Matias noch hart arbeiten müssen, um Sandys aus Tartan gewobene Geschmacksnerven von ihrer Küche zu überzeugen, aber ich bin sicher, sie wären erleichtert gewesen zu hören, dass sie gewisse Fortschritte machten. Und es hätte schlimmer kommen können. Man stelle sich nur vor, er hätte ihr Essen mit einer anderen durch und durch schottischen Leckerei verglichen: dem frittierten Mars-Riegel.

»Heißt das also, dass du dich freust, wieder hier zu sein?«, fragte Ellie, unfähig, ihre Neugierde länger zu zügeln.

»Darauf kannst du wetten, und nicht nur wegen dem Essen.« Sandy rieb sich grinsend die Hände. »Yup, diese heiße Luft, die dir entgegenschlägt, wenn du aus dem Flugzeug steigst. Und die warmen Gerüche, wisst ihr – ich weiß nicht, was das ist –, irgendwas wie Pinien und wilde Kräuter und all so was, aber ganz anders als die Gerüche anderswo, wenn ihr wisst, was ich meine. Man kann es sogar durch die Flugzeugabgase hindurch riechen. Ja, wunderbar.«

Ich wusste, welche Frage Ellie als Nächstes stellen wollte, und versetzte ihr unter dem Tisch einen Tritt, um sie davon abzuhalten. Ich hätte mir die Mühe sparen können. Ihr Gehirn hatte die Worte bereits in einem Paket mit Expressauslieferung auf den Weg geschickt.

»Du bist also nach Mallorca zurückgekommen, um hier zu bleiben?«, sprudelte sie hervor. Ihre Augen leuchteten wie die eines kleinen Mädchens, das unter dem Weihnachtsbaum sitzt und sein erstes Geschenk auspackt. Ich wusste, dass eine abschlägige Antwort ein Schlag für sie sein würde – und es muss Sandy zugute gehalten werden, dass er das merkte.

»Nun ja, ich habe in den letzten Wochen furchtbar viel darüber nachgedacht«, sagte er, wobei er seiner Mutter einen Blick zuwarf, aus dem absolut nichts herauszulesen war, »und ich habe einige Ideen gehabt, aber …« Er hielt inne. Er rutschte unbehaglich auf seinem Stuhl herum und streckte die Finger aus, um mit dem Stiel seines Glases herumzuspielen.

»Aber – aber was?!«, setzte Ellie nach.

Sandy lächelte sie an und tätschelte ihr die Hand, was ein für ihn ungewöhnliches Zeichen der Zuneigung war. »Ich brauche vielleicht ein paar Tage, um mir darüber klar zu werden, Mum«, sagte er sanft. »Ist das in Ordnung?«

Ellie versuchte tapfer, ihre Enttäuschung hinter einem

Nicken und einem zustimmenden Lächeln zu verbergen.

»Also gut«, sagte Sandy, wobei er seine Hände resolut aneinander rieb und nach dem Kellner Ausschau hielt, »sehen wir uns an, was heute Abend für ein Nachtisch auf der Karte steht. Jesus, ich habe immer noch Hunger!«

In diesem Moment gab ich ihm tatsächlich den Rat, Peps Wurmkur in Erwägung zu ziehen.

»Nee, rohen Knoblauch kann ich nicht ausstehen«, lautete seine drollige Antwort. »Dabei fällt mir ein – wo ist eigentlich Dog's Balls?«

Auf Ellies Gesicht machte die Enttäuschung der Verwirrung Platz.

»Wahrscheinlich ein Spitzname für seinen Bruder«, warf ich ein, nachdem ich zwei und zwei zusammengezählt hatte.

»Aber was haben die Dinger eines Hundes damit zu tun?«, hielt sie mir entgegen, wobei ihre Verwirrung Ratlosigkeit wich. »›Balls‹ reimt sich ja nicht einmal auf Charlie.«

»Na ja, wahrscheinlich soll es sich auch gar nicht reimen«, erklärte ich ihr. »Dürfte eher so ein Ding zwischen den Jungs sein. Du weißt schon – peinliche Spitznamen, harmlose Beleidigungen und dergleichen.«

»Ja, Mum«, sagte Sandy grinsend, »seine Kumpels in der Schule nennen ihn kurz D. B., aber mach dir keine Gedanken darüber. Das soll nicht heißen, dass er wirklich Nüsse wie ein Windhund hat. Stell dir vor, es heißt, dass es eine sechzehnjährige Amerikanerin, die ›Texas Cowgirl‹ genannt wird, war, die ihm den Namen gab …«

»*Cow*girl?«, forschte Ellie nach. »Ein Cowgirl an einer englischen Schule auf Mallorca?«

»Genau«, antwortete Sandy mit einem verschmitzten Grinsen, um hinzuzufügen: »Und die Betonung liegt auf *Cow*.«

Ellie war entsetzt. Sie wandte sich mir zu, die Augenbrauen zu einem angsterfüllten Ausdruck hochgezogen. »Aber Charlie ist gerade mal zwölf, Peter! Ein kleiner Junge. Und Sandy sagt, dass ein sechzehnjähriges Mädchen die Größe seiner – seiner – *Nüsse* kennt? Sag mir, dass das nicht wahr ist!«

»Es ist nicht wahr, Ellie«, antwortete ich und kreuzte insgeheim die Finger, »Sandy nimmt dich nur auf den Arm.«

»Aber wo ist er denn nun?«, wiederholte Sandy. »Zu sehr mit dem Fernsehen beschäftigt, um zum Flughafen zu kommen und seinen großen Bruder abzuholen? Typisch!«

Sandys Reaktion auf unsere Erklärung war absolut vorhersehbar.

»Bei einer Strandparty!«, rief er aus. Er schluckte. »Auf der Yacht eines Multimillionärs zu einer Strandparty gesegelt?« Es folgte eine Reihe von gemurmelten Missfallenskundgebungen und Flüchen. »Das ist wieder mal typisch für Charlie!«, fuhr er fort, als er sich wieder beruhigt hatte. »Nach zwei Minuten auf Mallorca wollte er wieder zurück zur Omi nach Schottland, und nun ist er hier so fest in der Szene etabliert, dass er sich sogar mit dem Jetset herumtreibt. Ich sag's euch: Wenn Charlie in die Jauchegrube fiele, würde er herausklettern und nach Raumspray riechen!«

Aus Sandys Worten hätte man leicht eine gewisse

Verärgerung darüber heraushören können, dass es seinem jüngeren Bruder so leicht gefallen war, sich seinem neuen Leben anzupassen, während er selbst – ursprünglich glücklicher als sein Bruder über den Umzug nach Mallorca – mittlerweile nicht mehr sicher war, ob er auf der Insel bleiben oder nach Schottland zurückkehren sollte. Doch es steckte mehr dahinter und wir verstanden seinen Kummer nur allzu gut. Charlie war durch den Schulwechsel zwar ins kalte Wasser geworfen worden, doch der Eintritt in die neue Schule hatte ihm auch eine große Gruppe englischsprachiger Freunde gebracht, die überwiegend Kinder von Ausländern aus vielen verschiedenen Ländern waren. Sandy hingegen hatte sich in einer vergleichsweise isolierten sozialen Situation wiedergefunden. Er arbeitete an der Seite seiner Eltern auf einem kleinen Bauernhof in einem abgelegenen Tal, mit dessen Bewohnern er sich kaum verständigen konnte und die überwiegend zwei Generationen älter waren als er. Und so widersinnig das auch scheinen mag, es verbesserte seine Lage nicht, dass es zumindest im Sommer in einigen mit dem Auto leicht zu erreichenden Ferienorten am Meer von englischsprachigen Jugendlichen wimmelte. Denn diese jungen Leute waren Urlauber, die für ein oder zwei Wochen auf die Insel kamen, um die Sonne zu genießen und sich zu vergnügen. Sie hatten sehr wenig gemein mit einem jungen Burschen, dessen Familie eine Obstplantage an einem Ort betrieb, der in den Augen der meisten dieser Jugendlichen hinter den sieben Bergen lag. Ellie und ich durften uns glücklich schätzen, dass Sandy bisher nicht versucht gewesen war, sich dieser Szene anzuschließen. Er wäre nicht der erste Sohn von Auslandsengländern gewesen, der der Illusion erlegen wäre, auf der Insel permanent Ferien machen zu können. Auch ohne einen solchen verschwenderischen Lebensstil finanzieren zu müssen, würde es uns schwer genug fallen, unserer vierköpfigen Familie den Lebensunterhalt zu sichern, und wir konnten nur hoffen, dass der kleine Charlie – trotz der »Hundebälle« – diesbezüglich ebenso vernünftig werden würde wie sein älterer Bruder.

Es war Sandy schwer gefallen, auf Mallorca Gleichaltrige zu finden, die seine landwirtschaftlichen Interessen teilten, und das würde höchstwahrscheinlich so bleiben, sosehr er sich auch bemühte. Es war einfach eine Tatsache, dass es in unserer Gegend nur noch sehr wenige junge Mallorquiner gab, die bereit waren, ein Feld zu bestellen. Und zu Sandys Gunsten muss gesagt werden, dass er durchaus versucht hatte, sich zu integrieren. Ein Beweis dafür war, dass er im Winter zweimal wöchentlich über die halbe Insel gefahren war, um mit einer der örtlichen Fußballmannschaften zu trainieren und zu spielen. Doch davon abgesehen wussten wir, dass ihn vor allem eines nach Schottland zurückgelockt hatte: Er vermisste die Arbeit mit großen, modernen landwirtschaftlichen Maschinen in einer vertrauten Umgebung, die sehr viel weitläufiger und landwirtschaftlich fortschrittlicher war als die, in der wir nun lebten. Obendrein war er ein aufgeweckter Bursche, der wahrscheinlich bereits begriffen hatte, dass wir nicht nur sehr hart arbeiten müssten, sondern auch sehr viel Glück brauchen würden, um einen kleinen, heruntergekommenen Hof wie Ca's Mayoral in einen Betrieb zu verwandeln, der uns allen einen akzeptablen Lebensstandard sichern würde. Zusätzlich erschwert wurde die Sache dadurch, dass er das Familienleben schätzte und sich zweifellos für die Geborgenheit im Schoß der Familie entschieden hätte, wären alle anderen Bedingungen unverändert geblieben.

Ja, Sandy stand vor schweren Entscheidungen, und es war nur fair, ihm die Zeit zuzugestehen, die er dafür brauchte. An diesem Abend war das Wichtigste, dass er glücklich war, wieder bei uns auf Mallorca zu sein, gleichgültig wie lange er bleiben würde.

Ich winkte dem Kellner und fragte nach der Dessertkarte.

* * *

Kaum etwas konnte weiter von dem relativen Luxus entfernt sein, in einem klimatisierten Glaskasten auf einer riesigen Erntemaschine zu sitzen und praktisch jede denkbare mechanische und elektronische Hilfe per Knopfdruck abrufen zu können, als unter einer sengenden mediterranen Sonne mit einem langen Stab Mandeln von den Bäumen zu schlagen. Noch vor wenigen Tagen hatte Sandy in der alten Heimat mehrere Tonnen Gerste auf einmal befördert und war unentwegt zwischen dem Mähdrescher und dem Lagersilo hin- und hergefahren, ohne größere körperliche Anstrengung als jene, das Lenkrad des riesigen Traktors zu halten und an einem kleinen hydraulischen Hebel neben seinem Sitz zu ziehen, um den Anhänger zu leeren. Am Ende unserer kleinen, eintägigen Mandelernte hatte er vermutlich das Gefühl, dass das Gewicht der gesammelten Früchte in etwa der Flüssigkeitsmenge entsprach, die er verloren hatte. Keine Tonnen, sondern einige Hände voll Mandeln hatten wir vorzuweisen, nachdem wir einige Minuten lang die Zweige eines Mandelbaums geprügelt hatten. Und diese Minuten fühlten sich wie Stunden an, bis sich die Armmuskulatur an die Anstrengung gewöhnt hatte. Paradoxerweise verwandelte sich das aus der Entfernung besänftigende Klappern auf Holz prallender Bambusrohre rasch in einen enervierenden Misston, zumal wenn man das Geräusch selbst erzeugen musste. Die winzigen Splitter von Zweigen und die kleinen Schauer von Rindenstaub, die uns in die Augen flogen und unter den Hemdkragen krochen, waren ebenfalls nicht geeignet, die Stimmung zu heben.

»Ich habe irgendwo gelesen, dass sie in den Staaten und in Australien auf Traktoren montierbare Vorrichtungen verwenden, um die Mandeln von den Bäumen zu holen«, sagte Sandy, nachdem er seinen Stock zwanzig Minuten lang geschwungen hatte. »Das Gerät umfasst den Baumstamm und schüttelt ihn – so wird das dort gemacht. Die pfeifen auf dieses antiquierte Abschlagen mit einem Stock.« Er wischte sich den Schweiß von der Stirn und rieb seine Nackenmuskeln. »Pah! Prähistorisch ist das, was wir hier machen.«

Sandy hatte vollkommen Recht mit dem, was er über die Erntemethoden in der »Neuen Welt« sagte, doch er irrte sich, wenn er glaubte, die Bauern Mallorcas hinkten bei der Übernahme moderner Techniken hinterher. Allerdings waren sie bei der Modernisierung ihrer Ernteverfahren auf zwei Hindernisse gestoßen: Erstens waren in Ländern wie den Vereinigten Staaten und Australien besondere Sorten von Mandelbäumen gezüchtet worden, deren wichtigste Eigenschaft darin bestand, dass sie robust genug waren, um der groben

Behandlung durch die Erntemaschinen standzuhalten. Die traditionellen mallorquinischen Sorten mochten es hingegen einfach nicht, dass ihre Stämme von einer Maschine gepackt und gewaltsam gebeutelt wurden. Bei Feldversuchen auf der Insel hatte sich herausgestellt, dass die Wurzeln der Mandelbäume durch das Schütteln derart große Schäden erlitten, dass ebenjene Methode, die den Bauern das Leben erleichtern sollte, ihre Lebensgrundlage zu zerstören drohte. Zweitens wäre der Einsatz der Erntemaschinen auf Mallorca selbst dann, wenn die Bäume diese Behandlung verkraftet hätten, am schwierigen Gelände gescheitert, denn auf der Insel steht ein Großteil der Mandelhaine auf schmalen Bergterrassen. In der weiten Ebene im Herzen der Insel werden die für die maschinelle Ernte geeigneten Sorten möglicherweise eines Tages die heimischen Sorten ersetzen, aber auf kleinen Gebirgshöfen wie jenen in der Umgebung von Ca's Mayoral wird das Klappern der Bambusrohre so lange zu hören sein, wie dort Mandeln geerntet werden.

»Du kannst von Glück reden, dass wir uns nur um ein halbes Dutzend Mandelbäume kümmern müssen«, sagte ich und gab Sandy einen aufmunternd gemeinten Klaps auf den Rücken. »Du weißt zumindest, dass wir diese Arbeit an einem Tag erledigen werden.« Ich nickte zur Straße hinüber. »Stell dir vor, wir müssten so viele Mandeln ernten wie der alte Pep.«

Sein zustimmendes Grunzen sprach Bände. Aber ich wusste, wie ihm zumute war. Gleich wo man Landwirtschaft betreibt, sie bringt stets Aufgaben mit sich, für die man geboren sein muss. Die Schafzüchter, die ihre riesigen Herden in den glühenden Outbacks Australiens auf Motorrädern hüten, würden kaum Gefallen daran finden, ihren Platz mit einem einsamen Hirten zu tauschen, der versuchen muss, seine Mutterschafe an einem von Schneestürmen gepeitschten Berghang in den schottischen Highlands von ihren Lämmern zu entbinden. Und müsste der alte Pep versuchen, einen riesigen Dieseltraktor über ein vollkommen flaches Gerstenfeld zu steuern, das größer ist als sein ganzes Tal, so würde er sich ebenso fehl am Platz fühlen wie Sandy, der an meiner Seite in einem kleinen Mandelhain auf Mallorca einen Bambusstab wie ein Jedi-Schwert schwang. Doch für Peps anscheinend zeitlose Lebensart lief die Zeit ab. Die Tatsache, dass es im Tal keine jungen Männer mehr gab, die bereit waren, die *fincas* ihrer Familien zu bewirtschaften, sprach eine deutliche Sprache. Und als ich Sandy sah, wie er tapfer versuchte, sich einer von ihm zutreffend als antiquiert bezeichneten Arbeitsweise anzupassen, schien es mir noch unwahrscheinlicher, dass er bei uns in Ca's Mayoral bleiben würde. Möglicherweise war unser Traum, als stabile Familie ein neues Leben zu beginnen, von vornherein eine Illusion gewesen – so idyllisch dieser Ort, so angenehm das Klima und so beneidenswert das Leben auf dieser Insel aus der Entfernung auch erschienen haben mochten.

Ellie, die sich uns über das Feld näherte, kündigte eine willkommene Erholung von einer Arbeit an, die unerträglich zu werden drohte. Sie trug ein Tablett, auf dem ein großer Krug und drei Gläser standen. Bonny hüpfte aufgeregt neben ihr her, ein breites Grinsen im Gesicht, und in der für Boxer typischen Art schüttelte ihr Schwanzstummel den Körper bis zu den Schultern durch. Sie sah mit jener einzigartigen hündischen Mischung von Zufriedenheit, Vertrauen und Fröhlichkeit zu Ellie auf. Die beiden waren ein erfreulicher Anblick und sie hätten keinen günstigeren Augenblick für ihren Auftritt wählen können. Meine Stimmung hellte sich augenblicklich auf. Ellie hatte es sich zur Gewohnheit gemacht, in den heißen Sommermonaten einen Bikini mit einem locker herabhängenden Hemd darüber zu tragen. Unter dieser »Arbeitskleidung« schimmerte ihre Haut in einem gesunden Bronzeton, den sie dem freundlichen mediterranen Klima verdankte, das wir in unserem ersten Sommer im Tal genossen hatten. Ihr Lächeln verriet dieselbe Heiterkeit wie Bonnys Körpersprache, wenn Ellie ihre Gefühle auch nicht annähernd so überschwänglich zum Ausdruck brachte wie die Hündin. Wir hatten seit unserer Ankunft in Ca's Mayoral im vorangegangenen Winter genug Schwierigkeiten gehabt und ohne Zweifel würden wir in Zukunft noch viele weitere Prüfungen bestehen müssen. Doch das Bild des Glücks, das ich an diesem sonnigen Septembermorgen sah, als Ellie und Bonny zwischen den Obstbäumen auf uns zukamen, erinnerte mich daran, welches Glück wir hatten, ein Leben führen zu dürfen, von dem die meisten Menschen nur träumen konnten. Augenblicke wie dieser verscheuchten den Selbstzweifel aus meinen Gedanken. Wir würden es schaffen, davon war ich überzeugt.

»Hab euch eine Limonade gemacht!«, rief Ellie. »Ich habe gedacht, ihr hättet vielleicht gerne etwas, um euch ein bisschen abzukühlen.« Sie streckte die Hand aus und pflückte eine Zitrone von dem Baum, an dem sie gerade vorüberging. »Die hier werde ich in Scheiben schneiden und in die Gläser werfen. Frischer geht es nicht mehr.«

Wie Recht sie hatte! Und was für eine großartige Erfindung ein Zitronenbaum doch ist: Er liefert stetig reife Früchte und nährt gleichzeitig die nachwachsenden Zitronen, die ihren Platz einnehmen werden – sozusagen eine nicht endende Produktionsschleife. Ich betrachtete es bereits als selbstverständlich, mir am Abend einen Gin einzuschenken und ein paar Schritte in den Garten hinauszugehen, um eine Zitrone dazu zu pflücken. Es war fast so leicht, wie ein paar Eiswürfel aus dem Gefrierfach zu holen, und die Früchte gab es praktisch das ganze Jahr über. Ja, der Zitronenbaum war eine wunderbare Pflanze und obendrein schön anzusehen.

Jordi hatte mir erklärt, dass man, wenn man seinen Lieblingsbaum klonen wolle, lediglich einen kleinen Zweig abbrechen und umgekehrt, mit den Blättern in der Erde, einpflanzen musste. Schon nach kurzer Zeit würden an den Blattgründen Wurzeln aus dem Zweig wachsen, und bald hätte ich einen neuen Baum, der ebenso gute Früchte tragen werde wie seine Mutterpflanze. Anfangs hatte ich Jordi nicht geglaubt, sondern war der Meinung gewesen, dass er lediglich einen leichtgläubigen *extranjero* zum Besten halten wollte. Doch als ich ein paar alte Bauern, die ich im Agromarkt in Andratx kennen gelernt hatte, nach dieser Methode fragte, versicherten sie mir, dass er mich keineswegs auf den Arm genommen habe. Derselbe Trick funktioniere übrigens auch mit Feigenbäumen, erklärte mir einer der Alten.

»*Sí, sí, señor*«, sagte er mit einem weisen Kopfnicken,

»*cierto.*« Das sei absolut wahr, wiederholte er, denn er habe es selbst oft schon so gemacht. »*En serio!* Kein Scherz, *amigo!*«

Er wirkte aufrichtig. Aber irgendetwas sagte mir, dass ich trotz allem zum Besten gehalten wurde, und sosehr ich darauf brannte, das Verfahren selbst auszuprobieren, fürchtete ich mich doch davor, dass der alte Pep oder Maria genau in dem Moment, da ich einen Zitronenzweig verkehrt herum einpflanzte, den Kopf über die Mauer strecken würden. Ich würde meinen guten Ruf für alle Zeiten verlieren, sollte sich herausstellen, dass ich der erste arglose Trottel seit Menschengedenken war, der auf einen uralten mallorquinischen Witz hereingefallen war. Ich musste an jenen jungen Ingenieur denken, der an seinem ersten Arbeitstag von seinem erfahrenen Kollegen aufgefordert wurde, in den Laden zu gehen und einen Kübel S-H-eins (I)-T zu besorgen. Trotzdem war ich fasziniert von der Idee, und es dauerte nicht lange, bis sich mir die Gelegenheit bot, meine Neugierde zu befriedigen.

Margarita de Freitas Balmés, eine elegante und reizende Dame, war die Frau eines wohlhabenden Geschäftsmanns aus Palma und die Mutter von Carlos, der mit Charlie in eine Klasse ging. Sie bat uns gelegentlich, ihr frisches Obst mitzubringen, wenn wir unseren Sohn von der Schule abholten. Ich hatte nie gedacht, dass unsere Zitronen etwas Besonderes sein könnten, denn sie waren stets viel kleiner als jene, die die gut gepflegten Bäume der alten Maria trugen. Doch nachdem Margarita unsere Früchte zum ersten Mal probiert hatte, schwor sie, es seien trotz der bescheidenen Größe die saftigsten, die sie je gegessen habe. Dies war die Chance, auf die ich gewartet hatte. Ob sie nicht selbst gerne einen oder zwei Bäume hätte, die mit jenen identisch sein würden, von denen diese Zitronen stammten. Ich musste sie kein zweites Mal fragen. Als sie aber mit geradezu kindlicher Vertrauensseligkeit meine Erklärung des Tricks akzeptierte, mit dem ich die Bäume herbeizuzaubern gedachte, stiegen dunkle Vorahnungen in mir auf. Doch nachdem meine Impulsivität nun einmal die Oberhand über meine Vernunft gewonnen hatte, blieb mir nichts anderes übrig, als meinen Worten Zitronen folgen zu lassen.

Also pflanzte ich zwölf sorgsam ausgewählte kleine Zweige in Margaritas Garten, und um mich gegen meinen eigenen Mangel an Überzeugung zu versichern, erklärte ich ihr, dass mit einigem Glück eine von vier Pflanzen Wurzeln schlagen werde. Dies sei der Prozentsatz, von dem bei dieser Zuchtmethode auszugehen sei, versicherte ich ihr mit geheuchelter Zuversicht. Was Margarita nicht wusste, war, dass ich in den folgenden Wochen jedes Mal, wenn ich an ihrem unweit der Schule gelegenen Haus vorbeikam, über die Gartenmauer lugte und zu Mutter Natur betete, die aus dem Boden ragenden Zitronenholzstöckchen mögen endlich ein Lebenszeichen von sich geben. Aus Wochen wurden Monate, aber nichts spross, nicht eine einzige armselige Knospe. Margarita und ihre Familie verließen schließlich das Haus in Sant Agustí und zogen ans andere Ende von Palma, und obwohl wir einander in der Zwischenzeit einige Male auf dem Parkplatz vor der Schule begegneten, erwähnte sie nicht ein einziges Mal das ausgebliebene Zitronenwunder. Sie war einfach eine zu wohlerzogene spanische Dame, um mich mit der Nase auf diesen Fehlschlag zu stoßen, dachte ich. Und da ich selbst ein zu kleinmütiger schottischer Gentleman war, verzichtete ich darauf, sie zu fragen.

Ich versuchte, Jordis so genannte Klonmethode zu vergessen, doch wie immer siegte auch in diesem Fall schließlich meine Neugierde. Einige Monate nach Margaritas Umzug wagte ich es, einen letzten heimlichen Blick über die Gartenmauer zu werfen – und siehe da: An der Stelle, an der ich meine Zweige eingesetzt hatte, standen vier sehr gesund wirkende kleine Zitronenschösslinge. Es muss dazu gesagt werden, dass dort auch vier junge Orangenbäume wuchsen, weshalb ich die Möglichkeit in Erwägung ziehen musste, dass die neuen Hausbesitzer meine vor langer Zeit bei einem Kopfstand verstorbenen Zweige durch herkömmlich gezüchtete Bäumchen aus dem Gartenzentrum ersetzt hatten. Nun hätte ich einfach an der Tür klopfen und fragen können, doch ich zog es vor, das Ganze offen zu lassen, denn es bestand die – wenn auch geringe – Möglichkeit, dass meine Zitrus-Prozentrechnung am Ende doch aufgegangen war. Und vielleicht würde ich es in einer jener dunklen, mondlosen Nächte, die mich vor den Blicken neugieriger Nachbarn schützten, doch noch wagen, die Theorie in einem abgelegenen Winkel unseres Gartens zu prüfen.

Der Zufall wollte es, dass der Baum, von dem Ellie gerade die Zitrone gepflückt hatte, ebender war, dessen Zweige ich für das Experiment bei Margarita verwendet hatte. Ellie kicherte leise, als ich sie an die Geschichte erinnerte. Sogar Sandy setzte ein fröhlicheres

Gesicht auf, als er an die in seinen Augen unglaubliche Naivität seines Vaters dachte. Doch mir war das gleich. Ich war schon für viele andere unvermeidliche Fehler ausgelacht worden, die man begeht, wenn man sich in einem neuen Leben in einem neuen Land zurechtzufinden versucht. Damit muss man rechnen, und wenn man nicht imstande ist, die komische Seite der eigenen Fehlleistungen zu sehen, sollte man die Geborgenheit der vertrauten Umgebung gar nicht erst verlassen.

»Es lohnt sich vielleicht, die Frage einem der Lehrer vorzulegen, wenn du zur Landwirtschaftsschule gehst«, sagte ich zu Sandy. Dies war eine Gelegenheit, das Gespräch auf seine unmittelbaren Zukunftspläne zu bringen. »Man weiß ja nie, vielleicht ist an Jordis Trick doch etwas dran.«

Doch Sandy schluckte den Köder nicht. »Ja«, antwortete er mit einem verschlagenen Lächeln und ließ sich unter dem Mandelbaum nieder, den wir gerade aberntеten, »wie du weißt, kann man nie wissen.«

Ellie und ich gesellten uns zu ihm und setzten uns auf das große Netz, das wir uns von Pep geborgt hatten, um im löchrigen Schatten des Baums unsere hausgemachte Limonade zu schlürfen. Die Verwendung von Bambusstöcken für die Mandelernte mag veraltet sein, aber es hat etwas seltsam Beglückendes an sich, einer Arbeit nachzugehen, die seit Ewigkeiten auf dieselbe Art vollbracht wird. Es ist, als kehrte man in eine andere Zeit zurück. Als wir dort in unserem Obstgarten saßen, umfangen von der stillen Größe der umgebenden Berge, gab es keinen Hinweis darauf, dass wir am Ende des zwanzigsten Jahrhunderts lebten. Um diese Zeit am späten Vormittag waren die Traktoren auf den Feldern im Tal verstummt. Ihre Besitzer hatten sich auf den Heimweg in den Ort gemacht, wo das Mittagessen und eine wohlverdiente Siesta auf sie warteten. Es war nichts weiter zu hören als das Echo eines schläfrigen Vogelgesangs, das von den bewaldeten Berghängen herübergetragen wurde. Auf einer hinter den Pinien verborgenen *finca* bellte träge ein Hund und noch weiter oben im Tal krähte ein Zwerghahn. Nicht einmal das unverkennbare und oft störende Geräusch eines spanischen Zweitaktmopeds, das seinen Besitzer vom Feld ins Dorf zurückbrachte, störte die völlige Ruhe. Wäre in diesem Moment ein Trupp römischer Legionäre auf der Straße vorbeimarschiert, er wäre nicht fehl am Platz gewesen. Für einige Augenblicke stand die Zeit still, und wir hörten, sahen und rochen genau dasselbe wie die Menschen, die vor Jahrhunderten an diesem Ort gelebt hatten. Es war ein eigenartiges Gefühl, auf angenehme Art beinahe unheimlich und gleichzeitig vollkommen beruhigend. Ich hatte das Gefühl, mit der Natur im Einklang zu sein, in diese Umgebung eingebunden und in ihr geborgen zu sein.

Sandy musste dasselbe empfinden. »Als ich zum ersten Mal hier war, hatte ich keine Freude an alldem«, sagte er, wobei sein Blick über die in ordentlichen Reihen stehenden Bäume schweifte. Dann blinzelte er hinauf zu den Gipfeln der zerklüfteten Berge, die sich weit im Osten in den Himmel reckten. »Hatte keine Freude daran, von Bergen eingeschlossen und von Bäumen umringt zu sein. Ich empfand das als ein bisschen klaustrophobisch. Aber jetzt …« Er atmete tief ein, lehnte sich an den Baumstamm und schloss die Augen. »Na ja, ich muss zugeben, dass ist schon etwas

Besonderes.« Er öffnete ein Auge, blinzelte zu uns herüber und kicherte. »Vielleicht glaubt ihr mir nicht, aber ich habe diesen Platz tatsächlich vermisst, als ich zu Hau… ich meine, als ich in Schottland war.«

Ellie griff sofort auf, dass er sich korrigiert hatte. »Mehr, als du Schottland vermisst, wenn du hier bist?«, fragte sie.

Sandy antwortete mit einem wissenden Lächeln, sagte jedoch nichts. So saßen wir ein paar Minuten schweigend da, jeder in seine Gedanken versunken. Ich wusste, was Ellie durch den Kopf ging, aber es war immer noch unmöglich zu erraten, ob Sandy ihr sagen würde, was sie hören wollte.

»Mit denen da haben wir noch eine Menge Arbeit vor uns«, sagte ich nach einer Weile. Ich nahm eine Mandel und schälte sie. »Nachdem wir sie vom Baum geschlagen und eingesammelt haben, müssen wir jede Einzelne schälen.«

»Ein bisschen hart für die Finger«, bemerkte Sandy, als er selbst versucht hatte, eine Mandel zu schälen. »Dafür muss es doch eine Maschine geben, oder?«

»Mit Sicherheit«, sagte ich, »aber für uns dürfte es sich kaum lohnen, eine zu kaufen; nicht für die paar Säcke, die am Ende dabei rauskommen werden.«

»Trotzdem wird es eine Ewigkeit dauern, das von Hand zu machen.« Sandy legte die von der pelzigen Außenschale befreite Mandel auf einen Felsbrocken, nahm einen großen Stein, brach die innere Schale auf und warf sich den Kern in den Mund. »Ich hoffe, dass es sich wenigstens lohnt.«

Ich antwortete mit einem Schulterzucken, aber ich wusste, dass all die Arbeit, die wir uns mit der Ernte, dem Schälen, dem Trocknen an der Sonne und dem Verpacken machen würden, keinen nennenswerten finanziellen Ertrag bringen würde. Vermutlich war es eine Verschwendung von Zeit und Treibstoff, eine derart geringe Menge bis zur Mandelmühle in der Kooperative bei Consell zu bringen. Mallorcas international renommierter Mandelanbau würde kaum untergehen, wenn unser Beitrag zur Ernte ausblieb. Daher würden wir unseren Ertrag nicht mahlen oder an die Hersteller der köstlichen gezuckerten Mandeln verkaufen, die auf der Insel in großen Mengen verzehrt wurden, sondern wahrscheinlich einfach für den Eigenverbrauch im *almacén* lagern. Einen Teil der Früchte würden wir, wie den Großteil unserer Kakis, als Werbegeschenke verwenden. Wir hatten bereits gelernt, dass sich die trockenen Hülsen und Schalen sehr gut eigneten, um im Winter das Feuer zu entfachen, und es überrascht, wie viele Mandeln man essen kann, wenn sie frisch vom Baum kommen. Sandy hatte das gerade entdeckt. Die mallorquinischen Mandeln gelten zu Recht als ausgezeichnet, und nachdem wir die Mühe auf uns genommen hatten, sie zu ernten, konnten wir ohne das geringste Schuldgefühl selbst darüber herfallen, wann immer uns in den kommenden Monaten der Sinn danach stehen würde. Und in diesem Winter würde es uns gewiss nicht an Brennmaterial fehlen.

Sandy brach sich eine weitere Mandel auf. »Wusste gar nicht, wie gut die Dinger sind«, sagte er und leckte sich die Lippen. »Ich dachte immer, sie wären so staubtrocken wie die aus dem Laden. Aber die hier schmecken nicht nur toll, die sind ja beinahe saftig, sofern man dieses Wort für eine Nuss verwenden darf.«

»Na ja, wir werden wohl nie so reich sein wie Charlies Freunde, die millionenschweren O'Briens«, bemerkte Ellie treffend, »aber auch das Leben auf einer kleinen *finca* wie dieser hier hat einiges für sich – so einfach diese Freuden auch sein mögen.«

»Darauf will ich eine Mandel nehmen«, antwortete Sandy. Wenn er Ellies nicht allzu subtile Anregung verstanden hatte, so hatte er doch offensichtlich nicht vor, näher darauf einzugehen.

»Wih-ep!«, schallte es vom Tor, wo der alte Pep stand und uns zuwinkte. »*Oy*, Sandii!«, rief er. »He, wie steht's, *muchacho*?« Ein kratziges Kichern drang durch die Stille des Vormittags herüber. »*Benvinguts!*«, brüllte er fröhlich. »Willkommen daheim!« Mit diesen Worten winkte er Sandy zu sich. »Ich muss dich um einen Gefallen bitten, *tío*.«

Sandys Gesicht hellte sich auf. Seit dem Tag, an dem Pep sein Geschick am Steuer unseres kleinen Barbieri-Traktors gelobt hatte, war Sandy ein großer Fan unseres bärbeißigen alten Nachbarn. Trotz der Generationen und der technologischen Kluft, die zwischen ihnen lagen, schienen sie große Achtung füreinander zu empfinden, was bei Menschen, die die Liebe zum Land teilen, nicht ungewöhnlich ist. Pep zeigte ganz offen, dass er sich freute, ein wenig frisches Blut im Tal zu sehen, selbst wenn es aus einem fernen Land kam, dessen landwirtschaftliche Methoden und Bräuche sich von denen seiner Heimat unterschieden.

Mit einem entzückten Grinsen erhob sich Sandy und ging zum Tor, um seinen alten Freund zu begrüßen. Wir konnten nicht hören, worüber sie sprachen, aber wir konnten sehen, dass Pep wilde Handbewegungen machte und mit dem Finger in verschiedene Richtungen zeigte. Sandy hörte offensichtlich genau zu und nickte hin und wieder, wobei gelegentlich ein zufriedenes Lächeln um seinen Mund spielte.

»*Va bé!*«, rief Pep schließlich und gab Sandy einen herzlichen Klaps auf die Schulter. »*De acuerdo!* Wir sind uns also einig, *sí?*«

Sandy nickte erneut zustimmend, diesmal sehr nachdrücklich. Pep schlug ihm erneut auf die Schulter und machte sich in seinem an John Wayne erinnernden wiegenden Gang auf den Heimweg. Sandy grinste immer noch von einem Ohr zum anderen, als er sich wieder zu uns auf das Erntenetz setzte.

»Also gut«, seufzte er, »damit ist es wohl entschieden.«

»Damit ist was entschieden?« In Ellies Gesichtsausdruck mischten sich aufgeregte Vorfreude und instinktive Vorahnungen.

»Ob ich hier bleiben oder nach Schottland zurückkehren werde.«

»Und?«

Er habe vor einem echten Dilemma gestanden, erklärte Sandy, doch nun war er offensichtlich erleichtert, da eine Lösung für das Problem in Sicht sei. Sosehr es ihm auch gefallen hatte, in den letzten zwei Wochen in der alten Heimat in vertrauter Umgebung und mit bekannten Leuten mit den besten und modernsten Geräten zu arbeiten, war es ihm nicht gelungen, den quälenden Gedanken abzuschütteln, dass wir noch eine Menge Arbeit vor uns hatten, um aus Ca's Mayoral wieder jenen vorbildlichen Hof zu machen, der es einst gewesen war. Er wusste, dass Ellie und mir sehr viel daran lag, dieses Vorhaben zu verwirklichen. Wir würden alle Hilfe benötigen, die wir bekommen konnten, und er würde uns nur zu bereitwillig unterstützen. Doch ihm war auch klar, dass wir für den Unterhalt der Familie unsere finanziellen Mittel vollkommen ausschöpfen müssten, während wir alle erforderlichen Modernisierungen auf dem Hof vornahmen. Würde er hingegen jetzt nach Schottland gehen, um dort die landwirtschaftliche Fachschule zu besuchen, hätten wir zumindest ein Maul weniger zu füttern und er würde sich mit Wochenendarbeiten auf einem der großen Güter in der alten Heimat ein wenig Geld verdienen.

»Du wirst also zurückgehen?«, fragte Ellie, doch es handelte sich eher um eine Feststellung.

»Na ja, ich hatte mich mehr oder weniger dazu entschieden … bis eben.«

»Du wirst also bleiben?«, zwitscherte Ellie. Ihre Gefühle rauschten schneller hoch und runter als die Schlüpfer einer Hure in Palma, wenn die Flotte im Hafen vor Anker liegt (um einen von Peps bunteren Vergleichen zu bemühen).

Sandy zuckte mit den Schultern. »Sieht so aus, als hätte Pep schon alles geplant«, sagte er mit einem erleichterten Gesichtsausdruck, in den sich ein Anflug von Resignation mischte. »Er sagt, er wird im Winter ein wenig Hilfe beim Pflügen und Aussäen brauchen. Das Bein macht ihm zu schaffen – eine alte Kriegsverletzung oder etwas in der Art.«

»Und er wird dich bezahlen?«, fragte Ellie, die nie vergaß, ein geschäftliches Angebot genau zu prüfen.

»Ja. Und was noch besser ist: Er denkt, dass ich ähnliche Arbeiten für einige der alten Bauern in der Gegend machen kann. Alte Kerle, die nicht mehr fit genug sind, ihre Maultiere anzutreiben. Leute, deren Söhne vor Jahren ihre Siebensachen gepackt haben. Er meint, ich könnte eine Art von Ertragsteilung mit ihnen vereinbaren – sie werden mir einen Teil der Ernte geben, etwas in der Richtung.«

»Einen Moment – du willst mir sagen, dass du mit einem *Maultier* arbeiten wirst?« Ich konnte ein Kichern nicht unterdrücken. »Na ja, die alte Maria wird entzückt sein.«

»Sehr witzig!«, schnaubte Sandy. »Nee, das Einzige, was ich brauche, ist deine Zustimmung, mir den kleinen Barbieri für die kleineren Felder zu borgen. Pep sagt, ich kann für die größeren Arbeiten seinen alten Fordson nehmen. Zugegeben, das ist ein gewaltiger Rückschritt gegenüber den Supermaschinen, mit denen ich in letzter Zeit gearbeitet habe, aber zumindest sichert mir das bis zum Frühjahr ein Einkommen. Bis dahin werden wir hier einen Großteil der wichtigen Arbeiten erledigt haben, und dann werden wir sehen, wie es weitergehen soll.«

»Und die Schule?«, forschte Ellie nach, die sich plötzlich mehr Gedanken über Sandys Ausbildung als darüber machte, wie sie ihn unter ihren Fittichen halten konnte. »Was wird jetzt aus der Landwirtschaftsschule? Du wirst doch nicht auf diese Chance verzichten wollen, oder?«

»Alles im Lot, Mum.« Sandy zwinkerte seiner Mutter beruhigend zu. »Ich hab mit dem Direktor gesprochen, als ich in Schottland war. Er hatte vollstes Verständnis. Ich kann entweder dieses Jahr anfangen

– dann müsste ich nächste Woche nach Schottland zurück – oder mich ein Jahr beurlauben lassen und mich in zwölf Monaten in den nächsten Kurs einschreiben, wenn mir dann noch der Sinn danach steht. Er hat kein Problem damit. Viele Jungs steigen für ein Jahr aus, um nach Australien oder anderswohin zu gehen, also was soll's?«

Zu Bonnys Entzücken und Sandys Entsetzen sprang Ellie auf und schloss ihn in die Arme. »Willkommen daheim«, sagte sie strahlend. »Und dem alten Pep schulde ich auch einen dicken Kuss.«

»Eher ihm als mir«, stieß Sandy hervor und versuchte, sich den Armen seiner Mutter zu entwinden.

»Und eher du als ich, Ellie«, warf ich ein. »Ich an deiner Stelle würde es mir zweimal überlegen, Pep einen Kuss zu geben – vor allem, wenn er gerade nach Knoblauch riecht.«

»Was meinst du?«

»Das ist eine lange Geschichte. Aber im Moment nicht so wichtig. Diese Neuigkeiten müssen jedenfalls gefeiert werden. Wo soll das Fest stattfinden? Du entscheidest, Sandy.«

Doch wie Ellie uns verriet, brauchten wir uns darüber keine Gedanken zu machen. Colleen O'Brien hatte vorhin angerufen und es war bereits für alles gesorgt. Am Abend würde eine große Einweihungsparty in ihrem Haus stattfinden, und da wir ohnehin hinüberfahren mussten, um Charlie abzuholen, hatte Colleen uns herzlich zu der »Fete« eingeladen. Und wie die eingefleischte Lebefrau angekündigt hatte, würde es ein denkwürdiger Abend werden – sofern wir uns nachher an irgendetwas erinnern könnten.

Das Leben in Ca's Mayoral hatte dank zweier Menschen, die an entgegengesetzten Enden der sozialen Skala lebten, plötzlich wieder eine Wende zum Besseren genommen. Selbst die verbleibende Mühsal unserer ersten Mandelernte auf Mallorca fiel uns leicht, denn sie wurde begleitet von einer fröhlichen Melodie, die Sandy pfiff, während er seinen Rohrstock schwang – auch wenn es eine schottische Melodie war.

Sieben

# Wenn man sich auf einen fernen Planeten wünscht

An diesem Tag wurde ich zweimal an den Film *Krieg der Sterne* erinnert. Als ich Sandy zusah, der mit einem Stock auf die Mandeln einschlug, musste ich an einen mit seinem Laserschwert fechtenden Jedi-Ritter denken. Am Abend dann kam mir der Film erneut in den Sinn, als wir bei der Party der O'Briens eintrafen – und diesmal war der Vergleich noch um einiges treffender. Es war, als beträten wir jene Bar auf einem fernen Planeten, in der sich im Film alle möglichen seltsamen Kreaturen tummeln – einige auf komische Art anziehend, andere verdächtig zurückhaltend, viele erheiternd bizarr, einige wenige bedrohlich finster –, alle zusammen eine faszinierende Mischung außerirdischer Lebensformen darstellend. So seltsam in etwa war die

Runde im Haus der O'Briens – vor allem, wenn man bedenkt, dass es sich nicht um ein Kostümfest handelte und keiner der Gäste von einem anderen Planeten stammte. Dies hier waren zweifellos irdische Wesen, und bis auf wenige Ausnahmen waren es Ausländer, die es anscheinend genossen, jener mallorquinischen Clique anzugehören, die das schöne Leben für sich gepachtet hatte.

»Hier wimmelt es von oberflächlichen, großspurigen Wichsern, Alter.« Jock Burns hielt ein Cocktailglas in der Hand, aus dem ein kleiner tropischer Regenwald zu wachsen schien, und in diesem Dschungel wiederum steckten ein Papierschirmchen und ein knallbunter, an das Ringelschwänzchen eines Schweins erinnernder Strohhalm. »Plastikmenschen. Ein Haufen Möchtegern-Dolce-Vita-Spezialisten, Pseudojetsetter und angebliche Millionäre, von denen viele nicht einmal einen Pisspott besitzen. Dieselbe Versammlung siehst du hier bei allen Partys, auf denen man sich kostenlos besaufen kann. Aye, das hier ist nichts weiter als ein Haufen heuchlerischer Schmarotzer.«

Bei diesen Worten rauschte eine ältliche Frau mit runzliger brauner Haut und wasserstoffblondem Haar vorbei, die einen Zwergpudel auf dem Arm und genug protzigen Schmuck trug, um den Weihnachtsbaum vor einem Rathaus damit zu behängen. Ihr Make-up wirkte, als wäre es mit einer Spachtel auf ihr tiefbraunes Gesicht aufgetragen worden, und ihr eng anliegender fleischfarbener Catsuit war derart freizügig, dass jede Frau, die nur einen Bruchteil ihres Alters auf dem Buckel, jedoch alle Sinne beieinander hatte, es sich gut überlegt hätte, so etwas in der Öffentlichkeit zu tragen, denn es bestand die reale Gefahr, in diesem Aufzug wegen Erregung öffentlichen Ärgernisses verhaftet zu werden.

»Hallo, Babs, Schätzchen!«, rief Jock ihr nach, wobei er seinen schottischen Akzent mühelos durch das wohlklingende Ostküstenamerikanisch ersetzte. Als sie sich ihm zuwandte, breitete er die Arme aus und musterte sie von Kopf bis Fuß. »Wow, Babe, wenn das kein Anblick ist, um müde Augen munter zu machen! Jedes Mal wenn ich dich sehe, bist du ein bisschen jünger. Wie machst du das, Darling? Wun-der-bar!«

Er schloss sie in die Arme und hauchte die üblichen Küsse neben beide Wangen in die Luft. Der Pudel knurrte ihn an und bleckte die Zähne. Jock stellte uns die Frau als eine der größten Hollywood-Schauspielerinnen aller Zeiten vor, eine Bezeichnung, die Babs mit einem beiläufigen Schulterzucken akzeptierte, bevor sie sich weiter durch die Menge drängte, ohne uns auch nur eines einzigen Wortes gewürdigt zu haben.

Ellie war sichtlich unbeeindruckt. »Ich habe noch nie von ihr gehört«, sagte sie zu Jock. »In welchen Filmen hat sie mitgespielt?«

»Alles Mist, Kleine«, antwortete Jock, der nun wieder in seinen natürlichen schottischen Akzent wechselte. »Mit dem Hollywood-Schwindel futtert sie hier seit vierzig Jahren gratis. Die hat vielleicht mal 'ne Rolle in einem Werbespot für Durchfalltabletten gehabt.« Er deutete hinüber zu der Diva, die gerade in ein theatralisches Gespräch mit einer anderen schrill gekleideten Frau vertieft war, wobei ihr Blick unentwegt nach einer in der Nahrungskette höher stehenden und damit gewinnträchtigeren Person suchte. »Seht sie euch doch nur mal an – die hat sich das Gesicht wer weiß wie oft liften lassen. Und trotzdem hat sie mehr Falten im Gesicht als ein Elefant am Arsch.« Als sich ihre Blicke unvermutet trafen, lächelte Jock süß und schickte ihr einen Kuss. »Abgehalfterte alte Schnorrerin«, murmelte er zwischen den Zähnen.

Wir hatten die Terrasse mit dem Swimmingpool betreten, wo es von Leuten mit ähnlichem Aussehen wimmelte. Bei den weiblichen Gästen handelte es sich überwiegend um alte Weiber, die jugendlich zu wirken versuchten, und viele der Männer trugen die Hemden fast bis zum Bauchnabel offen, um ihre mit Ketten behängte behaarte Brust zur Schau zu stellen. Die meisten Gäste machten es wie der angebliche Hollywood-Star und unterhielten sich mit einer Person, während sie gleichzeitig die Umgebung nach einem lohnenswerteren Gesprächsopfer absuchten. Um dieses Bild der von sich selbst eingenommen Angeberei abzurunden, baumelte von diesen Körpern so viel Gold, dass man das Schaufenster eines Juweliers damit hätte bestücken können.

Doch eine Person ragte aus der Menge heraus: Obwohl Ellie das Talent besaß, sich für jede Gelegenheit passend zurechtzumachen, sah man ihr an, dass sie einfach sie selbst war, ohne sich zu bemühen, irgendjemanden in den Schatten zu stellen. Sie hatte einfach Klasse – auf eine klassische Art. Ich selbst hatte nicht mehr tun können, als eine noch nie getragene weiße Hose anzuziehen, die mir Ellie vor Jahren für einen Urlaub in Spanien gekauft hatte, und diese mit einem weißen Hemd und einem Paar weißer Schuhe desselben Jahrgangs zu kombinieren. Und obwohl ich mich in diesem ungewohnten Aufzug ein wenig unsicher fühlte, hatte ich den Eindruck, meine Sache für jemanden, der nichts von den Launen der Mode verstand und auch kein Interesse daran hatte, gar nicht so schlecht gemacht zu haben.

Vom Haus drang Colleen O'Briens schnatterndes Gelächter herüber. Die großen Flügeltüren flogen auf und gaben den Blick auf das Innere des Hauses frei, in dem es von noch mehr Menschen wimmelte, die sehen und gesehen werden wollten. Eine Riege förmlich gekleideter Kellner bahnte sich ihren Weg durch die Menge, um leere Champagnerflöten durch gefüllte zu ersetzen oder den Gästen schmackhafte Häppchen auf silbernen Tabletts anzubieten.

»Probier mal den Schampus und schlag zu, Alter«, forderte mich Jock auf und winkte ein paar Kellner herbei. »Du auch, Ellie. Komm schon, Sandy – schlagt euch den Bauch voll, bevor dieser Haufen von Tölpeln alles aufgefressen hat.« Noch während er uns vor der angeblich verfressenen Konkurrenz warnte, verschwanden drei Kaviarbrötchen in seinem Mund. »Muss mich mal aus dem Staub machen«, sagte er und rülpste. »Muss ein bisschen schleimen gehen, wenn ihr versteht, was ich meine.« Er stieß mich mit dem Ellbogen in die Rippen. »Übrigens die einzige Möglichkeit, auf dieser Insel durchzukommen. Musst Kontakte zu diesen auf Freibier spezialisierten Gaunern knüpfen. Also misch dich unters Volk, Junge. Mach ein paar Kontakte. Rück ein paar Kisten Orangen oder was immer raus.« Er drehte sich um und steuerte auf das Getümmel zu, hielt dann jedoch noch einmal inne und brüllte mir über die Schulter zu: »Und schlag dir den Bauch schön mit Fraß und Gesöff voll!«

Zunächst taten wir jedoch nichts anderes, als zu gaffen und zu versuchen, den Anblick dieser Szene zu verdauen. In meiner Zeit als professioneller Jazzmusiker und in den Jahren, in denen ich versucht hatte, die Plattenproduktion mit der Landwirtschaft zu verbinden, war ich bei ungezählten Presseempfängen und Promotionpartys gewesen, bei denen ich oft großen Namen aus dem Showbusiness begegnet war, die stets bemüht waren, Glamour zu verbreiten. Aber ich war noch nie Zeuge eines derart lärmenden Rummels gewesen. Vielleicht lag es an der Szenerie – ein herrschaftlicher Landsitz, der einem Filmstar gut zu Gesicht gestanden hätte und in dem auf kein protziges Detail verzichtet worden war, der riesige, exzentrisch geformte Swimmingpool mit Unterwasserbeleuchtung und Palmen im Hintergrund, die luxuriöse Fassade des Hauses, die von verborgenen Strahlern in ein warmes Licht getaucht wurde, der samtschwarze Himmel über dem Mittelmeer, das verglichen mit dem Rummelplatzgeglitzer hier unten seltsam gedämpfte Sternenlicht. Und dann war da natürlich die warme, sanft die Haut streichelnde mallorquinische Nachtluft, deren natürlicher Liebreiz jedoch von einem Übermaß aufdringlicher Parfums und Rasierwasser erstickt wurde. Das unweit gegen die Felsen brandende Meer und das nächtliche Zirpen der Grillen wurde vom Stimmengewirr und den schrillen Misstönen von Richard-Clayderman-Musik übertönt, die über die Lautsprecheranlage des Hauses in jeden Winkel des Grundstücks übertragen wurde.

»Lasst uns Charlie suchen und rasch nach Ca's Mayoral zurückfahren«, sagte Sandy und zog eine Grimasse. »Ich sitze lieber im *almacén* und schäle die ganze Nacht Mandeln, als hier zu bleiben. Das ist einfach unwirklich – falsch – nichts für mich.«

Tatsächlich wirkte die Szene künstlich. Doch für Colleen O'Brien war dies das wahre Mallorca. Dies war das Leben auf der Insel, das ihr verlockend erschien, derart verlockend, dass sie so weit ging, diese verschwenderische Party zu schmeißen, um zu feiern, dass sie Teil dieses Lebens sein durfte. Damit nicht genug, wollte sie die Königin des Abends sein. Wir konnten sehen, wie sie über die weite Treppe vom Haus herunterkam. Sie genoss es offenkundig, ihre Untertanen mit ihrer Gunst zu überhäufen, und schwelgte im Glanz dessen, was sie zweifellos für den Neid erweckenden Ausdruck ihres Überflusses hielt. Dabei konnte sie, wenn wir nach dem gingen, was wir bereits von ihr kennen gelernt hatten, auch bodenständig und, um es mit ihren eigenen Worten zu sagen, »stinknormal« und unprätentiös sein. Col O'Brien war wahrhaftig ein Rätsel und zweifellos eine liebenswerte Person. Sie war eine Frau, die das Herz auf der Zunge trug, die Dinge beim Namen nannte und mit einiger Sicherheit nicht nur die grelle Ausgeflipptheit in Person, sondern auch ein gutherziger Mensch war. Wie dem auch sei, die Höflichkeit gebot uns, zumindest eine angemessene Zeit auf ihrer Party zu bleiben. Das erklärte ich Sandy, der es widerwillig einsah.

In diesem Augenblick sah Col uns und kam schnurstracks durch das Gedränge auf uns zu, wobei sie auf dem Weg alle Grüße mit einigen beiseite gesprochenen Worten beantwortete, die, nach den von ihnen ausgelösten Explosionen fassungsloser Ausgelassenheit zu urteilen, zur Sorte der taktlosen Freundlichkeiten zu zählen waren. Queen Colleen war in ihrem Element. Um jeden noch so exzentrisch gekleideten weiblichen Gast in den Schatten zu stellen, hatte sie sich in einen fließenden Kaftan aus Goldlamé gehüllt, verziert durch eine psychedelische Version eines Snakes-and-Ladders-Brettspiels, wobei die Figuren von komisch angeordneten farbigen Ziermünzen gebildet wurden. Ihre gewohnte Bienenstockfrisur war in eine Carmen-Miranda-Kreation exotischer Früchte gezwängt, mit deren Ertrag ein durchschnittlicher Marktstandbesitzer in den Ruhestand hätte gehen können.

»Heilige Mutta Gottes! Wo zum Teufel habt ihr den denn versteckt gehabt?«, stieß sie hervor, wobei sie Sandy einen anerkennenden Blick zuwarf. »Das kann unmöglich der hässliche große Bruder sein, der unsrem kleinen Charlie das Leben zur Hölle macht!« Nachdem wir die erforderlichen Erklärungen abgegeben hatten, sprudelte sie hervor: »Ich hab da 'ne nette junge Lady im Haus, die dich sicher gern kennen lernen würde, Schätzchen. Wo du doch so 'n hübscher Kerl bist.« Sie hakte sich bei Sandy ein und schickte sich an, ihn wegzuschleppen, wobei sie Ellie gut hörbar zuflüsterte: »Ich kann Ihnen sagen, meine Liebe, wenn ich 'n paar Jährchen jünger wär, würd ich mir den hier selbst untern Nagel reißen, darauf könn Se aber Gift nehmen!«

Sandy fühlte sich verpflichtet, einen nicht allzu energischen Widerwillen an den Tag zu legen, und verschwand mit Col in Richtung des Hauses. So standen Ellie und ich wieder blöd gaffend da, obwohl wir diesmal einen ganz anderen Grund dafür hatten.

»Seit wann ist Sandy ein hübscher Kerl?«, fragte ich, vollkommen verblüfft über das, was ich gerade gesehen und gehört hatte.

»Nun, das *ist* er – er ist ein sehr gut aussehender junger Mann«, antwortete Ellie. »Du hast einfach nicht bemerkt, dass er, na ja … dass er erwachsen geworden ist.«

»Aber er wirkt doch nicht wie ein Casanova – er flirtet ja nicht einmal und nichts dergleichen. Ganz im Gegenteil. Und plötzlich taucht Col O'Brien auf, eine erwachsene Frau, und wird völlig hysterisch bei seinem Anblick. Ich meine, er hat ja noch nicht einmal eine Freundin gehabt.«

»Nicht soweit wir wissen, aber das hat nichts zu sagen.« Ellie kicherte wissend. »Unser Sandy legt seine Karten nicht auf den Tisch. Hmm, und du weißt, was man über die stillen Wasser sagt.« Sie zwinkerte viel sagend und gab mir einen Stups. »Wie dem auch sei, es hat keinen Sinn, hier herumzustehen wie bestellt und nicht abgeholt, während die Jungs ihren Spaß haben. Komm schon, tun wir, was uns der weise Mann geraten hat. Mischen wir uns unters Volk, Alter!«

Der erste Eindruck kann täuschen. Normalerweise traue ich ihm, aber bei dieser Gelegenheit musste ich schließlich eingestehen, dass meine Annahme, sämtliche Gäste der O'Briens seien oberflächliche, nur auf den äußeren Anschein bedachte Kriecher, ein wenig voreilig gewesen war. Ich hatte angenommen, sie hätten allesamt nichts anderes im Sinn, als einander in der Zurschaustellung ihres Reichtums zu überbieten und mit Statussymbolen zu protzen. Doch während viele dieser Leute wahrscheinlich genau dieser Kategorie zugerechnet werden mussten (einer Kategorie, der in bestimmten spanischen Ferienorten vorwiegend Auslandsbürger angehören), begegneten wir durchaus auch bescheideneren Personen. Diese Leute bildeten eine Enklave der Normalität inmitten dieses Meers aus Eitelkeit und Prahlerei. Jock Burns' Frau Meg, die sich durch ein überschäumendes Wesen auszeichnet, half uns, diese Leute kennen zu lernen.

»Hallo, meine Täubchen!«, flötete sie im höchsten Ton, den sie hervorbringen konnte, und brachte das Grüppchen von Gästen, durch das sie sich ihren Weg bahnte, für einen Augenblick zum Schweigen. Ihre Augen glitzerten wie frisch gefüllte Champagnergläser, und auf ihrem hübschen Gesicht breitete sich jenes ansteckende Lächeln aus, das ihr augenblicklich die Zuneigung fast aller Menschen sicherte, die ihr begegneten. Doch der eigentliche Schlüssel zu Megs Beliebtheit bei Menschen aus verschiedensten Kulturen und sozialen Schichten war ihre Persönlichkeit. Sie war ein wandelndes Gekicher, ein gut gepolstertes Bündel Fröhlichkeit. Wie üblich war sie auch an diesem Abend leger und zugleich modisch in wallende Kleidung gehüllt, die auffälligen Schick mit Bequemlichkeit verband. Wie Jock war auch sie Speis und Trank sehr zugetan, und wenn sie sich ins Vergnügen stürzte, achtete sie stets darauf, auf den Verzehr beachtlicher Mengen fester und flüssiger Nahrungsmengen vorbereitet zu sein. Und sie war eine ausgezeichnete Quelle für Informationen über, wie es uns schien, fast jedermann auf Mallorca. In Megs Friseursalon in einem westlichen Vorort von Palma ließ man sich nicht einfach nur die

Haare schneiden. Er war ein Treffpunkt für Freunde und Fremde, ein Hexenkessel, in dem vergnüglich Gerüchte gekocht wurden. Stunde für Stunde, Tag für Tag, Jahr für Jahr wurden dort »im Vertrauen« brandheiße Nachrichten verbreitet und im Vorübergehen skandalöse Meldungen ausgetauscht. Und wie die meisten Friseure, die diesen Namen verdienen, besaß Meg ein scharfes Gehör. Man musste ihr zugute halten, dass ihr schottischer Akzent auch fast zwanzig Jahre nachdem sie ihren Geburtsort Leith, dem Hafen von Edinburgh, verlassen hatte, noch deutlich zu hören war. Sie hatte nichts übrig für die affektierte Ausdrucksweise und das gezierte Getue der leichter zu beeinflussenden Auswanderer. Meg nahm man so, wie sie war, oder man rutschte ihr den Buckel runter.

»Seht ihr den dünnen kleinen Kotzbrocken dort?«, murmelte sie. Während sie uns Richtung Haus schob, lenkte sie unsere Aufmerksamkeit auf eine Gruppe von Leuten, die beim Pool standen. »Behauptet, ein ehemaliger Jockey zu sein. Sagt, er sei Ire, dabei ist er so englisch wie Kutteln mit Zwiebeln. Ja, und Kutteln ist das bezeichnende Wort. Der ist mindestens sechzig und versucht, aller Welt einzureden, er sei halb so alt. Eitler kleiner Bastard. Ehrlich, wäre der aus Schokolade, würde er sich selbst essen!« Meg erzählte uns, dieser Mann habe, als er vor ein paar Jahren in Mallorca angekommen sei, »nichts außer einem großen Ego« mitgebracht. »Hat seine Krallen in eine alte Henne mit Säcken voller Knete geschlagen«, fuhr sie fort. »Eine meiner Kundinnen, Big Lil alias Lamplight Lili. Hatte ein Vermögen von ihrem Vater geerbt, der in

Kondomautomaten machte. Es heißt, er sei in ihrer alten Heimat nebenbei auch der König der Zuhälter gewesen – ein ganzes Netz von Puffs und so weiter. Wie dem auch sei, ich habe gehört, dass der angebliche Exjockey – er behauptet, sein Name sei Tim McCoy – in Wahrheit ein ehemaliger Safeknacker aus Liverpool ist. Verpfiff seine Kumpane, um seinen eigenen Hintern zu retten, bevor er die alte Krähe vom Himmel holte. Er kriegt übrigens Feuer unterm Arsch, sollten sie ihn je finden, wenn sie aus dem Knast kommen.«

»Aber in der Zwischenzeit lebt er im Luxus mit der alten Erbin des Seximperiums, nicht wahr?«, fragte Ellie, die unbedingt so viele pikante Details wie möglich hören wollte.

»Nee, nee, Schätzchen! Er ist sie vor ein paar Monaten losgeworden. Offiziell stürzte sie vom Balkon ihres Penthouse-Appartements in der Bucht von Palma. Zwölf Stockwerke tief.« Meg schüttelte den Kopf und machte ein ungläubiges Gesicht. »Ja, ja – und ich bin die Reinkarnation von Audrey Hepburn.«

Ich war schockiert. »Du meinst … willst du damit sagen, dass er sie – *gestoßen* hat?«

Aus Megs Miene sprachen Überdruss und Resignation. »Sagen wir es so, Pedro«, seufzte sie, »die alte Krähe war keine Schönheit, verstehst du? Trank wie ein Riesenhai und hatte ein Temperament wie ein Schimpanse, dem seine Banane geklaut worden ist. Aber angeblich hatte sie ein paar Millionen Dollar auf einem Schweizer Bankkonto deponiert. Und sie war dumm genug, ihrem Spielgefährten Tim zu versprechen, ihm all das zu hinterlassen. Es passierte nachts, als sie völlig weggetreten war, nachdem sie bei einer

Party in ihrem Haus den Großteil einer Flasche *Larios*-Gin gekippt hatte. Ich war dabei. Ich *hörte* es!«

»Aber das beweist nicht, dass der Kerl sie vom Balkon gestoßen hat.«

Der ungläubige Blick, den mir Meg zuwarf, ließ wenig Zweifel daran, dass sie der Meinung war, ich sei nicht ganz richtig im Kopf. »Ja klar, und was wird dir der Weihnachtsmann dieses Jahr bringen?«, fragte sie spöttisch, bevor sie ihren Bericht über Tim McCoy mit der Information abschloss, dass er nicht derjenige sei, der zuletzt gelacht habe. Die alte Lili, die letzten Endes doch nicht so dumm gewesen war, wie alle geglaubt hatten, hatte ihren gesamten Besitz in einem wahren Schelmenstreich zwei sehr passend gewählten wohltätigen Einrichtungen vermacht – einem Heim für ehemalige Prostituierte und einem Refugium für alternde Rennpferde. Daher hielt Tim nun Ausschau nach einer anderen einsamen alten Dame, die mehr Geld als Verstand besaß. »Gibt es übrigens haufenweise auf dieser Insel«, versicherte uns Meg. Damit ging sie zu einer Analyse der Herkunft, des Charakters und der finanziellen Lage ausgewählter Gäste über, die ihr ins Auge fielen, während wir uns langsam die Treppen hinaufkämpften und in die überfüllte Empfangshalle vordrangen.

Allem Anschein nach entsprach die Gästeliste der O'Briens einem Querschnitt der englischsprachigen Gemeinde in Spanien, wobei allerdings den bunten und mysteriösen Exemplaren Vorrang gegeben worden war. Meg hatte über jeden einzelnen Gast eine Geschichte zu erzählen. In der Gesellschaft solcher Leute, riet sie uns, müsse man »immer am Ball bleiben«, womit sie uns sagen wollte, dass wir Augen und Ohren offen halten sollten. Dann hob sie an zu einigen nur für unsere Ohren bestimmten verbalen Mordanschlägen auf ausgewählte Opfer, die das Pech hatten, ihr ins Auge zu fallen.

Da war dieser sanfte Mann im rosafarbenen Anzug mit dem breiten Cockney-Akzent und den Chamäleonaugen, die unentwegt wie Suchscheinwerfer über die versammelte Gesellschaft wanderten. Ein weiterer Jäger, wie uns Meg versicherte, ein selbsternannter internationaler Finanzberater, der all jenen, die bereit waren, ihm ihr Geld anzuvertrauen, wortgewandt riesige Gewinne versprach. Meg wusste von mehreren gierigen Seelen, denen er bereits Ersparnisse aus der Tasche gezogen hatte, die zu verlieren sie sich bei Lichte betrachtet nicht leisten konnten. Und Megs Misstrauen diesem komischen Vogel gegenüber wurde nicht geringer dadurch, dass in ihrem Salon zudem das Gerücht ging, er sei ein Bigamist.

»Im Moment lebt er mit zwei Frauen zusammen«, verriet sie uns. »Mit seiner derzeitigen Frau und dem ehemaligen Kindermädchen, das seine *spirituelle* Betreuerin geworden ist, wie er angeblich einer meiner Kundinnen anvertraut hat. Ein eigenartiges Gespann ist das. Merkt euch meine Worte: Sobald der genug Geld von ein paar Vollidioten eingesackt hat, wird er auf der Suche nach neuen Jagdgründen ebenso schnell und geheimnisvoll von der Insel verschwinden, wie er aufgetaucht ist.«

Dann waren da die beiden homosexuellen Installateure, die sich im schimmernden Licht eines der beiden Valentino-Kronleuchter mit maßlos übertriebenem weibischem Gehabe vor einer Gruppe gackernder Damen produzierten.

»Die *Scheichs der Lecks,* so nennen sie sich«, sagte Meg. »Wobei sich das mit den Lecks nur auf ihre Köpfe beziehen kann, denn ich kann euch zweifelsfrei bestätigen, dass keiner von beiden seinen Arsch von seinem Ellbogen unterscheiden kann, wenn es darum geht, einen Rohrbruch zu reparieren. O ja«, betonte sie mit unbewegter Miene, »selbst Noah hätte Mühe gehabt, einige der Fluten zu überleben, die diese beiden Narzisse verursacht haben.«

Wir seien von zahlreichen derartigen Überlebenskünstlern umgeben, versicherte uns Meg – von falschen britischen Maurermeistern, Schreinern und sonstigen Handwerkern, die das Revier der Auslandsbriten auf der Suche nach Einkommensquellen durchforsteten und tatsächlich Aufträge erhielten, weil sie ihre angeblichen Fähigkeiten bei leichtgläubigen Landsleuten anpriesen, die kein Spanisch sprachen und kein Vertrauen in die einheimischen Handwerker hatten.

»Stimmt schon, es gibt auch ein paar echte Bauunternehmer und Handwerker, die nicht von hier sind«, räumte Meg ein, »aber man muss wissen, mit wem man es zu tun hat, oder man kann furchtbar auf die Nase fallen.« Sie kicherte bei dem Gedanken und fügte hinzu: »Glaubt mir, meine Süßen, auf dieser Insel gibt es mehr Cowboys als in Texas. Yep, ein paar echte Desperados.«

Sie erläuterte einige diesbezügliche Beispiele, während wir uns durch das Gedränge in der Halle einen Weg zur Bar bahnten. Beispielsweise lauerte in einer Ecke zu unserer Linken ein norwegischer Yachtkapitän, der seine Dienste freiberuflich anbot und nebenbei Malerarbeiten übernahm, wenn er nicht auf See war. Es hieß, er sei gegenwärtig abgetaucht, da er von Interpol beobachtet wurde, weil er sich angeblich als Drogenkurier zwischen dem Nahen Osten und Holland betätigt hatte.

»Trägt eine Waffe, der Mistkerl«, stieß Meg aus dem Mundwinkel hervor, während sie ihm fröhlich zuwinkte.

»Du nimmst mich auf den Arm«, sagte ich lachend.

»Überhaupt nicht!«, gab Meg zurück. »Sieh dir doch nur mal die Beule in seiner Levis an. Sag bloß nicht, das sei ein Zeichen dafür, dass er sich freut, mich zu sehen!«

Darauf fiel mir keine höfliche Antwort ein, weshalb ich das Thema auf sich beruhen ließ.

Meg deutete auf ein Grüppchen zur Rechten, das von einem gesellig wirkenden und auffällig gekleideten Pärchen unterhalten wurde, das sich, wie sie uns verriet, ganz offen damit brüstete, vor der britischen Zollbehörde ausgebüxt zu sein.

»Handelten in Nordengland mit gebrauchten Vans und Lkws. Machten betrügerischen Bankrott, hinterließen eine Liste von Schuldnern, so lang wie dein Arm, organisierten einen großen Steuerbetrug und machten sich mit dem Gewinn aus dem Staub.« Meg zuckte in der ihr eigenen Art mit den Schultern, um auszudrücken, dass ihr das eigentlich alles egal war, und fügte kategorisch hinzu: »Sind aber nette Leutchen. Haben einen ausgezeichneten Geschmack, was Kleidung betrifft. Sehen immer toll aus. Sie lassen sich in meinem Laden die Haare machen.«

Die langbeinige Blondine mittleren Alters, die auf einem Barhocker an der Theke saß und demonstrativ ignorierte, dass alle Männer um sie herum unverhohlen Stielaugen machten, war eine Dänin namens Brigid, die sich, wie Meg uns aufklärte, ihren Lebensunterhalt mit lukrativen Scheidungen verdiente.

»Im Salon nennen wir sie zum Spaß ›Brigid the Frigid‹«, sagte Meg. »Aber frigide? Vergiss es! Sie hat auf dieser Insel mehr Männer flachgelegt, als Mutter Gans im Wunderland Eier legt.« Brigid trage auch den Spitznamen »Schwarze Witwe«, erzählte uns Meg. »Na ja, gut«, fuhr sie scharfzüngig fort, »vielleicht *frisst* sie die Kerle nicht direkt nachdem sie sie ausgesaugt hat – sie heiratet sie nur, lässt sie ausbluten, findet einen Scheidungsgrund und sichert sich Alimente, die die Männer mit dem bestreiten dürfen, was sie ihnen übrig gelassen hat.« Meg gab Ellie einen Stups und fügte in vertraulichem Ton hinzu: »Kam als Vertreterin eines dänischen Reiseveranstalters auf die Insel. War vollkommen blank. Innerhalb weniger Wochen hatte sie sich einen reichen Geschäftsmann geangelt – ihr wisst ja, wie verrückt die spanischen Kerle nach Blondinen sind – und ist seitdem nicht zu bremsen. Erst letzten Monat hat sie Ehemann Nummer vier sitzen gelassen, sie ist also wieder auf der Pirsch.« Sie warf Ellie einen warnenden Blick zu. »Pass auf deinen Mann auf, Schätzchen!«

Das werde nicht nötig sein, bemerkte Ellie trocken. »Es sei denn, sie hätte Freude an einer Scheidungsregelung, die monatliche Unterhaltszahlungen in Höhe von einem Dutzend Orangen vorsähe!«

»Ja, du hast Recht«, sagte Meg und warf einen schiefen Blick auf meine Kleidung, »außerdem steht sie auf

Jungs mit ein bisschen Stil.« Sie schenkte mir ein Frisiersalonlächeln, das bei einer weniger liebenswürdigen Person etwas herablassend hätte wirken können, und fügte unverblümt hinzu: »Tu dir einen Gefallen, Herzchen. Werd schnell diesen weißen Aufzug los – vor allem die Schuhe. Bei einem Tanz in der Scheune daheim in Schottland kannst du damit vielleicht noch Eindruck schinden, aber hier kam dieser Aufzug zur selben Zeit aus der Mode wie Bill Haley and the Comets.«

Ich war entmutigt und fühlte mich noch unbehaglicher als zuvor. Ich sah Meg nach, die von dannen tänzelte. Ihre unbezähmbare Lust, am Gesellschaftsleben teilzunehmen, hatte schließlich die Oberhand über das zwischenzeitliche Vergnügen gewonnen, uns ein paar Insiderinformationen über den versammelten Querschnitt der »beautiful people« Mallorcas anzuvertrauen. Wir waren wieder auf uns allein gestellt.

»Suchen wir die Jungs und machen wir uns schleunigst aus dem Staub«, murmelte ich Ellie zu. »Sandy hatte Recht. Für mich ist das auch nichts. Ich fühle mich wie ein Fisch auf dem Trockenen. Ich komme mir vor wie ein – wie ein –«

»Wie eine Milchflasche in einem Milchglasfenster?«, kicherte Ellie. Sie warf einen scheelen Blick auf meine weiße Kleidung. »Und sei nicht so empfindlich. Meg wollte dich nicht kränken. Sie war nur ein wenig, na ja … sie wollte dich ein wenig –«

»Verarschen? Ja, ja, ich weiß, Ellie. Du brauchst nichts weiter zu sagen – ich habe verstanden.« Ich stieß ein paar Flüche zwischen den Zähnen hervor und schnaubte: »Bill Haley and the Comets, eh? Nächstes

Mal werde ich voll auf fünfziger Jahre machen und eine Jacke im Schottenkaro tragen – ja, und eine verdammte Schmalzlocke!«

Ich dachte, Ellie würde sich gleich nass machen. Nichts bereitete ihr größeres Vergnügen, als mir dabei zuzusehen, wie ich wegen irgendeiner nebensächlichen Kleinigkeit, die mich zur Weißglut trieb, aus dem Ruder lief. Sie wusste, dass ich, nachdem mir einige Sekunden der Schaum vor dem Mund gestanden hatte, üblicherweise die komische Seite der Dinge sah und über mich selbst lachen konnte. Dieses Mal war es nicht anders. Ellie hatte Recht mit dem, was sie über Megs Kommentar zu meinem mangelnden Modeverständnis gesagt hatte. Da sie selbst eine leidenschaftliche Modenärrin war, hatte Meg in der für sie typischen ungeschminkten Art versucht, mir einen Wink zu geben, wie man es vermeiden konnte, bei einer »schicken« Versammlung wie dieser hier wie ein Fremdkörper zu wirken. Allerdings war mir weiterhin vollkommen unklar, wie ich mich geeigneter für solche Gelegenheiten kleiden sollte, und ich hatte auch nicht die Absicht, mir darüber Gedanken zu machen. Ich entschloss mich, mir ein wenig von Megs Einstellung abzuschauen: Die »beautiful people« würden mich so nehmen müssen, wie ich war – oder sie konnten mir den Buckel runterrutschen.

Ein oder zwei Gläschen Champagner genügten, um mein Selbstvertrauen wieder so weit herzustellen, dass ich es endlich wagte, mich ein wenig unters Volk zu mischen und ein paar Desperados, »schöne Leute«, Jäger oder sonstige Figuren kennen zu lernen.

Diejenigen, mit denen wir ins Gespräch kamen, erzählten uns natürlich ihre eigenen Geschichten, und obwohl einige Lebensläufe wirklich mit einem gehörigen Maß an Skepsis zu betrachten waren, stellte sich heraus, dass überraschend viele Gäste ebenso »gewöhnlich« wie wir selbst waren (wenn »gewöhnlich« das richtige Wort ist), auch wenn sie alle vortäuschten, »Dolce-Vita-Spezialisten« zu sein, wie Jock es ausgedrückt hatte. Aber was hieß das schon? Es heißt, man dürfe ein Buch nicht nach seinem Umschlag beurteilen, und wie zutreffend diese Redensart ist, zeigte sich deutlich am Beispiel eines ehemaligen Bankmanagers und seiner Frau, die problemlos als Doppelgänger zweier gealterter Popstars durchgegangen wären. Er war gekleidet wie Tom Jones bei einem Auftritt in Las Vegas, während sie sich wie eines der Mitglieder von *Abba* zurechtgemacht hatte – obwohl Ellie später etwas boshaft anmerkte, ich könne damit wohl nur das bärtige Bandmitglied am Keyboard meinen. Doch es stellte sich heraus, dass sie vollkommen normale Menschen waren – nicht so verrückt, wie ihr Auftreten vermuten ließ, und gewiss nicht so langweilig, wie man sich Banker vorstellt. Tatsächlich waren sie angesichts des empörenden Überflusses auf dieser Party ebenso fassungslos wie wir, obwohl sie offenkundig entzückt waren, Teil dieser Show zu sein. Mit dem jährlichen Grillfest für die Bankbelegschaft hatte das hier zweifellos wenig gemein!

Es gab weitere Paare wie dieses – hoch bezahlte Selbstständige und frühpensionierte Geschäftsleute, die allesamt nach Mallorca gekommen waren, um die Fenster des engen englischen Teezimmers aufzustoßen, in dem nachmittags an selbst gebackenem Kuchen geknabbert wurde, oder um sich ein kleines Charterboot zu kaufen, mit dem sie Urlaubergruppen herumkutschieren wollten. Jeder war mit seinem eigenen Traum vom Platz an der Sonne gekommen, doch keiner von ihnen hatte ihn schon verwirklicht.

»Ich bin zu träge geworden, mein Freund«, erklärte mir ein ehemaliger Beamter aus Surrey. »Sobald ich gelandet war, wurde ich von der netten spanischen *mañana*-Mücke gestochen. Das Nächste, an das ich mich erinnern kann, ist, dass wir in eine Tretmühle geraten waren, in der es nur noch um die Frage ging, auf wessen Terrasse der Tee am nächsten Nachmittag genommen würde. Ich kann Ihnen sagen, es ist verdammt schwer, wieder festen Boden unter den Füßen zu bekommen, wenn man einmal an Bord dieses Schiffes ist.«

Ich hatte den Verdacht, dass viele dieser Leute bei diesem trügerischen sozialen Reigen die O'Briens kennen gelernt hatten. Und je länger es ihnen nicht gelang, sich dieser nicht enden wollenden Cocktailstunde zu entziehen, desto geringer wurde ihre Chance, ihren persönlichen Traum jemals zu verwirklichen. Das ziellose Leben, in das sie hineingeschlittert waren, konnte leicht in einen Zermürbungskrieg zwischen Flasche und Leber ausarten, und die Erfahrung zeigte, dass man am ehesten richtig lag, wenn man in so einem Fall auf einen Sieg der Flasche tippte.

Dies war eine der Gefahren, die mit dem Luxus eines gesicherten Lebensabends einhergehen. Doch nicht alle Leute, die wir kennen lernten, waren in dieser vermeintlich glücklichen Lage, und es gehorten auch nicht alle dieser Altersgruppe an.

Nicht untypisch für die jüngere Generation von Partylöwen war ein achtundzwanzigjähriger Kerl aus Glasgow namens Shuggie Stewart, der vor zehn Jahren mit einigen Freunden als Tourist nach Mallorca gekommen war und sich gemeinsam mit zwei Reisegefährten entschlossen hatte, hier zu bleiben. Sie hatten, wie er bereitwillig eingestand, kein ehrgeizigeres Vorhaben gehabt, als ein bisschen am Strand herumzuhängen, ein paar Mädchen aufzutun, ihre Bräune zu perfektionieren und zu schauen, ob sich irgendetwas ergab. Als ihnen nach etwa einer Woche des bescheidenen Hedonismus das Geld ausgegangen war, hatten sie sich Arbeit gesucht und damit begonnen, in der von Teenagern bevölkerten Feriensiedlung Magalluf Eintrittskarten für eine beliebte Diskothek unter das junge Volk zu bringen. Wie nicht anders zu erwarten, verlor die *vida loca* nach kurzer Zeit den Reiz des Neuen und seine beiden Kumpels kauften sich Flugtickets nach Hause. Nicht so Shuggie. Er wollte seine Erfahrung, die er auf dem nächtlichen Pflaster des von Neonlichtern erhellten Magalluf gesammelt hatte, nutzen und sich eine Existenz aufbauen. Er überredete den Besitzer ebenjener Diskothek, ihn als Türsteher einzustellen, stieg bald schon zum Barkeeper auf und wurde nach einigen Jahren zum Manager des Lokals befördert. Indem er sparsam mit seinem Geld umging, Augen und Ohren offen hielt und sich aus krummen Dingern raushielt, gelang es »Sharp« Shuggie, wie er mittlerweile genannt wurde, an einem zu jener Zeit noch unattraktiven Ort etwas weiter östlich von Palma sein eigenes Lokal zu eröffnen. Mit Entschlossenheit und harter Arbeit (und, wie ich vermute, so manchem zweifelhaften Geschäft) hatte er dieses Lokal mittlerweile zu einem der Mittelpunkte des Nachtlebens in der Gegend gemacht. Nun plante er, sein Geschäft zu diversifizieren und einen Teil seines Kapitals in ein »revolutionäres« Einzelhandelsprojekt zu investieren, das er ersonnen hatte.

»Es geht nicht gerade darum, Kühlschränke an Eskimos zu verkaufen«, vertraute er mir an, »aber allzu weit hergeholt wäre dieser Vergleich nicht.« Viel mehr verriet er nicht über sein Vorhaben, nur, dass es überraschend sei, was Touristen in der Urlaubseuphorie alles zu kaufen bereit seien, wenn man ihnen einen gut geölten Verkaufsvortrag hielt, sie zu einem Busausflug einlud und ihnen einen Drink spendierte.

Möglicherweise handelte es sich nur um eine weitere Variante der auf Mallorca geltenden Maxime, dass viele Ausländer ihr Gehirn nach der Landung am Flughafen abgeben. Wir würden Shuggies weiteren Werdegang aufmerksam verfolgen, doch wenn der erste Eindruck auch nur annähernd zutraf, war ich einigermaßen sicher, dass er schlau genug war, im Leben alles zu erreichen, was er sich vornahm. Und er war keineswegs ein Einzelfall unter den jüngeren Auslandsbriten, die an jenem Abend die Gastfreundschaft der O'Briens genossen. Ein Studienabbrecher der medizinischen Fakultät erzählte uns, dass er gemeinsam mit einem jungen mallorquinischen Automechaniker eine Tauchschule eröffnet hatte. Eine Sekretärin aus einer Grafschaft in der Umgebung von London erzählte, wie sie und ihr Partner das Ameisenleben, das sie mit Millionen anderen geschundenen Pendlern geteilt hatten, aufgegeben hätten, um auf Mallorca eine

Hausverwaltungsagentur zu eröffnen, die sich um Ferienwohnungen kümmerte, während ihre Eigentümer nicht da waren. Und ein desillusionierter junger Mathematiklehrer verkündete fröhlich, dass er seine Logarithmentafeln gegen eine Forke eingetauscht habe, die er als Mitbesitzer eines Ponytrekkingstalls schwingen würde. All diese Leute hatten die ersten Schritte getan, um sich auf der Insel ein neues Leben aufzubauen – wir wünschten ihnen allen viel Glück. Die Frage war natürlich, wie viele von ihnen es schaffen würden, ihren Traum zu verwirklichen, aber sie strahlten allesamt jene Zuversicht aus, die der Begeisterung der Jugend entspringt, und stürmten entsprechend entschlossen voran. Doch seltsamerweise schienen sie sich ebenso wie die meisten ihrer pensionierten Kollegen, mit denen wir uns unterhalten hatten, weniger Sorgen über ihre eigene Zukunft zu machen als darüber, wie Ellie, die Jungs und ich uns auf unserer kleinen *finca* draußen am Fuß des Tramuntana-Gebirges behaupten würden.

»Seid ihr sicher, dass ihr euch euren Lebensunterhalt verdienen könnt, indem ihr in Spanien Orangen anbaut?«, fragte jeder von ihnen. »Ich meine, die Orangen sind in den Läden hier so billig, dass ich mich immer frage, wie die armen Bauern von dem bisschen Geld leben können, das sie dafür bekommen.«

Dieser Einwand war richtig und trug nicht gerade dazu bei, die Zweifel auszuräumen, die ich bereits bezüglich der Lebensfähigkeit von Ca's Mayoral hegte. Aber es überrascht, wie leicht derartige Sorgen zeitweilig verfliegen, wenn der Schampus so reichlich fließt wie an jenem Abend bei den O'Briens.

Sean O'Brien hatte sich hinter seiner eleganten Bar verschanzt. Er sah aus, als hätte er bereits zumindest zwei Grad Schlagseite, doch er war immer noch in der Lage, freigebig und fröhlich Drinks an alle Welt und nicht zuletzt an sich selbst auszuschenken. In dem um die Bar versammelten Zirkel männlicher Trinkgenossen herrschte eine spürbar übertriebene Atmosphäre der Kameradschaft, und es war leicht zu sehen, dass Sean all die schulterklopfende Freundlichkeit gierig aufsaugte. Er war der König in seinem eigenen Schloss in Spanien und würde gewiss nie auf einen solchen Hofstaat närrischer Gefolgsmänner verzichten müssen – jedenfalls so lange nicht, wie er die Hofschranzen derart großzügig mit Fusel versorgte. Leider hat die gekaufte Freundschaft die üble Angewohnheit, sich ihres Namens als unwürdig zu erweisen, und ich konnte nicht umhin, darüber zu spekulieren, wie viele von Seans gegenwärtigen Busenfreunden ihm nicht einmal mehr die Uhrzeit verraten würden, sollte sich sein Glück eines Tages wenden.

Wir überließen ihn seinen Gefährten und zogen weiter in den Spielsaal, wo wir auf Sandy stießen, der Snooker mit zwei älteren Brüdern von Dec O'Brien spielte. Es waren offensichtlich keine Mädchen dabei und Ellie musste unbedingt ihrer mütterlichen Neugierde Luft machen. Wo, fragte sie Sandy, war denn die junge Dame, die ihn unbedingt kennen lernen wollte, wie Colleen behauptet hatte?

Die O'Brien-Jungen bewiesen diplomatisches Talent, indem sie vorschützten, Ellies Frage nicht gehört zu haben. Sie gingen ans andere Ende des Tischs und taten so, als müssten sie die geeignete Ausführung des nächsten Stoßes besprechen. Sandy seinerseits konnte nicht verbergen, wie peinlich ihm die Situation war, denn er drängte seine Mutter diskret außer Hörweite seiner Freunde, um ihr zuzuzischen, dass es Mrs O'Briens eigene Tochter gewesen sei, die er hätte »an Land ziehen« sollen.

»Und was ist daran schlecht?«, erwiderte Ellie. Mit einer leichten Kopfbewegung lenkte sie seine Aufmerksamkeit auf die luxuriöse Umgebung. »Nennen wir die Dinge beim Namen«, flüsterte sie ihm aufmunternd zu, »du hättest es sehr viel schlechter treffen können.«

»Aber sie ist zehn Jahre älter als ich!«

Ellie zuckte mit den Schultern, um ihm zu zeigen, dass er nicht ganz Unrecht habe, um dann flugs der Einmischung eine Beleidigung folgen zu lassen, indem sie Sandy fragte: »Soll das heißen, dass das O'Brien-Mädchen unansehnlich ist?«

»Wolltest du nicht vielleicht fragen, ob sie einen Blindenstock hat?«, erwiderte Sandy verärgert. Er atmete tief durch, zählte schweigend bis drei und klärte seine Mutter anschließend darüber auf, dass er Mrs O'Briens Ermunterung, ihre Tochter »an Land zu ziehen«, aus dem einfachen Grund abgelehnt habe, weil diese Tochter gerade geheiratet habe, und zwar einen berühmten spanischen Sportler. Einer ihrer Brüder hatte ihn diskret darüber aufgeklärt, bevor die junge Frau die Möglichkeit gehabt hatte, ein wenig zu »gesellig« zu werden. Dann gab Sandy die Identität des Ehemanns preis – es war ein Fußballstar aus der Ersten spanischen Liga, der zwar von schmächtiger Gestalt war, jedoch als einer der härtesten Knochen auf dem Feld galt. Die Tochter der O'Briens hatte sich dafür entschieden, bei ihren Eltern auf Mallorca zu bleiben, während er in der Saison in Madrid seinen Vertrag erfüllte und seine Frau nur hin und wieder für einen oder zwei Tage besuchen kam, wenn er trainingsfrei hatte. Das Letzte, was Sandy brauchte, war eine Tracht Prügel von einem raubeinigen Fußballer, der bei seinem nächsten Besuch erfuhr, dass unser Sohn mit seiner »einsamen« Frau geturtelt hatte.

»Ja, ähm ... und wo ist Charlie?«, fragte Ellie betreten, das Gesicht von dunklen Vorahnungen gezeichnet. Offensichtlich kam ihr der Spitzname »Dog's Balls« in den Sinn und beschwor vor ihrem inneren Auge ein Bild sexueller Zügellosigkeit. Ja natürlich, und dann war da jenes riesige, in einer Austernschale wabernde Wasserbett im ersten Stock, das ihre Phantasie zusätzlich beflügelte. Es war ihr ins Gesicht geschrieben, was sie dachte – wir lasen in einem jener erotischen Frauenromane mit einem halbnackten Piraten auf dem Umschlagbild (diesem literarischen Genre fiel Ellie gelegentlich zum Opfer).

Sandy schüttelte verzweifelt den Kopf. »Mach dir keine Gedanken, Mum«, brummte er, »nicht einmal Charlie ist so dämlich, sich in so etwas verwickeln zu lassen, selbst wenn der Käfer tatsächlich verzweifelt genug wäre, einen Zwölfjährigen zu bumsen.«

Ellies Miene verriet, dass sie keineswegs überzeugt war. »Er ist fast dreizehn«, murmelte sie mit abwesendem Blick, als müsse sie sich diese Tatsache selbst in Erinnerung rufen. »Alt genug *und* groß genug, um von so einem schamlosen Biest attackiert zu werden.«

»Und was soll's?«, sagte Sandy. »Vor einer Minute

warst du noch ganz scharf drauf, dass sie mich attackiert!«

Ellies Augenbrauen hatten sich bereits zu einem besorgten Stirnrunzeln zusammengezogen. Sie rechnete zwei und zwei zusammen und kam auf zweiundzwanzig: »Das war, bevor ich wusste, dass sie eine auf junges Blut erpichte Dirne ist.« Dann legte sie, wie so oft, unvermittelt den gedanklichen Rückwärtsgang ein, warf Sandy einen strafenden Blick zu und keifte: »Übrigens ist ›bumsen‹ ein obszönes Wort, junger Mann, und ich bin überrascht, dass du in Gegenwart deiner Mutter solche Ausdrücke in den Mund nimmst!«

Sandy verdrehte die Augen gen Himmel.

»Wo ist Charlie überhaupt?«, fragte nun ich. Obwohl ich mir dachte, dass er sicher nichts Ungehöriges vorhatte, konnte ich den Impuls, trotzdem nachschauen zu gehen, nicht unterdrücken.

Sandy nickte hinüber zum anderen Ende des überfüllten Raums, wo im selben Augenblick Charlie und Dec in einem der Seiteneingänge des Hauses erschienen.

Ellie stand mit weit aufgerissenem Mund da. »Sie haben Smokings an!«, kreischte sie. »Und Fliegen!«

Nur Ellie selbst wusste, welcher Verdacht sich hinter diesen Ausrufen verbarg. Ich für meinen Teil war zu erstaunt über Charlies elegantes, reifes Aussehen, als dass mir ein anderer Gedanke gekommen wäre als der, wie plötzlich sich ein Kind in einen Erwachsenen verwandeln konnte – sei es auch nur in der äußeren Erscheinung. Genau wie bei Sandy hatte ich nicht bemerkt, dass Charlie langsam erwachsen wurde. Und da stand er nun, ein selbstsicherer junger Mann, der gestern noch ein Schulkind in Jeans und T-Shirt gewesen war. Zumindest aus der Entfernung fehlte nur noch ein glamouröses Supermodel an seinem Arm, um seine glänzende Erscheinung abzurunden.

Sandy begann zu lachen. »Was für ein Vollidiot!«, spottete er, als sein Bruder auf uns zukam. »Sieh dich nur einmal an – du siehst aus, als wärst du aus dem Pinguingehege ausgebüxt!«

Charlie schüttelte diesen Seitenhieb ab, ohne darauf einzugehen. »Hi, Mum und Dad«, sagte er grinsend, »es tut mir Leid, dass ich euch habe warten lassen. Dec und ich haben uns kurz den Mercedes seines Schwagers ausgeborgt, um auf der *autopista* nach Palma zu flitzen und bei *Tito's* abzutanzen.«

Ellies Seufzer der Erleichterung ging in Sandys Gelächter unter. Wir wussten alle drei, dass das nur ein Scherz gewesen sein konnte. Dec war nur anderthalb Jahre älter als Charlie und noch einige Jahre davon entfernt, den Führerschein machen zu können. Obendrein galt *Tito's Palace,* ein Lokal, von dem aus man einen spektakulären Blick auf die Bahía de Palma genoss, als einer der elegantesten Nachtklubs Europas. Es war sehr unwahrscheinlich, dass dort zwei Jungen hineingelassen worden waren, gleichgültig wie erwachsen sie in ihrem förmlichen Aufzug auch wirken mochten.

»Wo habt ihr die Smokings her?«, fragte ich, wobei ich eine Mischung aus Ellies Erleichterung und Sandys grenzenloser Erheiterung empfand.

»Oh, die gehören auch dem Mann meiner Schwester«, erklärte Dec ganz offen. »Er hat tonnenweise Anzüge in seiner Garderobe. Ein toller spanischer Fußballer, wissen Sie. Ja, und dabei ist er nur ein kleiner

Kerl, so dass uns die Dinger gut passen. Genau das Richtige, um in seinem Merc herumzufahren.«

Ellie schenkte ihm jenes sanft tadelnde mütterliche Lächeln, das einem bei einer harmlosen Lüge erwischten Kind vorbehalten ist, die lediglich das Produkt einer allzu lebhaften Phantasie ist. »Na gut, ihr habt euren Spaß gehabt«, sagte sie zu Charlie, »aber ich glaube, ihr schlüpft jetzt besser wieder in eure eigenen Sachen.« Sie sah auf ihre Uhr. »Du solltest schon längst im Bett sein. Zeit, dass wir nach Hause kommen.«

»Das ist richtig, Kleiner«, sagte Sandy, »und pass auf, die geschniegelten Klamotten wieder genau dorthin zu legen, wo du sie hergeholt hast. Soweit ich gehört habe, wird dir der Besitzer eine ordentliche Tracht Prügel verpassen, wenn er herausfindet, dass du mit seinen Sachen gespielt hast!«

Charlie erhob keinen Einwand, sondern warf Dec nur einen resignierten Blick zu, in den sich ein verschwörerisches Lächeln mischte. Dann trotteten die beiden gehorsam die Treppe hinauf. Ellie machte sich auf den Weg, um Colleen für ihre Gastfreundschaft zu danken, während ich mir meinen Weg zurück zur Bar bahnte, um mich von Sean zu verabschieden. Der war mittlerweile sternhagelvoll, so dass ich bezweifelte, ob er mich noch erkannte, und aufgrund der ausdruckslosen Verwunderung in seinen Augen stieg der Verdacht in mir auf, dass er mich wahrscheinlich für eineiige Drillinge hielt. Er zielte bedächtig, ergriff die Hand des mittleren Drillings, grinste und lallte etwas, was ich für einen traditionellen gälischen Abschiedsgruß hielt, obwohl es ebenso gut ein Gesang in Suaheli zur Austreibung böser Geister aus einer Herde von

Gnus hätte sein können – und das hätte gepassst. Von draußen drang das Geräusch splitternden Glases herein, gefolgt von Schreien und gebelltem Entzücken, welches das Platschen einer in den Pool fallenden (oder gestoßenen) Person begleitete. Während die Luft in der mediterranen Nacht von einer linden Brise gekühlt wurde, näherte sich die Party dem Siedepunkt. Ellie hatte Recht: Es war Zeit, nach Hause zu gehen.

Als wir auf die Terrasse traten, hörten wir Jock Burns' verstärkte Stimme dröhnen: »Hallo zusammen, Laydees 'n' Gennelmen«, rief er gedehnt, »es ist Zeit zum Tanzen hier im *Palais de Dance* O'Brien. Also schnappt euch ein Mädchen, Jungs, und wirbelt sie aus den Schuhen!«

Typisch Jock, dachte ich und kicherte in mich hinein. Er ließ sich nie einen Auftritt entgehen. Er und Meg hatten nicht nur ungeniert das Essen und die Getränke genossen, sondern er hatte offensichtlich obendrein ein schönes Geschäft für sich ausgehandelt und lieferte nun die Live-Musik. Vielleicht sollte ich doch bei ihm in die Schule gehen, um zu lernen, wie man auf dieser Insel überlebte. Seinem Rat folgend, hatten wir viele neue Leute kennen gelernt, doch entgegen seinen Anweisungen hatte ich keine einzige Orange verkauft – und ich hatte es auch nicht versucht. Und das war möglicherweise der wesentliche Unterschied zwischen Jocks unzweifelhafter Fähigkeit, sich in Mallorca zu behaupten, und unseren ersten schüchternen Versuchen, es ihm gleichzutun. Er drückte die geeigneten Knöpfe auf seinem hochmodernen elektronischen Keyboard und wie durch Zauberei dröhnten die Klänge einer ganzen Rockband aus seinen Lautsprecherboxen.

»Die erste Nummer widme ich einem alten Kumpel«, verkündete er, begleitet von einer stampfenden Ouvertüre, wobei er meinen Gruß mit einem übertriebenen Winken beantwortete. »Ja, eine heiße Erinnerung an alte Zeiten ist das, Leute, also schwingen wir das Tanzbein für den alten Pedro da drüben mit dem legendären ... *ROCK AROUND THE CLOCK!*«

Dass Jock den größten Hit von Bill Haley and the Comets hervorzauberte, war natürlich als böse Anspielung auf meine weißen Schuhe zu verstehen. Auch allen anderen Anwesenden begriffen das sofort. Nun musste ich die folgenden Späße all der Modepuppen, an denen wir auf dem Weg von der Terrasse bis zum Heiligtum des Parkplatzes vorbeikamen, möglichst mit Humor nehmen. Ellie und die Jungs schwiegen diplomatisch. Ich für meine Person war so damit beschäftigt, mich beim Fluchen nicht allzu oft zu wiederholen, dass ich die hässliche Schramme in der Tür des neben unserem kleinen Ford Fiesta geparkten flotten Mercedes-Coupés überhaupt nicht wahrnahm. Anscheinend bemerkte sie auch niemand anderer in unserem Auto – das heißt natürlich: niemand mit Ausnahme Charlie ...

* * *

Es war eine Wohltat, in den frühen Morgenstunden jenes Septembertags zu den reinen, schlichten Freuden in Ca's Mayoral zurückzukehren. Die Geräusche und Düfte, die durch die offenen Fenster aus der mallorquinischen Nacht hereindrangen, weckten Empfindungen, die vollkommen anders waren als die Eindrücke, die wir bei der Party der O'Briens gesammelt hatten. Es war kaum zu glauben, dass sich unser Haus auf demselben Planeten wie ihres befand, geschweige denn auf derselben kleinen Insel.

»Weißt du was?«, erklärte Ellie, nachdem wir eine Weile schweigend im Bett gelegen hatten. »Ich habe in den paar Minuten, in denen ich nach Col O'Brien suchte, um mich zu verabschieden, drei Angebote erhalten.«

»Nur drei?«, murmelte ich müde mit geschlossenen Augen. »Du verlierst deine Anziehungskraft!«

»Nein, im Ernst: Bei solchen Partys gibt es immer ein paar Wüstlinge – langweilige Widerlinge, die mit jedem Drink, den sie hinunterkippen, ihre Chancen als Aufreißer steigen sehen. Doch heute Abend schien es nur so von solchen Figuren zu wimmeln.«

»Das ist das warme Klima. Bringt die Säfte zum Wallen.«

»Nicht bei jedem, wie ich bemerke!«

Ich entschloss mich, Ellies bissige Bemerkung zu ignorieren. Wir hatten einen langen Tag hinter uns, und ich spürte die lähmende Schläfrigkeit, die auf den übermäßigen Genuss von Champagner folgt. »Gute Nacht, Ellie«, murmelte ich. »Wir sehen uns *mañana*.«

Doch Ellie war hellwach. Zum Glück war sie nicht wirklich auf etwas aus, was anstrengender gewesen wäre als eine Unterhaltung. »Zwei von ihnen behaupteten, Bauunternehmer zu sein«, erzählte sie. »Behängt mit Goldkettchen. Du weißt schon, die Sorte von britischen Ekelpaketen, von der Meg die ganze Zeit sprach. Hmm«, fuhr sie nachdenklich fort, »beide versprachen große Preisnachlässe, wenn ich bereit wäre, mich persönlich mit ihnen zu treffen, um ihnen meine ... ähm ... meine *Bedürfnisse* zu erläutern. Leeres Gerede, praktisch identisch, nur dass der eine vorschlug, wir sollten uns morgen Abend im Fish and Chips in Palma Nova treffen, während der andere gleich an Ort und Stelle ein ruhiges Plätzchen suchen wollte.«

Unter anderen Umständen hätte ich sehr gerne gewusst, wer diese Figuren waren, um ein Wörtchen mit ihnen zu reden, sollten wir ihnen noch einmal begegnen. Doch wer immer diese beiden waren, sie schienen mir zu lächerlich, um einen Gedanken an sie zu verschwenden. »Das zeigt, dass du die Männer immer noch verrückt machen kannst«, sagte ich. Ich hatte es als ein sarkastisches Kompliment gemeint, doch aufgrund meines benebelten Zustands musste es unbeabsichtigt krass klingen.

Ellie schien das nicht bemerkt zu haben. »Und der Dritte war ein schräger Vogel mit Zopf, der sich als Besitzer einer Transvestitenbar in Palma vorstellte.« Sie begann zu kichern. »Fragte mich, ob ich an einem Job hinter der Bar interessiert sei – als Marlene Dietrich verkleidet. Ist das nicht unglaublich?!«

»Das müssen deine hohen Wangenknochen gewesen sein.«

»Mmm, allerdings starrte er auf eine Gegend, die weit unterhalb meiner Wangen lag.«

»In Ordnung. Wie dem auch sei – wenn du dich entschließt, den Job anzunehmen, brauchst du dich nur an Charlie zu wenden, wenn du einen Smoking brauchst.«

Ellie überging diese kleine Spitze kommentarlos und fuhr fort: »Nein, ich glaube, er war eher an Strumpfhaltern interessiert.«

»O.k., o.k.«, sagte ich müde, »du hast gut daran getan, dich den Krallen all dieser geilen Kerle zu entziehen, Ellie. Aber um Petes willen, schlaf jetzt bitte.«

Nach einigen Momenten der Stille versetzte mir Ellie, die für diese nachtschlafende Zeit ungewöhnlich munter war, mit dem Ellbogen einen Stoß in den Rücken. »Sieh dir nur die Sterne an!«, rief sie begeistert. »Komm schon, Peter – wach auf! Schau doch nur einmal! Wann hast du je Sterne wie diese gesehen?«

Ich wusste, dass ich geschlagen war. Also drehte ich mich um, öffnete die Augen und blinzelte aus dem Fenster. Tatsächlich strahlten die Sterne am mondlosen Himmel. All die leicht erkennbaren Sternbilder, zu denen wir auch in Schottland aufgeblickt hatten, waren da – der Große Wagen, der Orion, der Kleine Bär und zahllose andere, deren Namen ich längst vergessen hatte. Ich hatte sie noch nie so gesehen wie in dieser Nacht, nicht einmal in den klarsten nördlichen Winternächten. Es lag nicht nur daran, dass die fünfzehnhundert Meilen zwischen Mallorca und Schottland die Perspektive verändert zu haben schienen, so dass ich instinktiv den Kopf neigte, um sie aus dem gewohnten Winkel zu betrachten. Sie wirkten auch größer, heller und näher – so nahe, dass ich tatsächlich den Eindruck hatte, sie mit ausgestrecktem Arm berühren zu können.

»Wie Elfenlichter vor einem schwarzen Satinvorhang«, murmelte Ellie, die nun endlich erfreulich schläfrig klang. Dann schoss sie erneut hoch und deutete durch das Fenster hinaus. »Und sieh nur!«, stieß sie hervor. »Eine Sternschnuppe. Und noch eine! Und noch eine! Ich könnte sie beinahe einfangen!« Vielleicht aufgrund der scheinbaren Nähe der Sternbilder schien sie plötzlich von einer seltsamen romantischen Vorstellung übermannt zu werden, denn sie legte sich wieder hin, schmiegte sich an mich, nahm meine Hand und flüsterte: »Wir haben drei Wünsche frei.«

»Mir genügt einer«, gähnte ich.

»Sag mir nicht, was es ist – oder er wird nicht wahr werden.«

»Dafür ist es zu spät«, murmelte ich, erneut niedergedrückt von der einschläfernden Nachwirkung des Champagners. »Ich habe also nichts dagegen, es dir zu verraten.«

»Ich verstehe dich nicht«, antwortete Ellie und rückte ein wenig näher. »Was hast du dir gewünscht?«

Ich wandte mich ab, zog mir das Laken über den Kopf und bellte: »Ich wünschte, ich hätte mir nie diese dämlichen weißen Schuhe von dir einreden lassen!«

Acht

# Winterfrühling

Ich hatte viele Abende arbeiten und in meinem Spanischwörterbuch stöbern müssen, um einen alten mallorquinischen Landwirtschaftsalmanach zu übersetzen, den mir Tomàs Ferrer gegeben hatte. Doch es war eine nützliche Übung gewesen, denn ich hatte nicht nur eine Reihe neuer Worte gelernt, sondern auch herausgefunden, wie sich die Bauern auf der Insel in der Vergangenheit Monat für Monat ihre Arbeit eingeteilt hatten, um sie auf die Mondphasen abzustimmen.

Anscheinend waren sie von ihrem Einfluss der Bewegung und der relativen Positionen der Sonne, des Mondes und der Planeten auf die Natur ebenso überzeugt gewesen wie manch einer heutzutage von deren Einfluss auf den beruflichen Erfolg und auf Liebesdinge. Über den Monat Oktober, der im Sternzeichen des Skorpions steht, hieß es im Almanach:

*Dieses Zeichen stellt den Skorpion dar, der das Wetter beißt und sticht. Wenn die Sonne im Oktober in dieses Zeichen eintritt, beginnt dieses zu kneifen, die Kälte reibt sich warm, und es gibt Stürme, Blitz und Donner.*

Doch alles ist relativ, und was das Kälteempfinden anbelangt, hängt alles davon ab, woran man gewöhnt ist. Das freundliche Wetter in unserem ersten Oktober auf der Insel erinnerte uns eher an die angenehmeren Sommertage in Schottland. Mit Herbsttemperaturen, die kneifen und reiben, vom Beißen oder Stechen ganz zu schweigen, hatte das hier wenig gemein. Allerdings: Die Vorhersage von »Stürmen, Blitz und Donner« für diesen Monat war vollkommen zutreffend, und wir lernten bald, dass diese Wetterphänomene auf Mallorca die Jahreszeitenwechsel kennzeichneten. Wir hatten bereits die spektakulären Stürme kennen gelernt, die Ende Februar und Anfang März über die Insel fegten und in denen die Mallorquiner ein untrügliches Zeichen dafür sahen, dass der Frühling kam, um den Winter zu verdrängen.

Die Tatsache, dass das Oktoberwetter jenem im Frühjahr bemerkenswert ähnlich war, deckte sich mit dem Hinweis unserer älteren Nachbarn, dass es in der alten mallorquinischen Sprache tatsächlich kein Wort für »Herbst« gebe. Vielmehr wurde die dritte Jahreszeit einfach als »Winterfrühling« bezeichnet. Das mag nach verdrehter Poesie klingen, doch tatsächlich beschreibt der Begriff treffend die natürlichen Gegebenheiten, die in dieser Zeit in den begünstigten Breiten des Mittelmeerraums vorherrschen. Die typischen Arbeiten, die im Herbst anstehen – wie die Ernte von Weintrauben, Mandeln und Oliven –, sind um diese Zeit überwiegend erledigt, doch wie es im Almanach heißt, ist dieser zweite Frühling eine Jahreszeit, in der gepflanzt und gesät wird – zum Beispiel Kirschbäume und Blumenzwiebeln sowie Getreide, Saubohnen, Wolfsbohnen und andere Saaten, die im milden mallorquinischen Winter keimen und gedeihen.

Doch sollte der Bauer glauben, diese milde und großzügige Jahreszeit berge keine Unannehmlichkeiten, so halten die Autoren des Almanachs einige mahnende Worte für ihn bereit:

*In diesem Monat Oktober droht Pflanzen und spät reifenden Früchten wie dem Granatapfel und der Quitte Gefahr von Ameisen und Wespen.*

Ein Gegenmittel?

*Man zerstöre die Wespennester.*

Das mag einfach klingen, ebenso wie die vorgeschlagene Methode, um Schäden durch Ameisen zu vermeiden (wobei dieses Verfahren weniger Gefahren birgt):

*Man entferne die Ameisen, indem man die Bäume (und auch Tiere, die man vor Fliegen schützen möchte) mit dem Saft von Kürbisblättern »wascht«.*

Es wird nicht erklärt, wie viele Kürbisblätter man auspressen muss, um genügend Saft für die »Wäsche« einer Obstplantage oder einer Ziegenherde zu gewinnen, aber ich nehme an, dass selbst heutige Verfechter einer chemikalienfreien Landwirtschaft wie der alte Pep nicht zu dieser Methode greifen würden. Jedenfalls hatte ich auf seiner *finca* noch keine Kürbispflanze gesehen. Doch zweifellos hatte er seine eigenen und gleichermaßen wirksamen althergebrachten Waffen gegen die Ameisen – und wenn seine Methode auch nur darin bestand, die kleinen Eindringlinge mit Flüchen und dem giftigen Gestank seiner selbst angebauten *cigarillos* zu vertreiben.

Wir waren noch nicht mit einem Ameisenbefall konfrontiert worden, und sollte es je dazu kommen, würde ich mir Rat bei Pepe Suau holen. Schließlich war er es gewesen, der unsere Obstgärten der Verwahrlosung entrissen hatte, die uns beim Kauf der *finca* nicht aufgefallen war, da wir überhaupt nichts von diesem Zweig der Landwirtschaft verstanden. Und während Pepe alles andere als ein Befürworter des gleichgültigen Einsatzes potenziell tödlicher Pestizide war, wog er zwischen der Sorge um eine gesunde Umwelt und den pragmatischen Bedürfnissen eines Kleinbauern ab, dessen Existenz von der Unversehrtheit seiner Tiere und Pflanzen abhing. Er und seine Vorfahren waren lange bevor es in Mode kam, ein »Grüner« zu sein, und möglicherweise sogar vor der Entstehung dieses Almanachs um das ökologische Gleichgewicht bemüht gewesen. Aber Pepe war auch ein Realist, der sich darauf verstand, die Tradition mit dem Fortschritt in Einklang zu bringen. Er würde uns den richtigen

Weg zeigen. So wie die alte Maria versucht hatte, uns den richtigen Weg zu zeigen, als wir mit einem Ameisenproblem rein häuslicher Natur zu kämpfen hatten …

»Kaminasche!« Das war ihr Ratschlag, als wir sie fragten, wie wir eine Ameisenlegion davon abhalten könnten, unsere Eingangstür als Einfalltor für den Einmarsch in unseren Wohnraum zu nutzen. »Kaminruß! Streut ihn quer über die Türschwelle – das wird die kleinen *bandidos* fern halten. Sie ertragen keinen Ruß auf ihren Füßen. *Ah sí,* das ist die Wahrheit – so wahr wie das, was ich euch einmal über den Ring aus Holzasche gesagt habe, der die Schnecken von den Salatköpfen fern hält. Chemikalien?« Sie tat, als würde sie über die Schulter spucken. »Pah! Das sind alles nur moderne Gifte – so wie der stinkende Rauch aus euren teuflischen Traktoren. Chemikalien? *Jesús, María y José!* Ich möchte nicht einmal mein Gewissen damit verschmutzen!«

Wäre da nicht die quiekende Stimme gewesen, man hätte fast meinen können, Pep zuzuhören. Unsere verehrten mallorquinischen Nachbarn waren (sofern man ihren Worten glauben konnte) leidenschaftliche Verfechter der »guten alten« Methoden. Und ich hoffte, dass diese umweltfreundlichen Traditionen möglichst lange überleben würden. Doch wir wussten, dass sich sogar Pep, obwohl er zur Rechtfertigung seine »Kriegsverletzung« ins Feld führte, widerwillig dazu durchgerungen hatte, bei bestimmten Arbeiten einem Traktor den Vorzug vor seinem treuen Maultier zu geben. Und auf Marias *finca* hatte ich mit eigenen Augen das verräterische Blau einer Substanz gesehen, mit dem ihre Tomatenpflanzen bestäubt worden waren, um sie vor Pilzbefall zu schützen. Das Kupfersulfat wurde seit langem von Gärtnern in aller Welt benutzt und galt bei behutsamem Einsatz als vollkommen unbedenklich. Trotzdem war es eine toxische Chemikalie. Doch obwohl ich die möglichen Folgen einer verantwortungslosen Verwendung der auf Kupfer basierenden Substanzen in der Landwirtschaft bereits kannte, hatte ich eigentlich keine Bedenken, das Kupfersulfat auch bei unseren Tomatenpflanzen einzusetzen, insbesondere nachdem mir Jordi mit einem Nachdruck, der an diktatorisches Gehabe grenzte, versichert hatte, dass ich die wertvollen Pflanzen andernfalls bestimmten zerstörerischen Pilzsporen ausliefern würde, die im warmen, feuchten Klima Mallorcas beste Lebensbedingungen vorfanden. Ein zurückhaltender Einsatz eines mit Kupfer versetzten Fungizids und rechtzeitige Anwendungen des guten alten Derriswurzelinsektizids würden genügen, um unsere Tomatenpflanzen bei bester Gesundheit zu halten.

Jordi duldete keine Diskussion über die Umweltunbedenklichkeit dieser Mittel, wie ich auf mühsame Art und Weise herausfand. »Verflucht noch mal!«, schrie er, als er an einem milden Frühsommerabend unsere in Reih und Glied im fleckigen Schatten eines alten Feigenbaums stehenden Tomaten begutachtete. »Ich sag dir, Mann, der vafluchte Puda tun den gutn Sex weniga schadn als da Mist, den de zum Wässan von die Pflänzchen nimms. Arme Nachbarn.« Er fasste sich an die Nase und würgte. »Buff, Jordi hält den Mief nicht aus! Puh, is ja lächalich!«

Was den Geruch anbelangte, wusste ich, was Jordi meinte. Aus gleichermaßen praktischen und »ökologischen« Gründen nutzten wir den nährstoffreichen flüssigen Inhalt der Jauchegrube des Hauses, um unsere Tomatenpflanzen zu gießen. Dieses Vorgehen war durchaus sinnvoll in einem Land, in dem das Wasser knapp und der im Laden gekaufte Dünger ebenso teuer wie überall anderswo auch war. Dass wir die Tomaten bewusst ausreichend weit vom Haus entfernt und zugleich so nah wie möglich beim Wochenendhäuschen der Ferrers gepflanzt hatten, könnte dem Uneingeweihten als wenig rücksichtsvoll, wenn nicht sogar als geradezu asozial erscheinen. Und tatsächlich beinhaltete unsere Entscheidung, unsere kleine Tomatenpflanzung direkt bei der Mauer anzulegen, die unser Grundstück von dem unserer gelegentlichen Nachbarn trennte, ein kleines Element der Boshaftigkeit. Sagen wir es einmal so: Dies war unsere Art, ihnen ein wenig von dem zurückzugeben, was ihnen gehörte, denn sie waren nicht ganz ehrlich gewesen, als sie beim Verkauf des Hauses die »Effizienz« der Abwasserleitungen gepriesen hatten. Jordi wusste das, und mir war klar, was er meinte, als er von den Unannehmlichkeiten sprach, die der Mief den Ferrers bereitet haben musste, als das Haus noch ihnen gehörte.

Hingegen verstand ich nicht, was er meinte, als er im selben Atemzug verkündete, die chemischen Pflanzenschutzmittel würden dem »guten Sex« weniger Schaden zufügen als der Geruch der Jauche den Ferrers. Konnte es sein, dass das Einatmen von Kupfersulfat- und Derrispulver mit einer mir unbekannten Beeinträchtigung der männlichen Libido einherging? War es möglich, dass der Kontakt mit diesen Substanzen und nicht eine Überdosis Champagner meine

Gleichgültigkeit gegenüber Ellies Annäherungsversuchen in der Nacht der O'Brien-Party verursacht hatte? Ich musste der Sache unverzüglich auf den Grund gehen.

»Guter Sex?«, fragte ich Jordi und kratzte mich am Kopf. »Entschuldigung, aber wie kann es schlecht für guten oder irgendeinen anderen Sex sein, Tomatenpflanzen mit einem Pulver zu bestreuen?«

Er schüttelte den Kopf und sah mich in der ihm eigenen Art an – in diesem Blick lag eine Spur von Mitleid, die darauf hindeutete, dass mir die Buchstaben K-R-E-T-I-N deutlich auf die Stirn geschrieben standen. »Bienen!«, sagte er und hob die Augenbrauen in Erwartung der Buchstaben, die nun auf meiner Stirn auftauchen würden: H-E-U-R-E-K-A!

Doch diese Buchstaben wurden nicht sichtbar. Vielmehr war ich verwirrter als zuvor und anscheinend war das unübersehbar.

»Bienen!«, pflaumte mich Jordi an, als würde die Botschaft leichter in meinen begriffsstutzigen Verstand vordringen, wenn er die Lautstärke erhöhte. »Du musst vorsichtig sein, dass der Pulva nicht den vaflixtn Bienen schadn tut.«

Ich war kein bisschen klüger als zuvor. »Bienen?«, wiederholte ich. »Sex? Bienen?«

Jordi presste die Zähne zusammen und sein knochiger kleiner Körper spannte sich vor lauter Verzweiflung.

»Ja, *Bienen!*«, stieß er hervor. »Bienen und Spinnen in Tomaten, Meisen in Obstbäumen, Masern in Rüben – alles varfluchte Sex! Alles vaflixte Sex, aba nur die Bienen sin gute Sex füan Bauern! Vadammt noch mal,

Mann, dein Englisch ist vadammt schlecht worden, seit du hierher kommen bist!«

Ich lernte die Schleifen von Jordis improvisiertem englischen Vokabular mit jedem Gespräch ein wenig besser kennen, und es dauerte nicht lange, herauszufinden, dass er mit »Meisen« Ameisen meinte und dass »Masern« für Maden stand. Und ein oder zwei Sekunden später fiel auch der Groschen in Bezug auf die Bedeutung des von ihm so nachdrücklich verwendeten Wortes »Sex«. Ich neigte den Kopf in vorgetäuschter Scham und versuchte, nicht zu grinsen. »Tut mir Leid, Jordi«, murmelte ich. »Als du ›Bienen‹ sagtest, hätte ich wissen müssen, dass du die guten ›*Insects*‹ meintest.«

»Das is es genau, was dea vafluchte Jordi sagn tut. Die Bienen sind SEX, die keinen nix schaden tun!«

Ich hatte mich daran gewöhnt, in linguistischen Fragen das Nachsehen gegenüber Jordi zu behalten, und letzten Endes war es für mich sehr viel leichter, mich mit dieser Unterlegenheit und den kleinen Eigenheiten seines Englisch abzufinden, als in *seiner* Muttersprache mit ihm zu kommunizieren. An diesem Tag erhielten die Worte »Sex«, »Meisen« und »Masern« eine neue Bedeutung für mich – zumindest, wenn ich mit Jordi sprach. Doch was er mir in seinem unverwechselbaren Stil klar zu machen versuchte, war dasselbe, was mir Pepe Suau einmal auf *seine* unverwechselbare Art geraten hatte: Um den Bienen, deren Bestäubungsarbeit unverzichtbar ist, nicht zu schaden, muss man beim Einsatz von Insektiziden in der Blütezeit der Pflanzen sehr vorsichtig sein. Die alte Maria hatte mir einmal gesagt, die Bienen seien die kleinen Cupidos der Wiesen, ohne deren Liebespfeile keine Befruchtung der Blüten möglich sei. Nichtsdestotrotz durfte Pepe Suau auch bei *ihren* Obstbäumen behutsam Chemikalien einsetzen, wenn es galt, einen Schädlingsbefall und Krankheiten zu stoppen. Allerdings würde sie zweifellos behaupten, dies sei ohne ihre Erlaubnis geschehen. Sie würde verkünden, ihr langmütiger Schwiegersohn Jaume, der de facto ihre *finca* verwaltete und selbst nicht mehr als junger Hüpfer bezeichnet werden konnte, in Marias Augen jedoch ein jugendlicher, in Traktoren vernarrter Gernegroß und Feind des Althergebrachten war, habe gemeutert und heimlich diese Schandtat begangen. Doch die Zeiten änderten sich, und so oft Leute wie Maria und Pep auch ihr Loblied auf die gute alte Zeit sangen, lauschten sie doch mittlerweile selbst unauffällig der Musik der Modernität, wenn sie auch nicht selbst dazu sangen.

Um einen kleinen Beitrag zur Erhaltung der »grünen« Arbeitsmethoden zu leisten (und den angeborenen Spartrieb eines Schotten zu befriedigen), schlug ich Ellie vor, wir sollten Marias Trick zur Bekämpfung der Ameisenarmeen ausprobieren und Ruß auf die Türschwelle streuen. Ellies prompte Antwort hätte nicht prägnanter ausfallen können:

»Solltest du es noch nicht bemerkt haben: Ruß ist nicht grün. Er ist schwarz! Doch falls du wirklich unter einer plötzlichen Attacke von Farbenblindheit leidest, so will ich dich aufklären: Die teure Brücke auf dem Boden hinter der Eingangstür ist eindeutig weiß. Wenn du willst, kannst du den Farbton Creme, Pergament, Alabaster, Eierschale oder Elfenbein nennen, aber *nicht* Schwarz. Und genau so wird sie aussehen, wenn du, die Jungs und Bonny anfangt, mit rußigen

Füßen darauf herumzulaufen.« Sie drückte mir eine Sprühdose in die Hand. »Hier hast du ein Mittel, das die Ameisen vertreibt. Ich habe es heute Morgen in der Eisenwarenhandlung gekauft.« Und bevor ich auf die Kosten sparenden Vorteile des Rußes hinweisen konnte, fügte sie hinzu: »Diese kleine Spraydose hat vielleicht ein bisschen mehr gekostet als eine Hand voll Dreck aus dem Kamin, aber sie ist sehr viel billiger als dieser Teppich!«

Also tat ich mit einer stummen Entschuldigung für meinen Beitrag zur Erderwärmung wie geheißen und feuerte eine unsichtbare Salve auf die Türschwelle. Natürlich wirkte das Spray. Der Anführer der nächsten Ameisenhorde schnüffelte nur kurz an der chemischen Keule, schwenkte ungeduldig seine Antennen, bog nach rechts ab und trat in Gefolgschaft seiner Truppen den Rückzug an. Zweifellos würden sie sich ein anderes Haus suchen mit einer weniger fragwürdigen Begrüßungsmatte vor der Tür. Selbst wenn mein flüchtiger Einsatz des Sprays der Ozonschicht weiteren irreparablen Schaden zugefügt hatte, war dies den Ameisen mit Sicherheit vollkommen gleichgültig. Guter alter Ruß oder moderne Insektengifte: In ihren Augen war das alles dasselbe. Die grotesken zweibeinigen Riesen, die wertvolle Arbeits- und Marschzeit vergeudeten, indem sie derart lästiges Zeug ausstreuten, waren ohnehin nur zeitweilige Besucher in ihrer Welt. Jede Ameise, die all ihre Sinne beieinander hatte, wusste, dass ihre Spezies schon einige Millionen Jahre länger existierte als diese aufdringlichen Wesen und zweifellos noch Millionen Jahre nachdem sich die Eindringlinge mit Ruß und Sprays selbst ausgerottet hätten, auf der Erde herumkrabbeln würde. Und es dürfte sehr gewagt von uns sein, dieser Einschätzung zu widersprechen. Wenn die Untergangspropheten Recht haben, werden Rußflecken auf unseren Teppichen bald die geringste Sorge der Menschheit sein.

Doch ich konnte Ellie keinen Vorwurf daraus machen, dass sie es entschieden abgelehnt hatte, ein weiteres Hausmittel der alten Maria auszuprobieren. Ich hatte bereits einige dieser Mittel getestet und hätte mich sehr gefreut, wenn sie ebenso gut (oder sogar besser) als ihre modernen »wissenschaftlich erprobten« Gegenstücke funktioniert hätten, doch im Allgemeinen war ihre Wirksamkeit sehr beschränkt. Um fair zu sein, muss ich gestehen, dass ich Marias Hausmittel vielleicht einfach nicht richtig angewandt hatte. Vielleicht hatte ich die Walnussblätter nicht nah genug an den Schlupfwinkel der Kakerlaken unter dem Kühlschrank gelegt, um die ekelhaften Viecher für immer aus dem *almacén* zu vertreiben. Und es war gut möglich, dass ich nicht die richtige Menge des mit Salz vermengten Zitronensafts in der Küche versprüht hatte, um die unentwegt eindringenden Zimmerfliegen fern zu halten. Obwohl es mir nicht zusteht, die Berichte über die Wirksamkeit dieser Methoden als Jägerlatein abzutun, musste ich schließlich, um es mit den unsterblichen Worten von Kermit dem Frosch zu sagen, eingestehen, dass es »nicht leicht ist, grün zu sein«.

Nicht dass ich für mich in Anspruch hätte nehmen können, ein ökologischer Aktivist zu sein. Ein Anhänger des Umweltschutzes? Durchaus, zumindest ein Sympathisant des grünen Gedankens. Doch ein Aktivist, der die Ökologie auf sein Banner geschrieben hatte? Nun ja, das nicht gerade – dies für mich in Anspruch zu nehmen, wäre ein wenig überzogen gewesen. Zumindest was die landwirtschaftliche Praxis anbelangte, gehörte ich zweifellos zu denen, die sich für jenen Mittelweg entschieden hatten, den auch Pepe Suau gewählt hatte. Wenn es jedoch um meine persönliche Gesundheit ging, hatte ich tatsächlich ein stärkeres Interesse an jenen »alternativen« Heilmethoden entwickelt, von deren Wert mich die alte Maria zu überzeugen versuchte, seit ich zum ersten Mal eine ihrer Predigten über die »gute alte Zeit« gehört hatte.

Ihre »natürliche« Methode zur Abschreckung der Blut saugenden Mücken war ein gutes Beispiel. Ich will nicht behaupten, dass ich häufiger von Mücken gestochen werde als andere Leute (obwohl ich den dunklen Verdacht hege, dass es doch so ist!), und die Stiche an sich machen mir keine übertriebenen Sorgen. Die Wirkung der die Blutgerinnung hemmenden Substanz, die mir eine Mücke mit ihrem Stechrüssel injiziert, um mir möglichst mühelos eine möglichst große Menge meines Bluts zu stehlen, macht mir hingegen sehr wohl Sorgen. Große Sorgen!

Bevor ich fortfahre, sollte ich darauf hinweisen, dass es auf Mallorca praktisch kein krabbelndes oder kriechendes Getier gibt, das eine ernsthafte Gefahr für den Menschen darstellt. Man könnte ein Leben lang durch die Berge und Ebenen der Insel wandern, ohne jemals einer giftigen Schlange oder Spinne zu begegnen. Selbst die mallorquinischen Mücken sind nicht gefährlicher für den Menschen als ihre lästigen Vettern im Norden, jene berüchtigten kleinen Insekten, die im Sommer in den schottischen Highlands ausschwärmen, um unglückselige Besucher zur Raserei zu treiben. Doch aus irgendeinem Grund hatten mir die schottischen Mücken nie große Schwierigkeiten gemacht. Vielleicht ließen sie mich einfach in Ruhe, weil sie der einheimischen Kost überdrüssig waren und das exotischere Blut ausländischer Touristen vorzogen. Und möglicherweise galt dasselbe Prinzip auch auf Mallorca, denn die dortigen Stechmücken, die im Mittelmeerklima ebenso allgegenwärtig waren wie Ameisen und Kakerlaken, waren zum Fluch meines Lebens geworden, seit im Frühling die Temperaturen zu steigen begonnen hatten.

Von dem Augenblick an, da ich das kaum wahrnehmbare Trippeln der Spindelbeine auf meiner Haut und den folgenden Nadelstich des winzigen Saugrüssels spürte, vergingen nur wenige Sekunden, bis in der unmittelbaren Umgebung der Stelle, an der der Tresor meiner schlecht bewachten Blutbank aufgebrochen worden war, die Temperatur zu steigen begann. Dann kam das Jucken – ein übles Jucken, auf das unbedingt mit Kratzen geantwortet werden musste, woraufhin es mich noch mehr juckte. Eine Folter. Nachdem etwa eine Stunde vergangen und das Jucken fast unerträglich und das Kratzen noch wilder geworden war, begann die kleine rote Pustel am Ort des Überfalls zu schwellen. Von Panik ergriffene Antikörper pumpten riesige Mengen Histamin in die Gefahrenzone. Schließlich sah meine immer noch juckende Haut wie ein mit Wasser gefüllter Gummihandschuh aus. Und das ist keine Übertreibung! Ich bin davon überzeugt, dass die Reaktion meines Stoffwechsels auf Mückenstiche eine Eintragung im *Guinness-Buch der Rekorde* verdient.

Einmal wurde ich von einer ganzen Schwadron winziger Stuka-Kampfbomber attackiert, während ich friedlich in meinem Bett schlief. Als ich am Morgen aufwachte, entdeckte ich, dass sie rund um mein linkes Auge geschwelgt hatten, und auf einer Schulter, die offensichtlich nicht zugedeckt gewesen war, fanden sich aufschlussreiche Hinweise auf ein noch besser besuchtes Blutsaugerfestessen. Als ich aufstand, um die Schäden im Spiegel zu begutachten, stieß Ellie einen Schrei aus, der mir das Blut in den Adern gefrieren ließ. Ich drehte mich um und sah sie kerzengerade im Bett sitzen – der Schrecken stand ihr selbst im Halbdunkel des Schlafzimmers deutlich ins Gesicht geschrieben.

»Was zum Teufel ist mit dir los?«, fragte ich gereizt. »Um Himmels willen, Ellie, ich hätte vor Schreck fast die Hosen verloren!«

»Ach, du bist es nur«, seufzte sie erleichtert.

»Und für wen hast du mich gehalten?« Ich litt zu sehr unter dem Juckreiz, um mir Gedanken über eines der Dramen zu machen, die sie inszenierte, wenn sie einen Albtraum hatte.

Ellie begann zu kichern. »Das war ein schöner Schreck, beim Aufwachen diese seltsame Figur mit dem Höcker auf der Schulter in der Dämmerung umherschlurfen zu sehen.« Sie gluckste erneut. »Als du dich umdrehtest und ich dein Gesicht sah, glaubte ich wahrhaftig, Quasimodo sei zu Besuch gekommen.«

Sie übertrieb ein wenig – jedoch nicht allzu sehr, wie ich sofort entdecken sollte. Als ich die Lampe über dem Badezimmerspiegel einschaltete, sah ich in der Tat nicht mir selbst ins Gesicht, sondern dem Glöckner von Notre Dame. Meine linke Gesichtshälfte sah aus wie die von Charles Laughton in dem Film aus den dreißiger Jahre und die einzige Deformation, die mir Quasimodo voraushatte, war der Buckel, mit dem meine Schwellung an der Schulter nicht ganz mithalten konnte.

Ich musste etwas tun, um mich vor diesen wiederkehrenden Heimsuchungen zu schützen. Die handelsüblichen Salben und stinkenden Tinkturen hatte ich bereits alle ausprobiert. Die Hersteller versprachen einen zuverlässigen Schutz gegen Mückenangriffe, doch mich schützten sie nicht. Also musste ich alle Salben kaufen, die mir in der Apotheke in Andratx zur Linderung des Juckreizes und der Entzündungen empfohlen wurden. Ich schleppte derart große Mengen dieser Präparate nach Hause, dass ich nahe daran war, den Apotheker nach einem Großhandelsrabatt zu fragen. In meiner Verzweiflung riskierte ich es sogar, den Spott des alten Pep auf mich zu ziehen und ihm eines Morgens in einem jener weitschweifigen Gespräche, die wir an seinem Gartentor über Gott und die Welt zu führen pflegten, mein Leid zu klagen.

»*Basura!*«, maulte er. »Alles Mist! Mit diesen ganzen chemischen Mitteln gegen Insektenstiche kannst du nicht mehr anfangen als ein hungriger Chinese mit einem einzelnen Essstäbchen!« Pep fällte das unanfechtbare Urteil, dass Essig, und zwar ein möglichst starker und beißender, die einzige Lösung dieses Problems sei. Wenn ich alle nicht bedeckten Hautflächen mit Essig einrieb, würde sich kein *mosquito* mehr näher als einen Meter an mich heranwagen. Und ohne Stiche würde ich auch keine Salben zur Linderung meiner Qualen kaufen müssen. *Coño* – ich würde ein Vermögen sparen!

Für den Fall, dass er mich wieder einmal auf den Arm genommen hatte, beschloss ich, Peps Empfehlung der alten Maria zur Beurteilung vorzulegen, bevor ich seinen Rat befolgte. Sie zuckte nur mit den Schultern und machte ein Gesicht, das mir sagen sollte, dass dieses Hausmittel doch aller Welt bekannt sei.

»*Naturalmente*«, sagte sie, »*el vinagre* hält die Mücken fern. Außerdem lindert er den Schmerz nach einem Wespenstich, gibt stumpfem Glas seinen Glanz zurück, hilft bei Sonnenbrand, entfernt Rückstände von Achselschweiß aus Hemden und hilft bei hunderten anderen Problemen. *Los mosquitos?*« Sie wischte mit der Hand durch die Luft. »*Ay-y-y, ningun problema!* Reib dich mit *mucho vinagre* ein und sie werden dich meiden wie mein Schwiegersohn die Arbeit!«

Das genügte mir.

»Du riechst wie frittierter Fisch mit Fritten«, lautete Ellies Kommentar, als ich einen ersten Versuch mit dem Essig unternahm. »Ehrlich, dieser Mief erinnert mich an etwas, was in eine Zeitung eingerollt aus einem Fish-and-Chips-Lokal getragen wird.« Sie sah mich an und rümpfte die Nase. »Ich werde nicht mit dir aus dem Haus gehen, wenn du so stinkst!«

Da wir uns gerade auf den Weg in ein Restaurant machen wollten, von dem wir gehört hatten – ein kleines Lokal, das auf der anderen Seite der Berge im Wald versteckt lag und uns als Geheimtipp empfohlen worden war –, wurde mir klar, dass die Lage ernst war. Seit ich Ellie kannte, hatte sie sich noch nie eine Gelegenheit entgehen lasen, auswärts essen zu gehen. Ich musste mich den Tatsachen stellen: Die Tage der Kurpfuscherei waren gezählt. Es war an der Zeit, das Problem wissenschaftlich anzugehen.

Einige rasche Nachforschungen ergaben, dass nur die weiblichen Mücken stechen – und auch das nur, wenn sie trächtig sind. Der Grund dafür ist, dass die Mücke Blut braucht, um ihre befruchteten Eier zu ernähren. Und da sie trächtig ist, braucht sie nichts weniger als weitere Avancen verliebter Männchen. Was das Weibchen anbelangt, haben die Kerle ihren Zweck erfüllt. Sollten sie also immer noch scharf sein, so können sie es einer Hornisse besorgen – oder sich selbst. Offensichtlich überlebt die Mücke nicht seit vielen Millionen Jahren, indem sie freimütige Leidenschaft als Liebe tarnt, jedenfalls nicht, soweit es die Weibchen betrifft. Und da sie derart hart gesotten sind, kann man sich leicht vorstellen, mit welcher Geringschätzung sie die vergeblichen Versuche des Menschen betrachten, ihre Vermehrung zu unterbinden. »Was hoffen diese vor kurzem eingetroffenen Wesen zu erreichen, indem sie sich mit diesen stinkenden chemischen Lotionen und den angeblich narrensicheren Mückengiften einschmieren?« Ich stellte mir vor, dass dies die häufigste Frage unter Mückenmatronen war, die einander in der Fortpflanzungszeit bei einem stinkenden, trüben Teich begegneten. »So ist es nun einmal«, sagten sie wahrscheinlich, »nirgendwo riecht es übler als zwischen den Beinen eines Dinosauriers, doch Millionen unserer Vorfahren hatten keine Bedenken, ihre eingebauten Strohhalme dort hineinzustecken, um die Zukunft ihrer ungeborenen Kinder zu sichern.«

Wenn ich es so betrachtete, neigte ich auch ohne Ellies entmutigende Worte zu dem Eingeständnis, dass mein Kampf gegen die Stechmücke wahrscheinlich aussichtslos war. Ein einziger Dinosaurierfurz dürfte genügt haben, um auf einen Schlag zigtausende Blut saugende Mücken in der näheren Umgebung eines Brontosaurusarsches auszurotten. Wenn die kleinen prähistorischen Quälgeister bereit gewesen waren, für eine Mahlzeit dieses Ende zu riskieren, gab es keine Hoffnung, ihre zeitgenössischen Abkömmlinge mit ein wenig Essig davon abzubringen, mich aufs Korn zu nehmen – gleichgültig was Pep und Maria behaupteten. Meine Aussichten waren nicht rosig.

Doch auch für dieses Problem sollte es eine Lösung geben. Einige Tage nachdem ich mich über die Bedürfnisse schwangerer Mücken informiert hatte, stieß ich im *Majorca Daily Bulletin* auf die Anzeige eines Versandunternehmens, die eine geraffte Version der Ergebnisse meiner jüngsten Studien enthielt. Ausgehend von diesen Erkenntnissen, so hieß es in der Anzeige, sei ein kleines Gerät entwickelt worden, das ein Signal abgebe, welches die Frequenz des Surrens eines sexsüchtigen Mückenmännchens nachahme. Dieser batteriebetriebene »Mückenschrecker« sei so klein, dass man ihn wie einen Stift in die Hemdtasche stecken könne. Und obendrein sei das Signal für das menschliche Ohr praktisch nicht wahrnehmbar, während es die weiblichen Mücken nicht überhören könnten. Anders als bei Produkten, die auf den abschreckenden Geruch setzten, werde der Benutzer keine negativen Auswirkungen auf sein Sozialleben fürchten müssen. Ich war gerettet! Sofort gab ich eine Bestellung auf.

Können Sie sich mein Entzücken vorstellen, als ich

feststellte, dass der Apparat wirklich funktionierte? Mit dem Ding in meiner Hemdtasche war ich plötzlich nicht mehr das Ziel der blutdürstigen Biester. Endlich konnte ich auch Orte aufsuchen, an denen es von Mücken wimmelte, und eine Mahlzeit oder ein Getränk im Freien genießen, ohne einem unablässigen Aderlass ausgesetzt zu sein. Selbst die Behauptung des Herstellers, das Gerät werde weder für den Benutzer noch für die Personen in seiner Umgebung eine Geräuschbelästigung darstellen, erwies sich als vollkommen zutreffend. Man musste sich den winzigen Lautsprecher ans Ohr halten, um auch nur einen Hauch des schrillen Pfeiftons wahrzunehmen, den das Gerät aussandte. Zugegeben, vorbeilaufende Hunde warfen mir häufig einen verwirrten Blick zu und suchten rasch mit angelegten Ohren und eingeklemmtem Schwanz das Weite. Doch das war in meinen Augen ein annehmbarer Preis für den Seelenfrieden und die Befreiung von dem quälenden Juckreiz, den die eitrigen Beulen auf meiner Haut bis dahin so oft verursacht hatten.

Doch unglücklicherweise sollte sich die beschriebene Wirkung auf Hunde sehr bald als der Fels erweisen, an dem das rettende Schiff zerschellte.

Bonny war ein Hund und hatte nichts für meine selbstsüchtige und gefühllose Haltung gegenüber der Empfindsamkeit ihres Gehörs übrig. Und sie zeigte ihre Ablehnung auf sehr ungehobelte Art und Weise. Nachdem ich einige Wochen lang von keiner Mücke belästigt worden war, betrachtete ich mein vormaliges Problem ein wenig hochnäsig und begann, den kleinen Apparat erst nach Sonnenuntergang einzustecken, wenn die kleinen Vampire besonders zahlreich wurden. Ich hatte mir angewöhnt, den Mückenschrecker während des Tages ausgeschaltet auf dem Küchentisch liegen zu lassen, um die Batterien für die gefährlicheren Abendstunden zu schonen. Bei diesen Gelegenheiten, insbesondere wenn wir den Hof für ein oder zwei Stunden verließen, blieb Bonny in ihrer Eigenschaft als Hüterin des Hauses normalerweise in der Küche zurück, von wo aus sie durch die offene Tür auf die eingezäunte Terrasse laufen und die Umgebung beobachten konnte. Bonny nahm ihre Aufgabe ernst. Obwohl sie noch kein Jahr alt war, hatte sie sich selten nach dem alten Sprichwort verhalten, demzufolge »der Teufel den untätigen Pfoten Arbeit geben wird«. Ihr schlimmstes Vergehen in einer der seltenen Situationen, in denen sie die Langeweile ihres einsamen Wachhunddaseins nicht mehr ertragen hatte, bestand darin, dass sie ein bisschen Tand aus dem Fliegengitter in der Küchentür gerissen oder auf der Terrasse ein oder zwei Geranien aus den Blumentöpfen »gepflückt« hatte. Und selbst dann legte der schuldbewusste Ausdruck in Bonnys ausdrucksstarkem Boxergesicht ein volles Geständnis ab, sobald wir heimkehrten. Sie wusste, dass sie etwas falsch gemacht hatte, und schon ein »Ojojoj!« und ein tadelnd erhobener Finger genügten, um sie in tiefster Scham versinken zu lassen.

Der Ausdruck reiner Freude und grenzenlosen Stolzes, der ihr Gesicht erhellte, nachdem sie meinen Mückenschrecker zerstückelt hatte, sprach Bände darüber, wie sehr sie den Apparat vom ersten Tag an gehasst hatte. Ich hätte die Vorzeichen erkennen müssen. Wann immer ich das surrende Gerät in Bonnys Gegenwart einschaltete, legte sie den Kopf gequält zur

Seite, in den großen braunen Augen einen gleichermaßen verwirrten und flehenden Blick, so als wollte sie mir sagen: »Schalt *bitte* diese Höllenmaschine aus.« Und für den Fall, dass ich die Botschaft nicht verstanden hatte, wimmerte sie anschließend ein wenig und begann, ihre Ohren abwechselnd mit einer Vorderpfote zu bedecken. Ich fühlte mich sehr wohl schuldig dafür, ihr Unbehagen zu bereiten, doch ich war der Meinung, dies sei kein zu hoher Preis dafür, dass ich meinerseits keine Höllenqualen mehr erdulden musste. Ich mochte Bonny eine kleine Unannehmlichkeit bereiten, dachte ich, doch der Zweck heiligte das Mittel.

Ich hatte mich geirrt und lernte, dass man die Entschlossenheit eines verärgerten Hundes nie unterschätzen sollte. Ich hatte gedankenlos Bonnys Klangwelt durch einen Eingriff verwirrt, der für einen Hund viel einschneidender war als die gelegentliche Verwendung von Sprays und Chemikalien für den Menschen – oder auch für Bonny und ihre vierbeinigen Gefährten. Alles ist subjektiv, sogar in der Welt eines Hundes.

Zwei Pfotenabdrücke auf dem Küchentisch, eine angenagte kleine Batterie und ein winziges Knäuel gut durchgekauter elektronischer Schaltkreise war alles, was von meinem geliebten Antimückenapparat übrig geblieben war, als wir eines Tages von einem Einkaufsausflug nach Palma zurückkehrten. Bonnys unverhohlen bekundete Freude über das, was sie getan hatte, wurzelte zweifellos in der Überzeugung, uns einen ebenso großen Gefallen getan zu haben wie sich selbst. Wie hätte sie auch ahnen sollen, dass ihr Herrchen vollkommen taub für die Hochfrequenzsignale war, die ein Hund klar und deutlich hören konnte.

Obwohl ich ihr Problem nachvollziehen konnte und mir der Tatsache bewusst war, dass sie sich für den wohlgemeinten Zerstörungsakt nicht schuldig fühlen konnte, wollte ich augenblicklich ein Ersatzgerät bestellen. Doch das Schicksal war auf Bonnys Seite. Als ich versuchte, den Anbieter zu kontaktieren, hatte er sein altes Postfach aufgegeben, wie es bestimmte Versandunternehmen häufig tun. Die Firma war einfach verschwunden; wer weiß, vielleicht waren die Betreiber auf der Flucht vor Rudeln rasender Hunde. Zwar stöberte ich im Lauf der Zeit verschiedene Geräte auf, die nach demselben Prinzip wie mein Mückenschreck funktionierten, doch keines zeigte die erhoffte Wirkung, jedenfalls nicht bei mir. Bonnys Erleichterung war so groß wie meine Verzweiflung. Ich musste wieder von vorn anfangen.

Dann schlug sich Fortuna, die anscheinend in der Stimmung war, für Gerechtigkeit zu sorgen, auf meine Seite. Es war einige Monate her, dass mir die alte Maria von einer althergebrachten Methode zur Abschreckung der *mosquitos* erzählt hatte: Wenn man im Freien aß, sollte man eine Hand voll getrockneten Eselsdung ins Feuer oder auf die Grillkohlen werfen. Der Rauch werde seine Wirkung nicht verfehlen, versprach sie. Natürlich hatte ich diese Methode nie ausprobiert, da ich nicht dabei gesehen werden wollte, wie ich der würdelosen Beschäftigung nachging, die Straßen und Wege im Tal nach Eselshaufen abzusuchen – vor allem dann nicht, wenn dies vielleicht nur wieder einer von Marias typischen hinterlistigen Späßen gewesen war.

»Aber es stimmt, *amigo*!«, rief Gabriel begeistert aus. Gabriel war der freundliche Besitzer der Ferretería Capri, einer an Aladins Höhle erinnernden Eisenwarenhandlung am Ortsrand von Peguera. »*Sí, sí,* und eine schwelende Räucherspirale wird die *mosquitos* ebenso wirksam auf Distanz halten wie die brennende Eselsscheiße. *Sí claro!*« Er hätte nicht überzeugter wirken können.

Rein zufällig fand ich so eine Räucherspirale beim Stöbern in einer Wühlkiste vor seinem Laden. Eine auffällige Zeichnung einer toten Mücke prangte auf der Schachtel.

»Die Letzte, die wir haben«, sagte Gabriel. »Alte Bestände, Sie wissen schon. Aber warten Sie!« Er hob den Zeigefinger und berichtigte sich. »Ich kann sie nachbestellen, wenn Sie welche brauchen. *No es problema, amigo.*«

Am nächsten Morgen war ich wieder in seinem Laden, um eine dringende Nachschublieferung zu ordern. Die hauchdünne Räucherspirale wurde mit einem kleinen Metallständer geliefert, auf dem man sie befestigen musste, nachdem man vorsichtig die zerbrechlichen Ringe der Spirale auseinander gezogen hatte. Laut Gebrauchsanweisung musste man anschließend lediglich das Ende des äußeren Rings anzünden, dafür sorgen, dass er richtig schwelte, und die Räucherspirale unter dem Stuhl oder dem Tisch auf den Boden stellen, während man sein Abendessen im Freien einnahm. Keine Mücke würde sich in die Nähe wagen – garantiert!

Zu meinem Entzücken hatte der Hersteller dieses Versprechen nicht leichtfertig gegeben. Die Räucherspirale funktionierte wunderbar. Um sie zu testen, setzte ich mich noch am selben Abend drei Stunden lang unter die Pinien unseres Gartens. Pinienhaine gelten allgemein als bevorzugte Jagdgründe für marodierende Stechmücken, und obwohl ich viele Insekten im Licht meiner Sturmlaterne vorbeifliegen sah, wagte sich nicht ein einziges davon in meine Nähe. Ich war sicher eingehüllt in meinen Kokon aus unsichtbarem bengalischem Rauch. Und der Geruch? Nun, Bonny war das einzige Familienmitglied, das rücksichtsvoll genug (oder, wie Ellie und die Jungs meinten, dumm genug) war, mir bei meiner einsamen Nachtwache Gesellschaft zu leisten, und selbst ihre hochempfindliche Hundenase empfand den leichten Duft der Räucherspirale nicht als Kränkung. Zugegeben, von der schwelenden bengalischen Räucherspirale stieg nicht unbedingt der Duft eines Räucherstäbchens auf, doch selbst wenn, wie der Name nahe legte, statt des von Maria empfohlenen Eselsdungs gepresste Elefantenexkremente den Hauptbestandteil der Spiralen bildeten, wäre man nie darauf gekommen. Man nahm nichts weiter wahr als einen Hauch brennender organischer Materie, so als würde der Geruch in einer warmen Nacht von einer entfernten Waldlichtung herübergetragen.

Mein Mückenproblem war endlich gelöst, und ich hatte es bewältigt, indem ich eine moderne Variante eines alten Hausmittels angewandt hatte. Es heißt, die einfachsten Ideen seien oft die besten, und ich zog den Hut vor dem schlauen Kopf, der diesen wunderbar unkomplizierten Weg gefunden hatte, um die Wirkung dessen zu nutzen, was den Garten zum Blühen bringt. Von diesem Abend an setzte ich mich nie wieder nach Einbruch der Dunkelheit nach draußen, ohne dass in der Nähe unauffällig meine treue Räucherspirale schwelte. Und ich hörte niemals eine Beschwerde von Mensch oder Tier. Nun ja, zumindest nicht so lange, bis ich eine schwelende Räucherspirale in unserem Schlafzimmer auf das Fensterbrett stellte. Ellie gab sofort zu bedenken, dass der kleinste Luftzug den Vorhang in Brand setzen könne. Sie ersetzte die Räucherspirale durch ein mit Insektizid getränktes Plättchen, das beim Erhitzen einen insektenfeindlichen Dampf abgibt. Ebenso wie die Räucherspirale stellen diese Vorrichtungen nur eine weitere Abwandlung von Marias Methode des verbrannten Eselsdungs dar. Doch ihr Einsatz im Schlafzimmer war ein Kompromiss, den ich bereitwillig einging, wenn auf diese Weise die von Ellie heraufbeschworene Brandgefahr gebannt werden konnte.

»Aha«, wird der umweltbewusste Leser nun möglicherweise denken, »aber was ist mit der chemischen Kontamination durch diese kleinen Insektizidplättchen?«

Offen gesagt war mir das nach all den Unannehmlichkeiten, die ich während meiner langen Suche nach Erlösung von den Mückenstichen erlitten hatte, vollkommen egal. Lieber ließ ich mich ein bisschen vergiften, statt als Quasimodo rumzulaufen.

* * *

Ob die Sonne, wie es im Almanach hieß, tatsächlich in das Sternbild des Skorpions eingetreten war, als im Oktober das erste Gewitter aufzog, wusste ich nicht, aber das Gewitter kam und es war sehr willkommen. In der vorangegangenen Woche hatte sich das Wetter verschlechtert – wenn Sie nachvollziehen können, warum ich einen Temperaturanstieg als Verschlechterung bezeichne. Nachdem wir in der letzten Septemberwoche, als die Bauern die anstehende Ernte von Weintrauben, Mandeln und Oliven nur hin und wieder kurz unterbrochen hatten, um sich ein schattiges Plätzchen zu suchen, die schmerzenden Glieder zu entspannen und ihren Durst zu löschen, angenehm warme Tage gehabt hatten, begannen die Temperaturen Mitte Oktober erneut bis zur fast unerträglichen Hitze des Hochsommers zu steigen. Zumindest hatte es den Anschein.

Von Anfang Juni bis Ende August hatte ich im unablässigen, von Tag zu Tag heißeren Sonnenschein oft den Himmel über dem Tal nach einer kleinen Wolke abgesucht, die sich vor die Sonne schieben und uns für einige köstliche Augenblicke vor der glühenden Hitze schützen konnte. Doch dazu kam es nur selten. So seltsam es in den Ohren auf Sonnenschein versessener Urlauber klingen mag, vermisste ich an solchen Tagen wahrhaftig die Launen des schottischen Klimas. Es gab sogar Zeiten, in denen ich mir bei der Arbeit auf den Feldern von Ca's Mayoral wünschte, es möge ein eisiger schottischer Nebel durch die Obstgärten ziehen, damit ich kühle Luft atmen und meine schweißnasse Haut in feuchter Frische baden könne. Doch der Nebel kam nie. Nur hin und wieder wischte ein zügelloser Wolkenbruch die Sonnenglut weg und eine solche Abkühlung war immer nur von kurzer Dauer.

Doch es muss gesagt werden, dass das Wetter in jenem Oktober nicht *wirklich* extrem war. Da die Tage kürzer wurden, setzte sich die für diese Jahreszeit charakteristische feuchte Luft in den Nachtstunden auf allen ebenen Flächen ab, und da der Tau am Morgen in der aufsteigenden Sonne verdunstete, nahm die Feuchtigkeit mit jedem neuen Tag zu. In Verbindung mit einem Wetter, das für diese Jahreszeit tatsächlich ungewöhnlich warm war, vermittelte die schwüle Luft den Eindruck, die erdrückende Hitze, unter der wir in den endlosen Sommermonaten gestöhnt hatten, sei zurückgekehrt. Selbstverständlich aber kehrte sie nicht zurück. Mutter Natur traf lediglich ihre Vorbereitungen, um die Voraussagen des Almanachs zu erfüllen. Denn jedermann weiß, dass es nur eines gibt, was die Luft reinigt, wenn sie drückend schwül und dick geworden ist …

* * *

Das erste Gewitter schickte seine Vorboten aus Richtung Norden. Das in der Ferne murmelnde Donnern schlich sich zwischen den gezackten Gipfeln der Serra d'es Pinotells und über die kahle, felsige Kuppel des Berges Ses Penyes ins Tal. Die Dämmerung verdrängte den schwülsten Tag der letzten Zeit und die abendlichen Schatten schoben ihre dunklen Finger immer tiefer in die Felsspalten und Gräben der umgebenden Berghänge. Die Luft wurde schwerer und das Grollen des heranrückenden Gewitters kam unaufhaltsam näher.

»Ich werde mich unter dem Küchentisch verstecken«, sagte Ellie mit zitternder Stimme, da sie bereits beim Gedanken an das bevorstehende Gewitter in Panik geriet. Obwohl es noch weit draußen auf dem Meer war und sich möglicherweise erst auf der Höhe von Barcelona befand, das über hundert Meilen entfernt auf dem spanischen Festland lag, hatte Ellies

Angst vor Donner und Blitz bereits ihre Selbsterhaltungsmechanismen ausgelöst.

Wir hatten wie üblich in der Abendsonne auf der Veranda an der Vorderfront des Hauses mit den Jungs zu Abend gegessen und bei einem ländlichen mallorquinischen Gericht, dessen Rezept Ellie von Francisca Ferrer bekommen hatte, über die Schwüle gejammert. Francisca hatte auch die wichtigste Zutat beigesteuert: die Saubohnen aus dem Garten ihres Ehemanns Tomàs, der große Mengen von *habas* anbaute, die ausgezeichnet waren, wie Francisca stets stolz verkündete. Allerdings aß sie selbst die Bohnen nicht. Sie hatte uns einmal verraten, dass die *habas* ihr ebenso wie Kohl, nun ja, *vientos,* Winde verursachten. Francisca war von erfrischender Offenheit. Von der Überheblichkeit, die sie oft an den Tag legte, war nichts zu bemerken, als sie uns erklärte, dass wir aufgrund der unglückseligen Reaktion ihres Verdauungstrakts auf die Bohnen so viel davon haben könnten, wie wir wollten. Wenn Franciscas Angebot vielleicht nicht ganz aufrichtig gemeint gewesen war, so ignorierte Ellie das (zumindest in Gegenwart der Nachbarin) und nahm die geschenkten Bohnen stets mit dankbarem Lächeln an. Warum auch nicht? Tomàs' Saubohnen waren wirklich gut und dasselbe galt für Franciscas Rezept.

Für das Gericht muss man lediglich ein wenig Olivenöl in einer Pfanne erhitzen, gewürfelten Schinkenspeck darin anbraten, eine Kartoffel, eine Zwiebel und eine halbe rote Paprika klein schneiden und dazugeben. Wenn die Zwiebel glasig ist, mischt man so viele gehackte Knoblauchzehen darunter, wie man für angebracht hält (drei oder vier sind üblicherweise genug!), und gibt zwei oder drei Hand voll geschälter Bohnen sowie dieselbe Menge gehackter Tomaten (es können ruhig Dosentomaten sein) sowie eine Tasse Hühner- oder Gemüsebrühe dazu. Das Ganze wird mit einer Prise Salz und reichlich frisch gemahlenem schwarzem Pfeffer gewürzt und gesotten, bis das Gemüse gar ist. Bevor man das Gericht von der Flamme nimmt, mischt man nach Belieben einige Kräuter sowie zum Eindicken ein oder zwei Esslöffel Tomatenmark unter. Wie Sie sich wahrscheinlich bereits gedacht haben, sind die Mengen der einzelnen Zutaten nicht entscheidend. Unverzichtbar ist hingegen, dass jede Portion mit zwei Spiegeleiern serviert wird.

Das ist »Franciscas Saubohneneintopf«. Probieren Sie ihn aus. Er ist einfach, aber köstlich *und* gesund! Allerdings ist eine Warnung angebracht: Die Fähigkeit der Saubohnen, »Winde anzufachen«, ist keineswegs auf Señora Ferrer beschränkt. Unter den Hülsenfrüchten sind insbesondere die Saubohnen dafür berüchtigt, in den menschlichen Därmen verblüffend große Mengen an Gas zu produzieren. Daher ist Franciscas Rezept möglicherweise nicht geeignet, es Ihren Gästen bei einem festlichen Abendessen vorzusetzen, es sei denn, Sie sind sicher, dass alle Anwesenden tolerant auf die unüberhörbaren Reaktionen reagieren werden, die der hohe Bohnengehalt des Gerichts bei manchen Menschen auslösen kann. Charlie war so ein Fall.

Der erste Donner, der sich eher wie ein Schlag als wie ein Grollen anhörte, verriet uns, dass das Gewitter nicht mehr allzu weit entfernt war. Einige Sekunden zuvor hatte ein greller und anhaltender Blitz den Himmel über dem Ses Penyes erleuchtet. Bei diesem

Anblick flüchtete sich Bonny zu Ellie unter den Küchentisch, während die Jungs und ich zurückblieben, um das bevorstehende Spektakel zu genießen. Paradoxerweise übten Gewitter auf uns eine Anziehungskraft aus, die ebenso groß war wie die Abneigung, die Ellie und Bonny diesem Naturschauspiel gegenüber empfanden. Möglicherweise war sie in gewisser Weise vergleichbar mit der unwiderstehlichen Versuchung, die den Pyromanen dazu treibt, Gebäude in Brand zu stecken, um anschließend das Ergebnis bewundern zu können. Obwohl selbstverständlich keiner von uns ein derart zerstörerisches Verhalten an den Tag gelegt hätte (es wäre auch etwas schwierig gewesen, nach Wunsch ein Gewitter zu inszenieren!), mussten wir zugeben, dass wir nach dieser Naturgewalt mit all ihrer visuellen Wildheit süchtig waren. Doch wenn man weitere phantasievolle Spekulationen beiseite lässt, so bestand der wahre Grund für unsere Faszination vielleicht einfach darin, dass die Jungs und ich nicht so viel gesunden Menschenverstand wie Ellie und der Hund besaßen. Natürlich war es nicht so, dass wir vorgehabt hätten, etwas Dummes zu tun. Wir dachten nicht daran, uns mit einem Fuß in einer Pfütze unter einen Baum zu stellen. Nein, wir wollten nichts Gefährlicheres tun, als uns das bevorstehende Schauspiel von der relativ sicheren offenen Veranda aus anzusehen. Und Mutter Natur sollte sich als ebenso großzügig wie rücksichtsvoll erweisen.

Dem Einzug ihres wilden Sprösslings in das Amphitheater unseres Tals ging Stille voraus. Für mehrere Minuten legte sich ein unheilvolles Schweigen über die Felder; keine Grille zirpte, kein Blatt raschelte, kein

Frosch quakte, kein Gecko wagte sich einen Schritt auf der Hauswand voran. Nicht einmal das Bellen eines nervösen Hundes durchbrach die unheimliche Stille, die sich über die umgebenden Berge gelegt hatte. Als diese Stimmung dann schließlich explodierte, waren wir zugleich schockiert und betört von der prachtvollen Naturgewalt. Nur ein Sekundenbruchteil ging der Blitz dem zornigen Brüllen des dazugehörigen Donnerschlags voraus. Die sich verzweigenden Venen der weiß glühenden Entladung rasten waagerecht über den gezackten Kamm des Abidala-Bergs im Westen, und die blendende Helligkeit schien in einem scheinbar endlosen bebenden Rahmen gefangen.

Die Jungs jubelten los und durch die offene Küchentür hörten wir Ellie und Bonny im Duett wimmern. Doch sie hätten sich keine Sorgen machen müssen. Anders als im vorangegangenen Winter, als bei einem ähnlichen Gewitter ein Blitz beinahe einen schönen alten Eukalyptus zerstört hatte, der gefährlich nah an unserer Küchentür stand, hatte die Natur diesmal beschlossen, das Ehrfurcht gebietende Spektakel in einer Entfernung vorüberziehen zu lassen, die gering genug war, um uns zu beeindrucken, gleichzeitig jedoch auch groß genug, um keine Gefahr für Ca's Mayoral und die anderen kleinen Höfe darzustellen, die sich schutzlos im Tal duckten. Es wurde wahrlich ein Spektakel!

Das Gewitter zog stetig in südlicher Richtung und bot uns über den Gipfeln der Tramuntanas eine Show, die in ihrer wilden Leuchtkraft alles übertraf, was der Mensch je inszenieren könnte. Ich hatte schon viele der sorgfältig choreographierten Feuerwerke bewundert, die alljährlich zum Abschluss des Festivals von Edinburgh stattfanden, jene verschwenderischen pyrotechnischen Spektakel, die vor der spektakulären Kulisse des Edinburgh Castle inszeniert wurden. Doch keines dieser Feuerwerke konnte sich mit dem extravaganten Schauspiel messen, das hier von der schieren Gewalt der Elemente aufgeführt wurde. Angesichts dieses Bildes war leicht nachzuvollziehen, wie die großen griechischen und römischen Dichter der Antike so lyrische Worte für die Macht und den Glanz dieser mediterranen Gewitter hatten finden können.

Eine massive Detonation kündigte den Höhepunkt der Show an. Ein riesiger Lichtball von betäubend intensiver Leuchtkraft explodierte hoch über den Bergen und blieb einige Augenblicke dort hängen. An seinen Rändern zuckten lange, gekrümmte Lichttentakeln, die ihm das Aussehen einer riesigen portugiesischen Galeere verliehen, einer höllischen, himmlischen Meduse, die mit der Energie von Millionen Volt erleuchtet wurde.

»Gut, was?«, stieß Sandy atemlos, jedoch mit typisch schottischem Understatement hervor. Doch so lakonisch seine Reaktion zunächst scheinen mochte, er hatte es genau getroffen.

Das gesamte Tal wurde nun von einem blendenden weißen Licht überflutet, das die Umrisse der Felswände in kühnen Kontrasten hervorhob, so dass jeder Felsen und jede Spalte klarer gezeichnet war als am hellsten Sonnentag. Ein gewaltiger Paukenschlag hallte ohrenbetäubend von den Klippen zurück.

Nach dem großen Finale über der Insel gab das Gewitter noch eine Reihe von Zugaben, während es südwärts über das Meer nach Ibiza und in Richtung der fernen nordafrikanischen Küste weiterzog.

Und dann kam der Regen, der wunderbare, süße Regen, der erfrischende Regen, den ich während all dieser nicht enden wollenden Tage der Sommerhitze herbeigesehnt hatte. In seinem Kielwasser zog das Gewitter einen leichten Nordwind hinter sich her, einen milden Vorboten der Tramuntana-Stürme, die die Insel in den kommenden Wintermonaten von Zeit zu Zeit heimsuchen würden. Doch im Augenblick trug der Herbstwind sanfte Regentropfen herbei. Ich trat unter dem Vordach hervor und genoss die sanfte Liebkosung des Wassers. Endlich wurde die erstickende Schwüle der vergangenen Woche fortgespült, ich konnte wieder leicht atmen und sog die frische Luft auf, die süß nach nördlicher Mäßigkeit schmeckte.

Ich dachte an den Morgen zurück, an dem ich die stille Schönheit des ersten Sonnenaufgangs im mallorquinischen Frühling bewundert hatte. Es war ein unvergesslicher Augenblick gewesen, der sich jedoch an Dramatik nicht mit dem messen konnte, was wir gerade erlebt hatten – die Ankunft des Herbstes, die gewaltsame Geburt des »Winterfrühlings«. Am folgenden Tag würde neue Kraft in der Luft liegen, und ich würde neue Energie fühlen, die all die Ausreden überflüssig machen würde, die ich in den langen, trägen *mañana*-Monaten zwischen den beiden Frühlingen des Jahrs benutzt hatte, um mich um die Arbeit in der Hitze drücken zu können.

Der nächste Tag würde viel Arbeit mit sich bringen. Ellie würde schon dafür sorgen, sobald ihr Selbstvertrauen wiederhergestellt war.

NEUN

# Das Glück lächelt dem Mutigen

Vom nächtlichen Regen gereinigt, glänzte die Landschaft im morgendlichen Sonnenschein. Der modrige Geruch der warmen, feuchten Erde verschmolz mit den vertrauten Düften von Pinien und Wildkräutern, die von den grünen Berghängen herübergetragen wurden – eine berauschende Mischung natürlicher Aromen, die umso betörender wirkte, als die Luft von einer prickelnden Atmosphäre erfüllt war. Dies war ein Morgen, an dem man einfach glücklich sein musste, auf der Welt zu sein. An solchen Tagen wurden Lieder wie *Oh, what a beautiful morning …* geschrieben, an einem solchen Morgen stand das *»corn as high as an elephant's eye«* – zumindest hätte es so hoch stehen können, wenn ich mich darauf verstanden hätte, auf Mallorca Getreide anzubauen. Das ist eine andere Geschichte, doch selbst die Erinnerungen an derart peinliche kleine Flops konnten die rosige Stimmung nicht trüben, in der ich an diesem Tag schwelgte. Ich saß mit den Jungs auf der Veranda, genoss den Morgen und nippte an einem Glas Orangensaft, der aus nahe liegenden Gründen in Ca's Mayoral ein fester Bestandteil unseres Frühstücks war.

Sogar die Vögel schienen von der euphorischen Stimmung erfasst, die sich im Tal verbreitete, nachdem das Gewitter die Schwüle weggefegt hatte. Die Spatzen in den Pinien beim Tor ersetzten ihr träges, gleichmütiges Tschilpen durch ein lang anhaltendes, heiteres Gezwitscher – ein frühlingshaftes Gezwitscher, da die mallorquinischen Sperlinge wohl, so wie ihre alteingesessenen menschlichen Nachbarn, kein Wort für den Herbst haben ... Schwalben und Mauersegler, die wir nicht mehr im Tal gesehen hatten, seit sie im Frühjahr auf dem Weg nach Norden im Tal zwischengelandet waren, flitzten zwischen den Bäumen im Obstgarten umher und schnappten sich Fliegen und (wie ich hoffte) Mücken, um Energie für die Weiterreise in ihr Winterquartier in Afrika zu tanken. Rund um uns explodierte ein weiterer Frühling, und ich beneidete die gute alte Sonne, die nichts anderes zu tun hatte, als den ganzen Tag lang über den Himmel zu ziehen. Mühelos unterdrückte ich jeden Anflug von Schuldbewusstsein, schloss die Augen und lehnte mich in meinen Stuhl zurück, um diesem Gedanken nachzuhängen.

Als hätte ich ihr damit ihr Stichwort gegeben, kehrte genau in diesem Augenblick Ellie von einem kurzen Einkaufsausflug nach Andratx zurück. »Hier!«, sagte sie und hielt mir eine große Plastiktüte vor die Nase.

»Das ist für die Innenwände des Hauses. Es ist der Fugenfüller, den *du* vor Monaten besorgen solltest. Vier Packungen, und die Ferretería Ca'n Mateu hat jetzt genug davon auf Lager. Du musst dir also keine Sorgen machen, dass dir das Material ausgehen könnte!«

Bei einer flüchtigen Inspektion der Wände des Lagerraums stellte ich fest, dass der geisterhafte Picasso nicht untätig gewesen war, seit ich mir zum letzten Mal die Mühe gemacht hatte, seine Arbeit zu begutachten. Doch da Wochenende war und wir zu viert daran arbeiten konnten, würden wir die feinen Gravuren im Verputz rasch zugedeckt haben. Wenigstens sah es in der Theorie so aus. Es wäre reine Zeitverschwendung gewesen, die Risse einfach zu füllen, ohne vorher das gesamte lose Material an ihren Rändern aus der Wand zu kratzen. Ließ man die kleinen Brocken in den Spalten, würden sie sich irgendwann lösen und die neue Füllmasse ebenfalls wieder lockern. Also mussten wir uns getreu den Anweisungen auf der Packung vor der eigentlichen Reparaturarbeit die Zeit nehmen, mit einem spitzen Gegenstand jedem einzelnen Riss nachzufahren. Der Rat war sehr vernünftig, denn auf diese Art erweiterten wir nicht nur die Spalten zu einem kleinen V-förmigen Kanal, in den wir die Masse schmieren konnten, sondern vergrößerten auch die Bindefläche. Doch auch das war nur in der Theorie so. In der Praxis und insbesondere bei alten Wänden folgen diesen kleinen Bröckchen oft dicke Verputzstücke von der Größe einer Schuhsohle. Diese bröseligen Gipsstücke sind höchstwahrscheinlich seit Jahren nur lose mit dem darunter liegenden Mauerwerk verbunden und warten geduldig darauf, dass ein Dummkopf mit einem kleinen Werkzeug daherkommt und ihnen zur Freiheit verhilft.

Die Wände im *almacén* von Ca's Mayoral hielten viele dieser bösen Überraschungen für uns bereit. So nahm eine wenig verlockende, jedoch verhältnismäßig leichte Arbeit, die in meiner Phantasie im Handumdrehen zu erledigen war, neue und beängstigende Dimensionen an. Umso mehr, als unsere Mannschaft gleich am ersten Tag auf drei Mitspieler zusammenschrumpfte, als der alte Pep an der Tür erschien, um uns zu erklären, dass Sandy dringend gebraucht werde, um für einen »Klienten« auf einer kleinen *finca* im Tal ein Feld zu pflügen. Ich hatte nicht geglaubt, jemals erleben zu dürfen, dass Sandy bereitwillig losmarschieren würde, um unseren kleinen Barbieri-Traktor anzuwerfen, jenen zweirädrigen »Dieselesel«, mit dem er eigentlich nicht gesehen werden wollte, wie zu erklären er nicht müde wurde. Doch ich muss sagen, dass ich ihm seinen plötzlichen Sinneswandel nicht verdenken konnte.

Nach wenigen Stunden hatte sich die Reparatur der Risse im Verputz in eine jener Arbeiten verwandelt, von denen man wünscht, man hätte sie nie in Angriff genommen – in eines jener niederschmetternden Unterfangen, die zusehends ausufern, je länger man damit beschäftigt ist. Überall Staub und Gipsbrocken – in den Haaren, in der Luft, im Nacken, in der Nase, in den Augen, im Mund und natürlich überall auf dem Boden. Irgendwie gelingt es dem Gipsstaub sogar, unter die Folien zu kriechen, die man über die Möbel gebreitet hat. Und wie man bald erkennen muss, hat die Arbeit eigentlich gerade erst angefangen!

Sobald wir einen Riss mit dem spitzen Werkzeug

»geöffnet« hatten, musste einer von uns (in diesem Fall Charlie) den Kanal sowie alles frei liegende Mauerwerk mit einem nassen Pinsel befeuchten. Sodann hatte der Dritte im Bunde (in diesem Fall Ellie) die derart vorbereitete Fläche mit der Füllmasse zu bestreichen, bei der es sich um ein Pulver handelte, das mit der *exakt* richtigen Menge Wasser angerührt werden musste und natürlich nicht klumpen durfte. Diese stumpfsinnige Prozedur mussten wir Riss für Riss, Wand für Wand und Raum für Raum wiederholen.

Daraufhin mussten wir höchstwahrscheinlich von vorne anfangen und zusätzliche Füllmasse auf die erste Schicht auftragen, da diese beim Trocknen zumeist ein wenig einsank. Bei tieferen Spalten musste dieser Vorgang teilweise sogar zweimal wiederholt werden. Als die letzte Schicht des Füllmaterials aufgebracht war und sich deutlich von der umgebenden Wand abhob (es dauerte Stunden, bis eine Schicht so weit getrocknet war, dass die nächste aufgebracht werden konnte), stand der *vorletzte* Schritt an. Doch wir durften uns nicht voreilig über die getane Arbeit freuen. Der vermutlich schlimmste Teil stand bevor, als es darum ging, die getrocknete Füllmasse abzuschleifen, bis die reparierten Stellen fließend in den Verputz übergingen. Wer geglaubt hatte, der Staub, der sich bei der Vorbereitung der Wand überall ausbreitete, sei lästig gewesen, konnte eine weitere unangenehme Überraschung erleben: Das feine weiße Puder, das aufstieg, als wir den Verputz abschmirgelten, war derart durchdringend, dass wir, selbst wenn wir Schutzbrillen und eine jener Gesichtsmasken getragen hätten, die bei japanischen Pendlern so beliebt sind, am Ende das Gefühl hatten, unsere Lungen und Augen seien als Behälter zum Anmischen des Gipses verwendet worden. Um die Dinge noch zu verschlimmern, hatte man durch das aushärtende Pulver, das stundenlang im Gesicht und auf Händen und Armen haftete, schließlich das Gefühl, eine Zuckerpuppe zu sein, die auf einer Hochzeitstorte enden werde.

»Tapeten«, klagte Charlie nach der Marter des ersten Tages. »Warum konntest du nicht ein Haus mit Tapeten an den Wänden kaufen? Dann hätte man die blöden Risse nie gesehen!«

Ein berechtigter Einwand. Doch es war nun einmal so, dass bloße, weiß getünchte Wände im Mittelmeerraum die Regel waren, und das nicht ohne Grund. Wie mir gesagt wurde, sind mit Papier beklebte Wände in einem so warmen und manchmal feuchten Klima lediglich eine Einladung an winzige Hausmilben, die hinter den Tapeten ausgezeichnete Lebensbedingungen vorfinden. Ob das stimmt, weiß ich nicht. Sicher ist jedoch, dass weiß getünchte Steinwände das Innere dieser Häuser heller machen, die, insbesondere wenn sie älter sind, zumeist nur kleine Fenster haben, um das Sonnenlicht im Sommer nach Möglichkeit fern zu halten. Dazu kommt, dass die traditionelle weiße Tünche billig ist. Und das Weiß ist pflegeleicht: Man übertüncht Kratzer und Flecken, die im Lauf der Zeit unvermeidlich auftauchen, einfach neu.

Genauso einfach würde man die gekitteten Risse überdecken können, dachte ich. Alles in allem hatten die tapetenlosen weißen Wände also trotz störender Risse deutliche Vorteile.

All das erklärte ich Charlie und machte mir damit

selbst neuen Mut. Doch es stellte sich heraus, dass ich erneut Opfer meines Wunschdenkens geworden war. Als die frische Tünche über dem ersten zugedeckten Riss trocknete, wurde offensichtlich, wie vergilbt und schmuddelig die Wände tatsächlich waren. Bis dahin war uns das nie aufgefallen. Und wir hatten erst eine von vielen mäandernden Flickstellen übertüncht!

»Mist!«, stieß ich ärgerlich hervor. »Wir werden die ganze verfluchte Wand streichen müssen!«

Charlie, der mittlerweile aussah wie der Lehrling eines Müllers, holte tief Luft. »Hmm, das klingt nicht gut«, seufzte er. Er schien das Talent zum Understatement von seinem Bruder zu haben.

Ellie behielt ihre Gedanken für sich, doch es war unübersehbar, dass ihr Verstand auf Hochtouren arbeitete. Dasselbe galt für mich. Wir schufteten schon den ganzen Tag und hatten lediglich die Risse in *einer* Wand des *almacén* geschlossen. Wir hatten damit erst ein Viertel des ersten Raums geschafft. Und nun musste obendrein noch *alles* neu gestrichen werden – und wahrscheinlich würden dafür zwei Arbeitsgänge nötig sein. Und danach warteten die Küche, zwei Wohnzimmer, vier Schlafzimmer, zwei Badezimmer und eine Toilette auf uns. Ach ja, und zwei Flure. Ich war drauf und dran, zu verzweifeln – nicht zum ersten Mal seit unserem Umzug nach Ca's Mayoral.

»Wir werden bis ans Ende unserer Tage damit beschäftigt sein«, jammerte ich. »Und überlegt nur, was das kosten wird!«

Ellies Antwort verriet bei oberflächlicher Betrachtung wenig Mitgefühl mit einem Menschen an der Schwelle zum Nervenzusammenbruch.

»Es ist besser so«, erklärte sie in einem kategorischen Ton. Als sie die Verzweiflung und Verwirrung in meinem Gesicht sah, ging sie zu ihrer üblichen Taktik über, die darin bestand, mir noch einen Tritt zu versetzen, wenn ich bereits am Boden lag: »Und deine blöde Tünche kannst du vergessen. Nach einer Weile wird sie blätterig werden. Reibt sich ab. Eine Schweinerei. Nein, wir werden eine gute wasserlösliche Farbe kaufen. Eine Vinylemulsion – die beste. Genau, was wir brauchen, um die Wände richtig in Schuss zu bringen.«

»Ach ja?«, jodelte ich. »Wenn wir schon dabei sind, können wir doch gleich noch einen schicken Innenausstatter engagieren, und während die Renovierung erledigt wird, machen wir eine Fünfsternekreuzfahrt in die Karibik!«

»Gute Idee, Dad«, warf Charlie grinsend ein. »Wir haben demnächst eine Woche Ferien. Ja, und zusätzliche drei Wochen schulfrei sind bei einem schlauen Jungen wie mir auch kein Problem.«

Ich war versucht, ihm einen Tritt in den Hintern zu versetzen. »Pass auf, was du sagst, Charlie«, murmelte ich. »Deine Busenfreundschaft mit diesen Millionären bringt dich auf Ideen, die meine Mittel überschreiten!«

Ich wandte mich an Ellie, um an ihre Vernunft zu appellieren. »Komm schon, Ellie«, flehte ich, »was für einen Sinn hat es, erst Geld zu sparen, indem wir all diese stupide Schufterei auf uns nehmen, wenn wir dann losgehen und ein Vermögen aus dem Fenster werfen, um die teuerste Farbe zu kaufen?«

Es änderte sich nichts an Ellies ungerührtem Gesichtsausdruck. »Es hat durchaus Sinn«, erwiderte sie. Das für sie charakteristische angedeutete Schulterzucken war ein sicheres Zeichen dafür, dass sie felsenfest davon überzeugt war, Recht zu haben.

»Du irrst dich!«

»Tue ich nicht!«

»Aber wie zum Teufel kann es sinnvoll sein, Geld auszugeben, das wir nicht haben?« Ich war felsenfest davon überzeugt, dass *ich* Recht hatte. Es lag auf der Hand. »Dir fehlt jedes Verständnis in finanziellen Dingen – das ist dein Problem, Ellie.«

»Ich verstehe sehr wohl etwas davon. Wertsteigerung nennt man das.«

»Ja, ja, ja, ich sehe, worauf du hinauswillst, aber weiße Farbe ist weiße Farbe, und niemand wird je erfahren, ob wir billige Kalkweiße oder eine teure Vinylemulsion verwendet haben! Hmmpf!«, stieß ich hervor und streute noch ein feines abfälliges Lächeln darüber. »Nur eine Frau kann es für vernünftig halten, in Schönheitsreparaturen wie diese mehr als das Notwendigste zu investieren.«

»Möglicherweise sieht nur eine Frau den offensichtlichen Qualitätsunterschied zwischen einer mit Tünche und einer mit einer Emulsion gestrichenen Wand.«

Während ich nach einer gewitzten Antwort auf diese Äußerung suchte, versetzte mir Ellie den Gnadenstoß, den ich instinktiv bereits erwartet hatte. In einem passend schulmeisterlichen Ton fügte sie hinzu: »Du bekommst nämlich nur, was du bezahlst, weißt du.«

»Da hat sie Recht, Dad«, warf Charlie ein. »Das ist so wie der Unterschied zwischen echten Calvin-Klein-Jeans und dem Abfall, den *du* auf dem Wochenmarkt in Andratx kaufst.«

Ellie bewahrte Charlie vor einem zielsicheren Tritt,

indem sie mich daran erinnerte, dass ich in letzter Zeit angesichts des drohenden Wettbewerbs in der Europäischen Gemeinschaft wiederholt Zweifel an den Überlebenschancen unserer kleinen Obstplantage geäußert hatte. Wenn wir Ca's Mayoral, wie ich angedeutet hatte, schließlich doch aufgeben mussten, um uns eine größere, rentablere *finca* zu suchen, so war es in Ellies Augen sinnvoll, diesen Vermögenswert jetzt so gut wie möglich aufzubessern, um bei einem Verkauf den besten Preis dafür zu erhalten.

»Und es stimmt nicht, dass wir es uns nicht leisten können«, fügte sie hinzu, um meinen zu erwartenden Einwand im Keim zu ersticken. »Wir können es uns einfach nicht leisten, es *nicht* zu tun.«

Ich hätte mein Argument wiederholen können, bis ich schwarz wurde, doch das hätte nichts geändert. Ellie wusste, dass sie Recht hatte – und sie wusste, dass ich es ebenfalls wusste. Wir hatten bereits so viel Geld, aber auch emotionale und körperliche Energie in diesen Hof gesteckt, dass es tatsächlich eine Dummheit gewesen wäre, nicht sein gesamtes Potenzial auszuschöpfen. Doch ich hatte nicht vor, meine Niederlage einzugestehen, ohne zumindest ein *gewisses* Maß an finanzieller Zurückhaltung zur Bedingung zu machen. Schließlich musste ich mein Image als Oberhaupt der Familie wahren, vor allem in Charlies Gegenwart. Doch Ellie kam mir ein weiteres Mal zuvor.

»Selbstverständlich hat es keinen Sinn, mehr als nötig für die Farbe auszugeben«, sagte sie lächelnd. »Daher schlage ich vor, dass du deinen alten Kumpel Jock ›Mr Fixit‹ Burns anrufst und dich erkundigst, ob er etwas für uns tun kann.«

Ich ignorierte Charlies wissendes Grinsen und erklärte mit aller Selbstsicherheit, die ich aufzubringen vermochte: »Du nimmst mir die Worte aus dem Mund, Ellie.«

* * *

Selbst wenn man berücksichtigte, dass die Wände und Decken im übrigen Haus kaum so rissig waren wie die im *almacén* (schließlich diente dieser als Lager und Werkstatt und trug die Narben dieser langjährigen Nutzung), standen uns Instandsetzungsarbeiten bevor, die mehrere Monate dauern würden. Mit der Orangenernte stand zudem die härteste Arbeit des Jahres vor der Tür, so dass wir gezwungen sein würden, die Renovierungsarbeiten nur dann einzuschieben, wann immer wir ein wenig Zeit dafür fanden. Das allerdings war in meinen Augen ein doppelter Segen. Erstens hatte ich die Wandschmiererei schon nach nur einem Tag satt. Es war nicht zu übersehen, dass Sandy und Charlie ebenfalls die Nase voll davon hatten, nachdem sie von der ersten Minute an nichts von dieser Arbeit hatten wissen wollen. Und ich hegte den Verdacht, dass selbst Ellie, sosehr sie auch auf die Verschönerung des Hauses drängen mochte, nicht viel mehr Vergnügen an der Aufgabe hatte als die Jungs und ich. Die Stückelung der Arbeit würde es uns ermöglichen, die Leidenszeiten erträglich kurz zu halten. Außerdem würden wir nicht das ganze Material im Voraus bezahlen müssen, sondern konnten die beträchtlichen Farbmengen nach und nach kaufen. Ich hoffte, dass die Erträge aus dem Verkauf der Orangenernte zur laufenden Finanzierung der Renovierungsarbeiten genügen würden, so dass es nicht nötig werden würde, unser bereits deutlich überzogenes Bankkonto weiter zu belasten.

Eine Situation wie die, in der wir uns nun befanden, kalkuliert man nicht ein, wenn man einen Besitz wie Ca's Mayoral kauft.

Vielleicht war das auch der Grund dafür, dass wir keinen Gutachter mit der Bewertung des Grundstücks beauftragt hatten, was wir beim Kauf eines entsprechenden Besitzes in Schottland wahrscheinlich getan hätten. Im ländlichen Mallorca aber hing alles davon ab, welchen Wert man dem zu kaufenden Objekt persönlich beimaß. Man feilschte selbst über den Preis, schloss das Geschäft ab und ließ sich auf das Wagnis ein. Damit hatten wir kein Problem. Zugegeben, die Dinge hätten anders ausgesehen, hätten wir einen Kredit aufgenommen, aber wir waren von Anfang an entschlossen gewesen, unser mallorquinisches Abenteuer, wie immer es auch ausgehen mochte, mit unserem vorhandenen Kapital zu finanzieren. Allerdings hatten wir von diesem Kapital bereits etwas mehr verbraucht als erwartet, da wir nicht vorhergesehene, jedoch unumgängliche Ausgaben gehabt hatten, wie jene für die Modernisierung der völlig veralteten Wasserleitungen des Hauses, für die Erneuerung der Stromkabel, für den Austausch der unbrauchbaren Haushaltsgeräte, für die »Verbesserung« der Jauchegrube und der dazugehörigen Rohre und für die Behandlung der Bäume durch unseren Pflanzendoktor Pepe Suau. Selbst die Ausgaben für die unverzichtbaren Möbel waren höher als erwartet ausgefallen – da wir bis zur Übernahme des Hauses geglaubt hatten, es von den Ferrers möbliert gekauft zu haben.

Die Kosten der Instandsetzung der Wände waren nur eine weitere in einer Reihe von Überraschungen, mit denen wir fertig werden mussten. Doch wie viele davon standen uns noch bevor? Diese Frage ließ mich nicht los. Ich konnte mich des Gedankens nicht erwehren, dass immer dann, wenn die Dinge ins Lot zu kommen schienen, wieder etwas schief ging. Vielleicht war das ein Hinweis darauf, dass ich ein wenig paranoid wurde. Andererseits konnte niemand leugnen, dass es mit uns tatsächlich bergab gegangen war, seit wir vor wenigen Stunden auf der sonnigen Veranda gesessen, frischen Orangensaft getrunken und den wunderbaren Morgen genossen hatten. Ich ließ diesem Gedanken freien Lauf – was man nie tun sollte, wenn man erschöpft ist. Obwohl mir die Vernunft sagte, dass es keinen Sinn hatte, auf diese letzte enttäuschende Wendung der Dinge übermäßig negativ zu reagieren, begann ich bald wieder daran zu zweifeln, dass es vernünftig gewesen war, sich auf dieses Abenteuer einzulassen. Ein Mühlstein um den Hals wird dich auch in der idyllischsten Umgebung am Ende zu Boden zwingen. Sosehr ich auch versuchte, sie im Zaum zu halten: Die vertrauten Geister des Selbstzweifels begannen erneut in meinen Gedanken zu spuken – und das ausgerechnet am ersten Tag des »Winterfrühlings«.

Dann geschah etwas, was mich an die Geschichte von Robert the Bruce und die Spinne erinnerte. Bruce, der große schottische König des 14. Jahrhunderts, hatte, schlachtenmüde, allein und die Feinde auf den Fersen, Zuflucht in einer Höhle gesucht, wo er angesichts der augenscheinlichen Hoffnungslosigkeit seiner Lage in tiefe Verzweiflung versank. Er war nahe daran, sich vollkommen aufzugeben, als er über seinem Kopf eine Spinne bemerkte, die von der Decke der Höhle hing. Sie schwang sich hin und her, um ihr Netz zu spinnen. Obwohl ein Versuch nach dem anderen fehlschlug, gab die Spinne nicht auf, bis es ihr im siebten Anlauf schließlich gelang. Bruce betrachtete es als günstiges Omen, gab sein Versteck auf und errang einen heldenhaften Sieg, durch den er eine legendäre Figur der schottischen Geschichte wurde.

An dem Omen, das ich sah, war ebenfalls eine Spinne beteiligt. In meinem Fall handelte es sich um eines jener dürren, ungelenk wirkenden Exemplare, die ein wenig an einen Daddy Langbein ohne Flügel erinnern. Ich begutachtete gerade verdrießlich den an eine Miniaturwüste erinnernden, mit Gipsstaub und kleinen Gesteinsbrocken bedeckten Boden des *almacén,* als ich die Spinne durch das Geröll krabbeln sah. Offensichtlich versuchte sie ein Loch in der Fußleiste zu erreichen.

Bonny bemerkte das Insekt ebenfalls. Da sie schneller war als die Spinne, hatte sie sie im Nu erreicht und versperrte ihr mit ihrem mopsartigen Gesicht den Weg, um sich die in ihren Augen sehr seltsame Kreatur genauer anzusehen. Aber die Spinne hatte offensichtlich eine Mission zu erfüllen und war nicht bereit, sich von dieser in ihren Augen gewiss bedrohlichen und obendrein gigantischen Kreatur aufhalten zu lassen. Also wich sie erst nach links und dann nach rechts aus und tat ihr Bestes, um das schnüffelnde, knurrende, bellende Hindernis zu umgehen. Doch Bonny konnte bei diesen flinken Manövern mithalten und versperrte der Spinne mit gleichermaßen schnellen Kopfbewegungen ein ums andere Mal den Weg.

Wie die kleine Freundin von Robert the Bruce versuchte meine Spinne sechsmal vergeblich, aus ihrer misslichen Lage zu entkommen. Doch auch sie gab sich nicht geschlagen und schaffte es schließlich beim siebten Anlauf, Bonny ins Leere laufen zu lassen und so schnell, wie ihre acht spindeldürren Beine sie trugen, in den Winkel zu flitzen. Doch ihre Probleme waren noch nicht ausgestanden. Bonny stürmte ihr nämlich nach und begrub sie unter ihrer Vorderpfote. Das war wohl das Ende des tapferen kleinen Kerls. Ein Jammer! Bonny hatte der Spinne wahrscheinlich kein Leid zufügen wollen, sondern lediglich übersehen, dass das Gewicht einer stämmigen jungen Boxerhündin sich nachteilig auf den fragilen Körper eines derart kleinen Insekts auswirken würde. Neugierig senkte Bonny den Kopf, neigte ihn zur Seite, stellte die Ohren auf und hob die Pfote ein wenig, um sich ihre Beute anzusehen. Die Spinne war so schnell wieder auf den Beinen, dass die völlig verblüffte Bonny einen Satz zurück machte, aufjaulte und sich verdutzt niedersetzte, so dass ihre Beute ungestört flüchten konnte.

Aber die Spinne musste bald feststellen, dass sie mit einem weiteren Problem konfrontiert war. Von ihren acht flinken Beinen waren nur fünf übrig geblieben, die anderen lagen im Staub. Nun bewegte sie sich auf einer Zickzacklinie voran, die an zwei betrunkene Matrosen denken ließ, die versuchen, einen vereisten Fluss zu überqueren. Schließlich erreichte sie das Loch in der Fußleiste des Lagerraums.

Der Anblick dieser zerbrechlichen kleinen Kreatur, die sich ungeachtet eines vollkommen ungleichen Kräfteverhältnisses hartnäckig geweigert hatte, von ihrem

Vorhaben abzulassen, gab mir augenblicklich neue Zuversicht, und ich beschloss, mir wie Robert the Bruce einen Ruck zu geben und mich den Herausforderungen zu stellen. Warum ließ ich überhaupt zu, dass mich der Pessimismus derart übermannte? »Hebe das Positive hervor – streiche das Negative«, hieß es bei den Songschreibern der alten Schule, und bisher hatte ich nie festgestellt, dass sie weit danebengelegen hätten. Dasselbe gilt für meine inspirierende Spinne. *»Latch onto the affirmative«* – »Halt dich an das Positive«, hatte Bing Crosby in dem alten Song gesungen, um uns das Durchhaltevermögen ins Gedächtnis zu rufen, das Jonas im Bauch des Wals und Noah auf der Arche bewiesen hatten. Wie ging noch der Refrain? *»Spread joy up to the maximum, bring gloom down to the minimum«* – »Schraube deine Freude auf ein Maximum, drück die Trübsal auf ein Minimum.«

Ellie mochte ihre Meinung nicht ganz so lyrisch geäußert haben, doch dafür umso treffender. Ohne länger zu zaudern, folgte ich ihrem Rat und rief Jock Burns an.

* * *

»Du musst immer einen Schritt voraus sein, wenn du auf dieser Insel überleben willst.« Jock hatte seinen Wagen gerade in eine Parkverbotszone in einem der Stadtteile von Palma gesteuert, in deren Straßen üblicherweise besonders viel Verkehr herrschte. »Wir lassen die Rostlaube gleich hier stehen«, sagte er. »Von hier aus sind wir schnell dort, wo wir hinwollen.«

Ich deutete auf das Verbotsschild, das genau an der Stelle stand, an der er den Wagen einparkte. »*Prohibido aparcar,* steht da. Parken verboten, oder?«

»Du hast mir offensichtlich nicht zugehörte«, erwiderte Jock. »Raus aus dem Auto und aufgepasst. Jetzt kannst du was lernen!«

»Aber du wirst einen Strafzettel bekommen – garantiert!«

»Du hast es ganz genau getroffen«, murmelte Jock. Er schloss den Wagen ab, sah sich kurz um, schlenderte dezent zu einem ebenfalls vorschriftswidrig abgestellten Auto in der Nähe und zog beiläufig einen Strafzettel unter dem Scheibenwischer hervor. »Jetzt nichts wie weg und sieh dich nicht um«, wies er mich an, während er den Strafzettel auf die Windschutzscheibe seines eigenen Wagens klemmte.

»Damit wirst du nie durchkommen«, sagte ich lachend. »Die Polizisten müssen nur dein Kennzeichen mit dem auf dem Strafzettel vergleichen.«

»Aha! Du verstehst offensichtlich nicht, wie der durchschnittliche Polizist denkt, Alter.« Jock erlaubte sich ein kleines Kichern. »Er denkt nämlich überhaupt nicht, weißt du – ansonsten wäre er nie Polizist geworden. Nein, nein, auf dieser Insel darfst du den unwesentlichen Regeln und Vorschriften nicht allzu viel Beachtung schenken, sonst wirst du nicht weit kommen.«

Wir überquerten die Carrer de la Constitució, eine viel befahrene Straße im Zentrum, an der das beeindruckende Gebäude steht, in dem sich die Hauptpost befindet, und bahnten uns einen Weg durch die endlosen Autoschlangen, die sich Meter für Meter weiterwälzten.

»Aber der Besitzer des anderen Autos wird einen zweiten Strafzettel bekommen!«, schrie ich Jock zu, um den Lärm von Hupen und heulenden Motoren zu übertönen. »Das bedeutet, dass er zwei Strafen zahlen muss!«

»Zwei für ihn und keine für mich«, sagte Jock mit einem Schulterzucken. »Da soll noch einer behaupten, wir Schotten seien knauserig.«

Es hatte wenig Sinn, eine Antwort darauf zu suchen. Stattdessen lachte ich still in mich hinein. Ich bewunderte Jocks Unverfrorenheit und erinnerte mich an einen anderen seiner Spartipps, eine Gaunerei, die auf einer ebenso verdrehten Logik beruhte wie der eben gesehene Trick. »Lass nie einen platten Reifen flicken«, hatte er mir geraten, nachdem wir auf seine Empfehlung hin dem dubiosen Enrique den kleinen Ford Fiesta abgekauft hatten. »Ersetze besser gleich den Reifen, das Rad und alles.« Als ich ihm entgegenhielt, dass dies unnötige Verschwendung sei, wies Jock darauf hin, dass ein neuer Reifen *und* ein neues Rad für den Preis einer Reparatur genau das Gegenteil seien, nämlich ein unglaublich gutes Geschäft.

Es funktionierte folgendermaßen: Hatte man einen Platten, so musste man nur wie üblich das Reserverad montieren, eine bestimmte Telefonnummer anrufen, nach Pablo fragen, Jocks Namen erwähnen und das Auto in einem von mehreren für solche Transaktionen bestimmten Parkhäusern in Palma abstellen. Dort war nichts weiter zu tun, als eine vereinbarte Zahl von 100-Peseten-Scheinen hinter das vordere Nummernschild zu stecken. Das war's. Man ging einen Kaffee trinken oder etwas einkaufen, und wenn man zurückkehrte, war alles erledigt. Da der Ford Fiesta zu den beliebtesten Autos auf der Insel zählte, würden mit Sicherheit mehrere Fahrzeuge dieses Modells im Parkhaus stehen, was den Reifenaustausch leichter für seinen Kontaktmann und billiger für mich machen würde. Dasselbe galt für unseren kleinen Seat. *Ningun problema*. Der platte Reifen wurde einfach an einen anderen Autobesitzer weitergereicht. Wenn der Verlierer bei diesem Tausch zufällig Pablos Nummer kannte, würde das Kettenspiel fortgesetzt und alle Beteiligten würden gewinnen, einschließlich der Wachmänner im Parkhaus, die vermutlich dafür bezahlt wurden, in die andere Richtung zu schauen. Ich war nie auf Jocks Vorschlag zurückgekommen, denn in meinen Augen ließ das Verfahren moralisch viel zu wünschen übrig. Vielleicht lag es auch einfach daran, dass ich bisher noch keinen Platten gehabt hatte. Es würde sich erst noch zeigen müssen, wie es um mein Gewissen bestellt war.

Wie Sie wissen, liebt Jock gutes Essen. Man sieht es ihm an und er schämt sich dessen nicht. Dennoch kann er zu Fuß überraschend schnell sein und was könnte ein besserer Ansporn sein als ein kleines Hungergefühl? Ich hatte Mühe, Schritt mit ihm zu halten, als er schräg gegenüber dem Postgebäude in eine Seitenstraße, die Carrer Paraires hieß, einbog.

»Komm schon, Alter!«, rief er mir über die Schulter zu, um mich anzutreiben. »Du hast noch nie Franks wie die an diesem Plätzchen dort drüben gekostet!«

»Franks« war, wie ich mich entsann, die Abkürzung für »Frank Zappas«, und damit meinte Jock die *tapas*, die berühmten spanischen Leckerbissen, denen er nicht widerstehen konnte. Ich hatte den Eindruck, dass Jock derart viele bevorzugte Restaurants hatte, dass er selbst dann, wenn man ihm die Augen verbinden und ihn irgendwo auf der Insel aussetzen würde, dank seines Geruchssinns innerhalb weniger Minuten ein geeignetes Lokal finden würde. Ohne ihn als Führer wäre ich vermutlich auch nie auf die *Tapas Bar Pica Pica* gestoßen, die sich hinter einer nichts sagenden Fassade in einer der vielen kleinen Gassen versteckte, welche die zahlreichen Plätze im und um den *casco antiguo*, das »gotische Viertel« Palmas, verbanden. Doch als wir einmal dort waren, kündigten die Düfte, die uns durch die offene Tür des *Pica Pica* entgegenwehten, das Lokal besser an, als jedes noch so auffällige Neonlicht es vermocht hätte. Da wurden Zwiebeln gebraten, Garnelen gegrillt, Fleischklößchen in Tomatensauce gekocht, gehackte Leber und süße Paprika in Bratensauce gegart, panierte Tintenfischringe in Olivenöl frittiert, Pilze mit Knoblauch gesotten ... Ja, aus dieser Tür drangen all die wunderbaren Aromen der spanischen Küche, die über die Nase den Geschmackssinn bezaubern.

Jock stürmte zielstrebig in das Lokal und wurde von Antonio begrüßt, dem Besitzer des *Pica Pica*. Es war offenkundig, dass Jock hier ein häufiger Gast war. Antonio servierte den Gästen, die sich an der Bar drängten, gelassen *tapas* und Getränke, als hätte er alle Zeit der Welt. Es zeigte sich jedoch, dass dieser anscheinend teilnahmslose Umgang mit einer Aufgabe, die allein zu bewältigen zweifellos sehr schwierig war, lediglich Ausdruck von Antonios Professionalität war. Wie in Spanien üblich, lag das Angebot des Tages gut sichtbar in einer Glasvitrine auf der Bar. Die einzelnen Speisen lagen auf einer Reihe kleiner Metalltabletts. Die Nachfrage nach den vielfältigen Köstlichkeiten war groß und die aus den Augen der Gäste leuchtende Vorfreude sprach für die Qualität der hiesigen *tapas*. Antonio war ständig in Bewegung, ohne je hektisch zu werden. Er servierte die traditionell kleinen Portionen auf Untertassen, legte ein oder zwei Scheiben knuspriges Brot dazu und stellte dem Gast die Portion mit einer Papierserviette und einer speziellen Tapasgabel hin. Diese Gabel ist eine hervorragende kleine Erfindung, denn einer ihrer äußeren Zinken ist verbreitert und kann als Messer verwendet werden.

Antonio servierte nebenbei auch noch Wein, Bier oder Kaffee – und all das, ohne einen Gast mehr als ein oder zwei Minuten auf seine Bestellung warten zu lassen. Erstklassiger Service durch einen Meister seines Metiers. Noch bevor ich selbst Gelegenheit gehabt hatte, das Essen zu probieren, begann ich zu verstehen, warum Jock dieses Lokal so schätzte.

Es war offensichtlich, dass die Bar auch bei den Einheimischen sehr beliebt war. Dabei handelte es sich eigentlich nur um einen schmalen Korridor. Die Bar war in eine Wand eingelassen und darüber hinaus war gerade genug Platz für einige Barhocker an der Theke und eine Reihe kleiner Tische an der gegenüberliegenden Wand. Die Küche musste sich am anderen Ende der Bar verstecken, denn kaum ging ein Gericht zur Neige, tauchte in einer Luke in der Mauer eine gleichfalls gelassene kleine Frau auf und reichte ein mit Nachschub gefülltes Tablett durch.

Jock nahm mich bei den Schultern und zeigte auf einen Tisch, der gerade von zwei Männern in Anzügen frei gemacht wurde. »Schnapp ihn dir *pronto*, Pedro. Du musst flink sein, wenn du hier einen Sitzplatz ergattern willst.« Er bahnte sich einen Weg durch das

Gedränge an der Bar und rief mir zu: »Und keine Sorge – die Bestellung der Franks kannst du mir überlassen!«

Diese Regelung kam mir durchaus gelegen. Was gibt es Angenehmeres, als sich bei der Wahl der Speisen auf einen anerkannten Experten verlassen zu können? Es war um die Mittagszeit an einem angenehm warmen Oktobertag, und der blaue Dunst, der in der Luft lag, wurde von Sonnenstrahlen durchbrochen. Der Dunst war mir nicht unangenehm, denn er setzte sich aus Appetit anregenden Küchendüften und einer Spur herben Zigarettenrauchs zusammen, der zur Atmosphäre solcher anspruchsloser spanischer Bars gehört. Wie in Spanien üblich, waren auch in diesem Lokal überwiegend Männer. Nach der Kleidung zu urteilen, handelte es sich bei den meisten Gästen um Geschäftsleute – Angestellte und Handelsvertreter, die Branchenneuigkeiten austauschten und über Bestellungen diskutierten, während sie einen Imbiss und ein Getränk zu sich nahmen, um bis zum Mittagessen bei Kräften zu bleiben. Es herrschte eine heitere, gesellige Stimmung, niemand schien irgendetwas anderes vor zu haben als das, was er gerade tat. Diese Stadtmenschen, von denen keiner so aussah, als hätte er es eilig, zu einem Termin zu kommen, legten dieselbe gelassene Einstellung an den Tag, die wir vom Land gewohnt waren und die ebenso ein Merkmal der spanischen Kultur war wie die *tapas*.

Die wörtliche Übersetzung von *tapa* lautet »Deckel«. Es heißt, die heute so beliebten *tapas* seien ursprünglich nicht mehr als kleine Brotscheiben gewesen, die die Inhaber der Tavernen ihren Gästen zu den Getränken serviert hätten, um das Glas zu bedecken und so die Fliegen fern zu halten. Im Lauf der Zeit wurde diese Geste der Höflichkeit durch einen kleinen Happen auf dem »Deckel« erweitert – vielleicht nur ein oder zwei Oliven, eine Scheibe Wurst, ein Stückchen Schinken oder was sonst gerade zur Hand war. Aus diesem einfachen Brauch entwickelte sich eine kulinarisch-gesellschaftliche Institution. Im Grund ist eine *tapa* nichts anderes als die spanische Version des schnellen Imbiss, doch da es sich um Spanien handelt, wird dieser kleine Happen sehr entspannt genossen, als kleine *ración* einer beliebten Vorspeise, die zwischen den Hauptmahlzeiten genommen wird, wann immer man hungrig wird oder Lust auf ein wenig Gesellschaft hat.

Die alten Markthallen beherbergen solche *tapa*-Bars seit Jahrhunderten, und auch in den modernen Einkaufszentren am Stadtrand dürfen diese kleinen Oasen der lautstarken Entspannung nicht fehlen, in denen einkaufsmüde Ehemänner wieder zu Kräften kommen und ein wenig plaudern können, während die Frauen mit den Kindern auf der Suche nach den unvermeidlichen »Angeboten der Woche« durch den Supermarkt streifen. Es überrascht nicht, dass die jüngste Vermehrung dieser Schlupfwinkel in den Einkaufszentren gemischte Reaktionen hervorgerufen hat, wobei die Sichtweise, wie ich vermute, vor allem davon abhängt, welchem Geschlecht die befragte Person angehört.

Doch heutzutage bestellen immer mehr Leute statt eines kleinen Appetithäppchens eine Auswahl von *tapas* zum Mittag- oder sogar zum Abendessen. Das kann interessanter sein als das herkömmliche dreigängige

Menü, denn die *tapas* erhöhen die Vielfalt der Mahlzeit beträchtlich. In einer guten Bar wird die Auswahl lediglich durch den Appetit und den Umfang der Geldbörse beschränkt. Dabei sollte darauf hingewiesen werden, dass die *tapa*-Bars aufgrund ihrer wachsenden Beliebtheit nicht länger die billigen Esslokale sind, die sie einmal waren – es sei denn, man kennt die kleinen Gassen, in denen man solche noch findet. Womit wir wieder bei Jock Burns und dem *Pica Pica* wären …

Ich konnte sehen, dass Jock mit rasender Geschwindigkeit zur Bar vorgedrungen war und eine ernste Debatte mit Antonio begonnen hatte. Jocks Augen wanderten, gefolgt von seinem rechten Zeigefinger, langsam über die aufgereihten Köstlichkeiten, die ihn von der Glastheke aus anlockten. Antonio zuckte nur gelegentlich mit den Schultern und nickte beiläufig mit leicht zur Seite gelegtem Kopf, während er ein paar Weingläser polierte. Es war offensichtlich, dass mein epikureischer Freund wichtige Entscheidungen zu treffen hatte, und wie ich Jock kannte, war er wahrscheinlich versucht, eine schöne Portion von jeder der *tapas* zu bestellen. Antonios Körpersprache ließ erkennen, dass er keine Einwände hatte, selbst wenn sich Jock damit den Magen verderben würde. *Hombre,* Geschäft ist Geschäft!

Während an der Theke schwierige Verhandlungen geführt wurden, hatte ich ausreichend Zeit, mir die Umgebung genau anzusehen. Der erste Eindruck, dass es sich hier um ein anspruchsloses Lokal handelte, war richtig gewesen. Tische und Stühle waren aus Aluminium von der Art, wie sie in Straßencafés verwendet werden. Die Sitzfläche der Stühle war angenehm erfrischend für einen unter der Sommerhitze leidenden verlängerten Rücken, dabei jedoch nicht so komfortabel, dass man versucht war, sein erfrischtes Hinterteil allzu lange darauf auszuruhen. Der Fairness halber muss jedoch gesagt werden, dass eine kurze Verweildauer und damit ein hoher Gästedurchsatz in einem kleinen Lokal eine Voraussetzung für guten Umsatz ist. Boden und Wände waren mit einfachen einfarbigen Keramikfliesen bedeckt, die weit entfernt von jedem Luxus, jedoch genau wie die Aluminiummöbel leicht sauber zu halten waren. Es war eine gut geführte und zugleich anspruchslos funktionale kleine Bar.

Das einzige Zugeständnis an die Innenausstattung waren, neben Antonios beeindruckender Sammlung von Souvenirs des FC Barcelona, bedruckte Fliesen, die hier und da über den Tischen an der Wand hingen. Auf diesen Fliesen standen gehaltvolle Sprichworte wie: »*Wenn du beim Fischessen Lügen erzählen willst, sei auf der Hut!*« oder: »*Heirate ein Mal und bereue es tausend Mal!*« Und auch die Leber des engagierten Trinkers erhielt dort Aufmunterung: »*Man kann kein gesundes Leben führen, ohne zu trinken!*«

Jock, der gerade von der Bar zurückkehrte, musste bemerkt haben, dass ich über dieses letzte Beispiel optimistischen Denkens schmunzelte. »Das solltest du übrigens besser ernst nehmen«, erklärte er, wobei er mit einer Kopfbewegung auf die bewusste Wandfliese deutete. Er jonglierte mit einer Vielzahl kleiner Teller, die mit *tapas* beladen waren, auf Händen und Unterarmen und deutete erneut mit dem Kopf, diesmal auf die Bar in seinem Rücken. »Ich habe die Biere auf der

Theke gelassen. Hol du sie, während ich das hier auf dem Tisch ordne.«

Als ich mit den beiden *cañas* – dem Fassbier – zurückkehrte, hatte Jock bereits begonnen, sich eine Portion *boquerones* zu Gemüte zu führen. *Boquerones* sind kleine Anchovis, die in Spanien jedoch nicht wie andernorts als stark gesalzene Pizzaauflage bekannt sind, sondern häufig in einer Olivenöl-Essig-Marinade eingelegt gegessen werden. Sie sind so beliebt und erschwinglich, dass sie in jedem Supermarkt in kleinen Plastikschalen angeboten werden. *Boquerones* sind eine Köstlichkeit, und ihr milder Geschmack hat wenig mit dem ihrer Verwandten zu tun, mit denen andernorts Pizzen belegt werden und die die Zunge reizen können. In diesem Fall waren die frischen *boquerones* in Mehl gewendet und kurz in heißem Öl frittiert worden – einfach, aber köstlich. Wenn Sie gebratene Sprotten schätzen, sollten Sie einmal *boquerones* in der Art des *Pica Pica* kosten und sich auf eine angenehme Überraschung gefasst machen.

Jock hatte seine Auswahl, abgesehen von der *ración* Anchovis, auf sieben *tapas* beschränkt, wobei ich nicht weiß, ob dies auf einen plötzlichen Anflug von Selbstbeherrschung oder einfach darauf zurückzuführen war, dass die übrigen Speisen gerade ausgegangen waren. Es genügt zu sagen, dass die von ihm ausgewählten *tapas* durchaus als Festschmaus zu bezeichnen waren und die Erwartungen, die von den auf die Straße hinausziehenden Düften geweckt worden waren, voll und ganz erfüllten. Ich genoss jede einzelne von ihnen – obwohl ich, da ich jedes Gericht mit Jock teilen musste, erwartungsgemäß als abgeschlagener Zweiter durchs Ziel ging, was die verzehrte Menge anbelangte. Um mit Jock mithalten zu können, brauchte man nicht nur einen langstieligen Löffel, sondern einen Löffel mit Turbomotor.

Als alle anderen Teller leer waren, lag nur noch ein einsames Fleischklößchen vor uns. Jock verschlang es und stippte die Soßenreste mit einem Stück Brot auf. »Aye«, rülpste er, »so köstlich die übrigen Franks waren, mit den Carnegies können sie nicht mithalten.« Er wischte sich mit einer Papierserviette den Mund ab und erhob sich. »Wie dem auch sei, wir müssen Farbe für dich kaufen, Junge, also los! *Nos vamos!*«

Jock hielt, was er versprach. Es war ihm gelungen, jemanden aufzutreiben, der gerade eine Rabattvereinbarung mit einem der größten Farbengroßhändler in Palma getroffen hatte. Er wollte mich auch unbedingt begleiten, um seine überlegenen Spanischkenntnisse einsetzen zu können und dafür zu sorgen, dass ich wirklich bekam, was ich brauchte, und zwar mit einem angemessenen Preisnachlass. Ohne seine Hilfe wäre ich an diesem Tag in mehrerlei Hinsicht verloren gewesen. Das Mindeste, was ich tun konnte, war, ihn auf die *tapas* einzuladen.

»Kommt gar nicht in die Tüte!«, schnaufte er. »Ist schon erledigt.« Er wischte meine Einwände mit einer Handbewegung weg, als wir uns der Tür näherten, doch ich ließ noch nicht locker. »In Ordnung, wir machen Folgendes«, seufzte er schließlich mit einem resignierten Kopfschütteln. »Wenn dich das glücklich macht, kannst du später das verfluchte Mittagessen bezahlen.«

Ich drehte mich auf der Türschwelle um, warf einen

Blick auf die Teller, die sich auf unserem Tisch stapelten, und sah kurz auf meine Uhr. Es war gerade ein Uhr vorbei. Ich hob verwirrt die Augenbrauen und sagte: »Ich dachte, das *war* das Mittagessen.«

Nun sah Jock auf *seine* Uhr, lachte und gab mir einen schulmeisterlichen Klaps auf die Schulter. Das war jene Art von Beschwichtigung, die der Klassentrottel erwarten darf, nachdem er gerade in einer besonders leichten Prüfung durchgefallen ist. »Nein, nein, Alter!«, dröhnte Jock. »Du hast schon wieder vergessen, wo du bist. Das hier ist Mallorca. Auf dieser Insel *denken* sie vor halb drei nicht einmal ans Essen!«

* * *

Ohne Jock hätte ich ewig nach der Farbenhandlung gesucht. Anstatt beim Verlassen der Bar nach links und zu der Stelle zurückzugehen, an der er sein Auto abgestellt hatte, ging er nach rechts und marschierte durch ein verwirrendes Straßenlabyrinth immer tiefer in die Altstadt hinein. Eben noch hatte er eine Elefantenration von *tapas* verzehrt, nun legte Jock schon wieder ein mörderisches Tempo vor. Es fiel mir erneut schwer, mit ihm Schritt zu halten. Als ich ihn hechelnd nach dem Grund für seine Eile fragte, klärte er mich darüber auf, dass er noch ein paar weitere »Geschäftstermine« in der Stadt habe. »Zeit ist Geld«, erinnerte er mich. Damit hatte er durchaus Recht, doch mir machte etwas anderes Sorgen: Je weiter wir uns von seinem Auto entfernten, desto weiter würden wir die schweren Farbeimer tragen müssen. Als ich Jock auf dieses Problem hinwies, sagte er nur, ich mache mir zu viele Gedanken. Um ein Problem müsse man sich erst dann kümmern, wenn es auftrete. Also hasteten wir weiter, Jock voraus und der Grübler ein paar Schritte hinter ihm.

Jock kann ein schönes Tempo vorlegen, wenn er einmal in Schwung gekommen ist. Entgegenkommende Fußgänger machen rasch Platz, wenn seine beeindruckende Körpermasse auf sie zufliegt. Jock hat offensichtliches Vergnügen daran und bedankte sich für die Unterwürfigkeit mit fröhlichen Grüßen in amerikanischem Ostküstenakzent. Ich beobachtete sogar, wie ausweichende alte Damen in ihrer Verblüffung und Verwirrung versuchten, seine scheinbar galanten Zurufe zu erwidern. Dabei gab er Dinge wie »Zeig's mir, Baby!«, »Hui, was für ein Fandango!« oder sogar »Wow, coole Kastagnetten, Omi!« von sich. Die Anwesenheit eines Einmannpublikums, das hinter ihm herhetzte, war ein zusätzlicher Ansporn für seinen unheilbaren Exhibitionismus, und bisher war er davongekommen, ohne von einer Handtasche getroffen worden zu sein.

Jock war derart berauscht von seiner zweifelhaften Freundlichkeit, dass er sogar einen Polizisten, der auf einer Kreuzung stand und versuchte, den chaotischen Verkehr zu regeln, eines Zurufs würdigte: »Hey, *coño*!«, brüllte er dem Beamten im Vorbeigehen zu. Der Polizist sah zu uns herüber, und sein verwirrtes Stirnrunzeln verriet, dass er keine Ahnung hatte, wer diese grinsende, winkende Figur war. Nun erkundigte sich Jock brüllend nach dem Befinden von Frau und Kindern und schlug dem Ordnungshüter fröhlich vor, sie müssten bald einmal zusammen einen heben gehen. Dabei drosselte er nicht einen Augenblick das Tempo. Der offensichtlich vollkommen ratlose Polizist, der anscheinend nicht unhöflich zu jemandem sein wollte, den er vielleicht hätte kennen sollen, wandte sich einen kurzen Moment vom fließenden Verkehr ab, um Jock mit einem wenig überzeugten Lächeln zuzunicken. Diese momentane Ablenkung hätte beinahe genügt, um eine Massenkarambolage auszulösen. Zum Klang dröhnender Hupen und quietschender Bremsen bog Jock forsch in eine Gasse ein und setzte kichernd wie ein Schulmädchen seinen Weg fort. Seine langmütige Ehefrau Meg erzählte mir einmal, wenn er in dieser Stimmung sei, müsse man sich darauf einstellen, überall zweimal hinzugehen – »das zweite Mal, um sich zu entschuldigen«.

Als wir endlich in die Einbahnstraße einbogen, in der sich der Farbenladen befand, verstand ich augenblicklich, warum Jock nicht mit dem Auto hergekommen war. Das schmale Gässchen war vollkommen verstopft. Da auf beiden Gehsteigen Autos und Lieferwagen geparkt waren – teilweise sogar in zweiter Reihe –, war es vollkommen unmöglich, dass andere Fahrzeuge vorbeikamen. Die Fahrer, die darauf warteten, sich ihren Weg durch die Gasse zu bahnen – in der Mehrzahl an derartige Straßenblockaden gewöhnte Lieferanten –, legten jene unvergleichliche spanische Gelassenheit an den Tag, die es ihnen erlaubte, mehrere Minuten auf der Stelle zu stehen, Arm aus dem Fenster, Zigarre im Mundwinkel, mit auf dem Lenkrad trommelnden Fingern als einziges Zeichen der Ungeduld. Dann brach, wie auf ein unsichtbares Zeichen, plötzlich die Hölle los: Alle drückten im selben Augenblick auf die Hupe und begannen, alle Welt zu verfluchen, ohne dabei jemand Bestimmtes zum Ziel ihrer Wut zu machen. Dieses Ritual dauerte etwa eine halbe Minute und anschließend kehrte wieder Stille im Verkehrsstau ein.

Auch im Farbenladen gab es so etwas wie einen Stau. Wartende Kunden bildeten eine Schlange von der Eingangstür bis zum Ladentisch. Jock schüttete Freundlichkeiten über alle aus, als er an ihnen vorbei schnurstracks auf einen der vier Angestellten zumarschierte, um sich diesem in vertraulichem Ton als Präsident eines nicht existierenden amerikanischen Farbenherstellers oder etwas Ähnlichem vorzustellen. Jock verlangte den Geschäftsführer zu sehen.

»Selbstsicherheit, Alter«, murmelte er mir aus dem Mundwinkel zu. »Das ist es, was man braucht – ein selbstsicheres Auftreten.«

Eine Minute später saßen wir nicht nur im Büro des Geschäftsführers, sondern bekamen auch Kaffee angeboten. Jock lehnte das höfliche Angebot freundlich ab und hob mit einem Akzent, der wohl nach Südstaatenamerikanisch klingen sollte, zu einem Stegreifvortrag in gebrochenem Spanisch an. Er würzte seinen Wortschwall freizügig mit abgehackten Phrasen, die er mit einem gelegentlichen *»Ah say!«* verband und durchweg mit *»Boy!«* enden ließ. Ich bin sicher, dass der Geschäftsführer nicht viel mehr von Jocks Gebrabbel verstand als ich, doch er lächelte geduldig. Sobald Jock sicher war, den armen Mann ausreichend verwirrt zu haben, überreichte er ihm die Händlerrabattkarte, die er sich von seinem Kontaktmann ausgeliehen hatte, schnappte sich ein Stück Papier und kritzelte etwas darauf, was ich als meinen Namen und meine Adresse erkannte. Es wurden höfliche Abschiedsfloskeln ausgetauscht, und vorbei an denselben wartenden Kunden, die wir vor wenigen Minuten überholt hatten, suchten wir das Weite.

»Hat keinen Sinn, dort länger, als nötig ist, rumzuhängen«, murmelte Jock und lächelte den Leuten in der Schlange zu. »Das Leben ist verflucht noch mal zu kurz, Alter. Das solltest du mir besser glauben.«

Unsere Mission war erfüllt und wir setzten unseren Marsch fort. Anscheinend gingen wir mehr oder weniger denselben Weg zurück, auf dem wir gekommen waren. Doch es gab eine kleine Komplikation.

»Ähm, das soll keine Haarspalterei oder etwas Ähnliches sein«, begann ich zögernd.

»Aye, aye – spuck's schon aus. Was gibt's für ein Problem?«

»Die Farbe.«

»Was ist mit der Farbe.«

»Na ja, wie gesagt, ich will wirklich nicht nörgeln, aber …«

»Aber was?«

»Na ja, es ist nur … es hat den Anschein, als hätten wir keine Farbe.«

Jock kicherte selbstzufrieden. »Du wirst sie morgen ins Haus geliefert bekommen. Kostenlose Lieferung – fünfzig Prozent Preisnachlass – beste Vinylemulsion – du bezahlst den Fahrer – *no hay problema.*« Er zwinkerte mir auf seine verschwörerische Art zu. »Hey!«, rief er grinsend. »Du glaubst doch nicht im Ernst, dass ich blöd genug bin, diesen tollen Auftritt aus dem Ärmel zu schütteln, nur um dir zu helfen, zwei beschissene 20-Liter-Eimer Farbe durch die halbe Stadt zu schleppen!« Er tippte sich an die Stirn und verkündete stolz: »Das ist es, was man braucht, um es auf dieser Insel zu etwas zu bringen. Da musst du Chuzpe haben, Alter!«

»So wird es wohl sein«, sagte ich bei mir, um alldem meinen etwas halbherzigen Segen zu geben.

Zehn Minuten später hatte ich wieder vollkommen die Orientierung verloren und zottelte wie ein Hundewelpe an der Leine hinter Jock her. Nach einer Stippvisite in einer Druckerei, wo er Eintrittskarten für eine von ihm organisierte Feier am Saint Andrew's Day bestellte, nahm er eine Reihe von Abkürzungen und führte mich im Zickzack zu einem hohen Gebäude in einer belebten Straße, in der ich noch nie gewesen war. In diesem Haus befände sich das Büro seines Agenten.

»Du hast einen Agenten?«

»Ja, der Bursche, der meine privaten Auftritte arrangiert – alles außer den Fixterminen im Hotel in Palma Nova. Du weißt schon, Hochzeiten, Taufen –«

»Bar-Mizwas?«, warf ich ein und nahm damit das Offenkundige vorweg.

»Aye, genau. Beerdigungen, Scheidungen, alles, was du willst. Alles nette kleine Einnahmequellen.« Er zuckte mit den Schultern. »Habe Keyboard, komme ins Haus.«

Weitere zehn Minuten später fuhren wir im Aufzug aus dem dritten Stock hinunter, wo wir den Musikagenten besucht hatten. Jock hatte seine Geschäfte wie üblich schnell erledigt und wirkte besonders zufrieden. Er war gerade für eine Reihe weiterer »netter kleiner Einnahmequellen« gebucht worden. Um seine Lippen spielte ein verschmitztes Lächeln, seine Augen blitzten viel sagend. Seine Heiterkeit war offensichtlich zurückgekehrt – doch diesmal hatte ich den Verdacht, dass auch ein wenig Boshaftigkeit in seinem Lächeln lag. Ich täuschte mich nicht …

Als sich die Türen des Aufzugs im Erdgeschoss öffneten, standen uns ein Priester und zwei Nonnen gegenüber. Der Priester, ein würdevoller alter Herr, dessen an einen Raben erinnernde Gesichtszüge seine lange schwarze Robe ideal ergänzten, trug eine passende rahmenlose Brille auf der Nasenspitze. Seine gestärkte Robe raschelte wie das Gefieder eines Vogels, als er die Nonnen zur Seite winkte, um uns durchzulassen. Ich verließ die Kabine als Erster und erwiderte das zurückhaltende Lächeln der heiligen Schwestern mit einem angemessen ehrerbietigen *»Muchas gracias, señoras«*. Im selben Moment bemerkte ich aus dem Augenwinkel, dass Jock einen winzigen Gegenstand auf den Boden des Aufzugs fallen ließ. Dann trat er unauffällig mit dem Fuß darauf und in die Halle hinaus, wobei er den drei Kirchendienern ein fröhliches *»Vayan con Dios!«* zuwarf, was »Gehen Sie mit Gott« bedeutete (und, wie ich meinte, durchaus angemessen war). Unglücklicherweise war das Schicksal der drei in dem Augenblick besiegelt, in dem sich die soliden Metalltüren des Lifts hinter ihnen schlossen. Nun konnte ihnen kein göttlicher Beistand mehr helfen.

Als der Aufzug aufwärts ratterte, konnten wir durch den Schacht den Widerhall von Husten und Würgen hören. Es folgte eine Reihe religiöser Phrasen, die allerdings so lautstark hervorgestoßen wurden, dass sie eher an Blasphemie grenzten.

»Heilige Mutter Gottes!«, schrie eine der Nonnen.

»Jesus, Maria und Joseph!«, stieß die andere hervor.

»Gott erbarme dich unser!«, gurgelte der Priester.

»Oh, verschone uns, im Namen des Herrn!«, jammerten die Nonnen im Chor.

Und als sich die panischen Stimmen langsam entfernten, hörten wir den Priester grollen: »WER IM NAMEN DER HEILIGEN JUNGFRAU HAT *DEN* FAHREN LASSEN?«

Ich konnte nur versuchen, mir das unchristliche Hin und Her von Anschuldigungen und Gegenanschuldigungen vorzustellen, das nun in diesem unseligen Metallkäfig folgen musste. Ich warf Jock einen Blick zu. Er sah aus, als würde er jeden Augenblick explodieren. Sein Gesicht war purpurfarben angelaufen, die Venen an seinen Schläfen traten wie angeschwollene Regenwürmer hervor, in seinen Augen standen Tränen. Einer jener überwältigenden Lachanfälle, die einem den Atem nehmen und seltsame Klänge aus der Brust aufsteigen lassen, schüttelte ihn.

»Du!«, sagte ich und versuchte, Jocks gelegentlich schulmeisterlichen Ton nachzuahmen. »Das warst du, stimmt's? *Du* hast einen im Aufzug zurückgelassen!«

Er rang um Atem. »Aye«, stieß er schluchzend hervor. »Ja, ich habe einen zurückgelassen.« Er griff in seine Hosentasche und holte eine Packung kleiner Glasphiolen hervor. »Einen von diesen hier!«

Ich las den winzigen Aufdruck auf der Packung: *»FARTEX-PLUS ... Stinkbomben für den Kenner«*. Jock ließ durchblicken, dass er diese »Atomfurzpillen« in einer seiner Klassen beschlagnahmt hatte. Anstatt sich so zu verhalten, wie man es von einem langjährigen Mitglied des Lehrkörpers eigentlich hätte erwarten dürfen, hatte er das Spaßpotenzial der Bomben erkannt und sie statt in den Mülleimer in seine Tasche wandern lassen.

»Na, wenn diese Nonnen und Priester keine schmutzigen Angewohnheiten haben!«, kicherte er, als er wieder zu Atem gekommen war. Er stieß mir in die Rippen, und das Strahlen eines Schuljungen in seinem Gesicht verriet, dass er gerade auf einen weiteren anregenden Gedanken gekommen war. »Ja«, verkündete er, kaum dass er sein hysterisches Gelächter unter Kontrolle gebracht hatte, »und das Schöne daran ist: Wer auch immer jetzt in diesen Aufzug steigt, wird auch nicht wissen, wer aus der Heiligen Dreifaltigkeit der Übeltäter ist!«

Jock kicherte immer noch, als wir schließlich aus einem Labyrinth von Nebengassen auf eine Straße hinaustraten, die ich kannte. Wir befanden uns auf der Borne (ausgesprochen als »Bornei«), die infolge der jüngsten »Mallorquinisierung« der Straßennamen mittlerweile jedoch die sehr viel gewichtiger klingende Bezeichnung Passeig dels Born trug. Diese Straße, die vom Hafen von Palma landeinwärts führt, folgt dem ehemaligen Flussbett der Riera, eines launischen Flusses, der in der Vergangenheit zahlreiche Katastrophen verursachte, bevor er vor vier Jahrhunderten in ein neues Bett umgeleitet wurde, das jenseits der alten Stadtmauern verläuft. Der Paseo del Born, möglicherweise die auffälligste der vielen schönen Prachtstraßen Palmas, ist ein weitläufiger Boulevard, über dessen gesamte Länge, von der Plaça de la Reina im Hafen bis zur Plaça Rei Juan Carles Primero im Zentrum, eine prachtvolle, von Bäumen überschattete Promenade verläuft. Entlang dieses Boulevards finden sich viele beeindruckende Gebäude im klassischen spanischen Baustil und einige der exklusivsten und teuersten Läden der Stadt. Kaum jemand würde in einer solchen Gegend ein preiswertes Restaurant vermuten. Aber Jock kannte eines und führte mich direkt dorthin.

»Halb drei«, sagte er, ohne sich die Mühe zu machen, auf seine Uhr zu sehen. »Zeit für ein kleines Mittagsmahl.«

Obwohl das *Restaurante Yate Rizz* direkt am Passeig dels Born liegt, ist sein Äußeres derart unscheinbar, dass man wahrscheinlich daran vorbeigehen würde, wüsste man nicht, was sich dahinter versteckt, denn man würde sich zwangsläufig darauf konzentrieren, nicht vom schmalen Bürgersteig vor eines der vorbeirasenden Autos gestoßen zu werden. Neben der Eingangstür hing in einem kleinen verglasten Kasten eine handgeschriebene Karte mit dem *menú del día,* dem Tagesmenü, das jedes spanische Restaurant neben dem teureren Essen *à la carte* von Gesetz wegen anbieten muss. In diesem Fall schien jedoch außer dem *menú del día* nichts angeboten zu werden. Doch die Restaurantleitung war bei der Auswahl nicht knauserig gewesen, denn der Gast konnte aus drei Vorspeisen, vier Hauptgerichten und zwei Nachspeisen wählen. Und das Menü einschließlich des Weins wurde zu einem Preis angeboten, für den man in den meisten anderen Restaurants in der Umgebung kaum mehr als eine Suppe bekommen hätte. Schließlich handelte es sich hier um eine der besten Adressen der Stadt, und wer dort essen ging, rechnete mit entsprechenden Preisen. Ich fragte mich, was Jock nun wieder mit mir vorhatte.

Das *Yate Rizz* war ein kleines und alles andere als luxuriöses Lokal, obwohl sein Name diese Assoziation wecken konnte. Es herrschte dort eine Atmosphäre fürsorglicher Ungezwungenheit. Denn obwohl die abgenutzte Einrichtung fast ein wenig schmuddelig wirkte und die mit Kunstleder überzogenen Sitzbänke aussahen, als hätten sie in ihrem langen Leben zu viele Hinterteile tragen müssen, strahlte das Lokal eine einladende Wärme aus. Es war unverkennbar, dass Señora Rosita, die ruhige und aufmerksame Inhaberin, dieses bescheidene kleine Lokal mit großer Liebe führte, und dasselbe galt für ihren Ehemann und Küchenchef Miquel. Warum sonst hätten sie darauf beharren sollen, an einem derart noblen Ort am Passeig dels Born Mahlzeiten zu Preisen anzubieten, die eher zu einer Taverne in einer abgelegenen Altstadtgasse gepasst hätten? Und die Gäste kümmerten sich offensichtlich nicht darum, dass das Lokal eine Renovierung nötig hatte. Im Lokal wimmelte es von Leuten, die nach ihrem gepflegten Äußeren zu urteilen wahrscheinlich Stammgäste waren und in der Umgebung in den modischen Läden oder in den Büros wichtiger Verwaltungsbehörden und Handelsorganisationen arbeiteten. Wie ich bald herausfinden sollte, hatte sich dieser seit 1937 existierende kleine Familienbetrieb nicht zufällig in eine Institution verwandelt.

»Ich verhungere«, grummelte Jock, als wir uns an einem der Tische niederließen. »Das kommt von all dem Herumgerenne.« Er überflog die Karte, die ihm Rosita in die Hand gedrückt hatte.

Das »Herumgerenne« hatte auch meinen Appetit geweckt, obwohl noch keine zwei Stunden vergangen waren, seit wir unser kleines *tapas*-Bankett genossen hatten. Mit Jock herumzulaufen ist eine sichere Methode, Kalorien zu verbrennen, und ich war willens und überraschenderweise auch imstande, das »zweite Mittagessen« des Tages in Angriff zu nehmen.

Wie immer ersparte Jock mir jegliches Kopfzerbrechen über die Wahl der Gerichte. Und wie immer erwies sich seine Wahl als goldrichtig. Auf *Escudella Fresca,* eine reichhaltige Gemüsesuppe, folgten *Rauols de Jonquillo.* Bei *Jonquillos* handelte es sich, wie Jock nun erneut in schulmeisterlichem Ton erklärte, um winzige Fische mit dem nicht sehr einladenden Namen »durchsichtige Meergrundel« – spanisch *chanquete* –, die mit einer verlockenden Mischung aus Kräutern und Knoblauch gewürzt und in Olivenöl goldbraun zu kleinen Pfannkuchen *(rauols)* ausgebacken wurden. Die *jonquillos* waren eine immer schwieriger zu findende und daher teure Delikatesse.

»Sensationell« war das beste Wort, das mir zu ihrer Beschreibung einfiel.

*»Absolutamente fabulosísimo!«*, lautete das gewichtiger klingende Kompliment, das Jock Señora Rosita zurief, als sie an unseren Tisch kam, um die Teller abzuräumen. Er zwinkerte mir zu, gab ein schmatzendes Geräusch von sich und wiederholte das Lob in einer nicht ganz so großspurigen schottischen Abwandlung: »Die kleinen Fischchen – wunderbar, eh?« Doch so richtig dies war, meldete Jocks Magen bald wieder Unterversorgung. Wie die Motten vom Licht wurden seine Augen von dem angezogen, was die Gäste am Nachbartisch aßen. »Hmm«, seufzte er, »wer weiß, vielleicht hätte ich doch besser die Schweinekoteletts nehmen sollen. Oder auch das Schinkenomelett dort.

Mit Pommes frites und allem. Ja, und die gefüllten Paprika sehen phantastisch aus.«

Ich fühlte mich mittlerweile etwa so voll, wie die Paprika aussahen, weshalb Jock seinen Hunger mit den Nachspeisen stillte, das heißt mit seinem *flan* (der köstlichen spanischen Version der *Crème caramel*) und meinem Obstsalat. Hingegen verzichtete er auf Kaffee und Likör.

»Mäßigung in allen Dingen, Alter«, erklärte er und fing mit vorgehaltener Hand einen Rülpser ab. »Jetzt aber nichts wie raus hier! Ich hab noch einen Haufen zu tun bis zum Abendessen!«

Es war mir beinahe peinlich, bei Señora Rosita den lächerlich geringen Rechnungsbetrag zu begleichen. Es zeugte von Jocks rücksichtsvoller Natur, dass er ein derart preiswertes Restaurant ausgesucht hatte, als klar geworden war, dass ich zahlen würde. Nachdem er derart viel Zeit und Mühe auf sich genommen hatte, um mir beim Kauf der Farbe zu helfen, hätte er Anspruch auf eine aufwändigere Gegenleistung gehabt. Stattdessen war er glücklich, mit einer Mahlzeit belohnt zu werden, die mich wahrscheinlich weniger kostete, als er zuvor für die *tapas* bezahlt hatte. Und ich habe keinen Zweifel, dass Jock alles genau geplant hatte, lange bevor wir an diesem Morgen aufgebrochen waren. Gewiss hatte er unsere Route minutiös geplant, denn vom *Yate Rizz* war es nur ein kurzer Spaziergang um die Ecke bis zu der Stelle, an der er drei Stunden zuvor seinen Wagen vorschriftswidrig geparkt hatte. Das Auto stand noch immer dort, samt »geborgtem« Strafzettel unter dem Scheibenwischer. Jock sah sich verstohlen um, entfernte das Knöllchen und stieg schnell in den Wagen.

»Du gibst einen erstklassigen Gauner ab, Jock!«, sagte ich lachend.

Er verzog sein pausbäckiges Gesicht zu einem breiten, selbstzufriedenen Grinsen. »Das Glück lächelt den Mutigen, Alter«, erwiderte er munter.

In diesem Moment hielt eine attraktive, etwas in Eile wirkende junge Spanierin in einem Mercedes-Cabriolet neben uns und schickte sich an, den verbotenen Parkplatz zu nehmen, den Jock gerade verließ. Er kurbelte das Fenster herunter und reichte ihr den Strafzettel hinüber.

»Dieser geht auf meine Rechnung, Süße«, erklärte Jock in seinem bevorzugten gedehnten amerikanischen Ostküstenakzent. »Und hey, hat dir schon mal jemand gesagt, was für ein großartiges Paar Melonen du da hast, Baby? Wow, wenn das keine tollen Dinger sind!«

Die junge Frau, die uns vollkommen unbekannt war, warf einen misstrauischen Blick auf den Strafzettel und einen noch misstrauischeren auf Jock, doch als der Groschen endlich fiel, wich ihr Stirnrunzeln einem Lächeln, das jedes Männerherz zum Schmelzen gebracht hätte. Sie warf Jock einen Kuss zu. *»Mmm, muchas gracias, guapo«*, schnurrte sie und lenkte ihren Mercedes auf den Parkplatz. *»Muuu-chiii-si-mas gracias!«*

Jock ordnete sich in den fließenden Verkehr ein, warf mir einen Blick zu und erklärte selbstgefällig: »Wie es in diesem Lied heißt: *Spread joy up to the maximum, bring gloom down to the minimum.*« Er warf den Kopf zurück und brach in schallendes Gelächter aus. »Ja, Sinn für Humor – das ist es übrigens, was man braucht, um es auf dieser Insel zu etwas zu bringen!«

ZEHN

# Pflücke die Rosenknospen, solange du kannst

Auf Mallorca gibt es keine eigentliche Regenzeit – jedenfalls kann man nicht von einer bestimmten Jahreszeit sprechen, in der das Wetter mit Sicherheit eine Zeit lang feucht ist. Allerdings ist der Herbst für gelegentliche Gewitter bekannt, von denen einige so spektakulär ausfallen wie jenes, das wir vor kurzem erlebt hatten. Der Oktober gilt als der regenreichste Monat des Jahres, zumindest dem alten Landwirtschaftsalmanach zufolge, der sich sogar zu folgender zuversichtlicher Voraussage versteigt:

*In diesem Monat entspricht der Niederschlag der Verdunstung oder übersteigt sie sogar, so dass der Boden am Ende des Monats ein kleines Wasserreservoir enthalten kann.*

Eine gute Nachricht für den Landwirt, denn sie bedeutet, dass die zeitraubende Bewässerung bis zum nächsten Jahr beinahe ausgesetzt werden kann.

Doch ich hatte mich an die dem Vernehmen nach langweilige Aufgabe, zweimal täglich die Obstbäume zu bewässern, gewöhnt, ja es war sogar so weit gekommen, dass ich eine Art von perversem Gefallen daran fand. Eigentlich gab es nichts daran auszusetzen, ein oder zwei Stunden im Schatten eines Orangenbaums auf einer Obstkiste zu sitzen und den Tag verstreichen zu lassen, während ein Gartenschlauch die eigentliche Arbeit erledigte. Zugegeben, ich musste mich hin und wieder aufrappeln, um das Ende des Schlauchs ein paar Schritte von einem Baum zum nächsten zu ziehen, doch das war eine Mühsal, die ich ertragen konnte. Ich hatte sogar ein System entwickelt, das es mir erlaubte, meinen Stuhlersatz nur ein einziges Mal umzustellen, während ich insgesamt 25 Bäume bewässerte. Seit einiger Zeit widmete ich mich mit Vergnügen der Herausforderung, mir die Mühe zu machen, die Dinge so mühelos wie möglich zu bewerkstelligen. Anfangs war es mir schwer gefallen, mich an die *tranquilo*-Lebensart der mallorquinischen Landbevölkerung zu gewöhnen, doch mittlerweile hatte ich das Gefühl, beträchtliche Fortschritte zu machen – wenn auch *poco a poco,* Schritt für Schritt.

»Du solltest eines dieser neuen Tropfbewässerungssysteme installieren, *amigo*«, meinte Gabriel, der stets hilfsbereite Inhaber der Ferretería Capri an der Küstenstraße nach Peguera. Gabriel gehörte nicht nur die viel besuchte Eisenwarenhandlung, er bewirtschaftete auch selbst eine *finca* auf halbem Weg zwischen Andratx und Port D'Andratx. Er stammte aus einer alten einheimischen Bauernfamilie und verstand einiges von der Landwirtschaft. Eines Tages, als ich in der Ferretería war, um ein paar Nägel und andere Kleinigkeiten zu kaufen, kam im Verlauf einer jener (bei einem Besuch in Gabriels Laden unvermeidlichen) ausführlichen Unterhaltungen über Gott und die Welt auch das Thema Bewässerung zur Sprache. Er führte mich hinaus auf den Bürgersteig, den er als zusätzlichen Schauraum nutzte, und zeigte mir die grundlegenden Bestandteile ebenjenes Systems, das er mir empfohlen hatte – Rollen schwarzer Kunststoffröhren, Bündel kleiner Düsen und ein paar Ventile. Alles, was ich zu tun hätte, erklärte Gabriel begeistert, sei, in unseren Obstgärten ein Netz von Überkopfleitungen zu installieren, jeden Baum mit ein paar Abwärtsleitungen mit Tropfdüsen am Ende zu versehen, die Ventile zu öffnen und alles Übrige dem Wasserdruck und der Schwerkraft zu überlassen. *Coño,* rief er, ich würde nie wieder schwere Schläuche schleppen müssen! Das System sei vollautomatisch, erinnerte er mich, und würde mir erlauben, das wertvolle Wasser sehr viel besser zu nutzen als mit einem altmodischen Verfahren. Er hob einen Finger, um das folgende Argument hervorzuheben, und fügte hinzu: »*Hombre,* und denk nur an all die anderen Dinge, die du in dieser Zeit erledigen kannst.«

Abgesehen von den beträchtlichen Kosten, die mir entstanden wären, hätte ich Gabriels Rat befolgt, schien mir der Gedanke, einen Arbeitsgang zu rationalisieren, um mehr Zeit für *zusätzliche* Arbeiten zur Verfügung zu haben, in krassem Widerspruch zur *tranquilo*-Mentalität zu stehen. Schließlich schuftete ich mich nicht gerade tot, indem ich auf einer Obstkiste unter einem Orangenbaum saß, wie es meine gegenwärtige Bewässerungsmethode verlangte. Dies teilte ich Gabriel mit.

*»No, no, no, amigo!«*, sagte er lachend. »Ich meinte nicht, Zeit zu sparen, um mehr *arbeiten* zu können!« Er versetzte mir einen verspielten Stoß gegen die Schulter und fügte hinzu: »*Coño,* ich sprach davon, mehr Zeit zu haben, um wie alle Welt in der Bar zu sitzen!«

Obwohl mir klar war, dass Gabriels Worte nicht ganz ernst gemeint waren, registrierte ich mit Erleichterung, dass die mallorquinische Arbeitsethik, die ich zu bewundern gelernt hatte, vom technischen Fortschritt nicht vollkommen untergraben worden war. Ich dankte Gabriel und sagte ihm, ich würde ernsthaft über seinen Vorschlag nachdenken, sobald ich Klarheit über unsere finanzielle Lage am Ende der bevorstehenden Orangenernte hätte.

Die Bewässerung der Bäume während des Sommers hatte mir nicht nur Gelegenheit gegeben, den Frieden des Tals in mich aufzunehmen und ungestört die Stille der umgebenden Bäume im Morgen- und Abendlicht zu genießen, sondern ich hatte auch engere Bande zu unserer jungen Hündin Bonny geknüpft. Das Spiel mit dem aus dem Schlauch sprudelnden Wasser war zu einem ihrer bevorzugten Zeitvertreibe geworden, insbesondere an den besonders heißen Tagen. Sie hatte sich als unterhaltsame Gefährtin bei diesen »einsamen« Wachen am Bewässerungsschlauch erwiesen. Seit wir Bonny zehn Monate zuvor als kleinen Welpen gekauft hatten, hatte sich zu unserem Glück herausgestellt, dass unsere Hündin die besten Eigenschaften eines Boxers besaß. Bonny war von sanftem Wesen, spielte gern und zeigte eine überschäumende Begeisterung für das Leben. Allerdings konnte sie gelegentlich auch die furchtlose Seite ihres Wesens zeigen – obwohl dies nicht immer zu ihrem Vorteil war.

Obwohl Bonny eigentlich noch ein – wenn auch großer und muskulöser – Welpe war, neigte sie dazu, Übermut mit Tapferkeit zu verwechseln. Sie hatte es sich bereits mit der alten Maria verdorben, indem sie unserer reizbaren Nachbarin wiederholt die Schuhe gestohlen hatte, und während ihr diese Angewohnheit kaum einmal eine härtere Strafe als ein paar Drohungen und ein oder zwei schlecht gezielte Schläge mit der Hacke eintrug, drohte die Abneigung, die sie gegenüber Francisca Ferrers Bande räudiger Katzen entwickelt hatte, irgendwann sehr viel schlimmere Folgen für sie zu haben. Diese Katzen waren halbwilde, übellaunige Banditen auf Samtpfoten, die im Lauf der Jahre von der unverbesserlichen Tierliebhaberin Francisca Ferrer adoptiert worden waren und nun im Tal umherstreunten und in den Mülleimern wühlten. Seit unserem Eintreffen zeigten sie eine tiefe Abneigung uns gegenüber, denn in ihren Augen waren wir Eindringlinge in einem Revier, das sie immer noch als das ihrige betrachteten. Die Ankunft eines neuen Hundes hatte ihre feindselige Haltung nur noch vertieft.

Als wir Ca's Mayoral von den Ferrers gekauft hatten, hatten wir im Sinne einer guten Nachbarschaft die Aufgabe übernommen, an den Wochentagen, an denen sich Tomàs und Francisca in ihrer »Residenz« in Palma aufhielten, zweimal täglich zu ihrem Wochenendhäuschen hinüberzugehen und die Katzenhorde sowie ihre beiden Hunde zu füttern. Doch die Katzen schienen diese Gefälligkeit nicht zu würdigen. Wenn wir mit einer Schüssel voll Futter bei ihrer Hütte neben der *casita* auftauchten, wurden wir jedes Mal von einem fauchenden, murrenden und schreienden Katzenchor empfangen. Sie umkreisten uns wie ein Rudel Hyänen, bis das Futter auf die von Francisca aufgestellten alten Teller verteilt war, und in dem Moment, in dem wir uns zurückzogen, machten sie sich unter wildem Knurren gierig über die »Beute« her. So feindselig sie waren, hielten wir ihr Verhalten doch stets für verständlich. Schließlich waren es nur unschuldige kleine Geschöpfe, die von den Menschen wahrscheinlich schlecht behandelt worden waren, bevor Francisca sie unter ihre Fittiche genommen hatte. Das Problem war nur, dass Bonny diese komplexeren Zusammenhänge nicht verstand. Für sie handelte es sich einfach um Katzen, die seit Ewigkeiten eingeschworenen Feinde des Hundes, und sie demonstrierte uns mit offensichtlichem Stolz, dass sie die Katzen als Eindringlinge in *ihr* Revier betrachtete.

Es war eine potenziell explosive Situation, und die Jungs verschlimmerten sie noch, indem sie Bonny zum Spaß beibrachten, auf die Worte *»PUSS-SSY CATZZZ!«* zur Verteidigung des Territoriums überzugehen. Bonny hatte gelernt, auf diese beiden Worte zu reagieren, als würde in ihrem Gehirn ein Alarmschalter umgelegt. Gerade noch hatte sie friedlich in der Küche geschlafen, doch im nächsten Augenblick war sie zur Tür hinaus, flitzte über die Wiesen, nahm Mauern wie ein Anwärter auf den Sieg im Grand National und flog wie aus der Pistole geschossen zur Rückseite eines Nebengebäudes an der Grenze zum Grundstück der Ferrers. Das Halbdach dieser Hütte fiel zur Mauer ab, die unsere Grundstücke voneinander trennte, und Bonny wusste, dass die Katzen dort ihr Sonnenbad zu nehmen pflegten. Auf dem Dach dösten fast immer mindestens zwei der verflixten *Puss-ssy catzzz,* und da die Dachrinne so niedrig war, dass Bonny sie mit ihren Vorderpfoten erreichen konnte, wenn sie sich auf die Hinterbeine stellte, war ein Duell zwischen den geborenen Widersachern fast immer unvermeidlich. Ich habe gesehen, dass Bonny nicht weniger als sechs Katzen gegenüberstand, die einen böse fauchenden Halbkreis bildeten und mit ausgefahrenen Krallen nach ihrem Gesicht schlugen, das ihnen die Hündin aufreizend entgegenstreckte. Als wäre das noch nicht furchtlos genug (und an der Grenze zur Dummheit), unterbrach Bonny hin und wieder für einige Sekunden ihr herausforderndes Bellen und wandte sich von den nach ihr schlagenden Säbeln ab, um sich zu vergewissern, dass wir ihren Auftritt auch verfolgten. Dennoch war es ihr ähnlich wie ihrem Exhibitionistenkollegen Jock Burns bisher gelungen, einem »Schwinger mit der Handtasche« – der in ihrem Fall wahrscheinlich blutig geendet hätte – zu entgehen.

Zur untypischen Zurückhaltung der Katzen trug möglicherweise bei, dass Bonny nie ernsthaft versuchte, sie tatsächlich zu *verletzen* – was wir ohnehin nicht zugelassen hätten. Doch im Lauf der Monate bemerkten wir, dass die Katzenhorde stetig schrumpfte, bis schließlich nur noch eines der Tiere übrig war. Den Grund dafür fanden wir nie heraus. Vielleicht hatten die Katzen entdeckt, dass es angenehmer war, sich wie in alten Zeiten in den Wäldern der umliegenden Berge auf eigene Faust durchzuschlagen, als sich auf dem Hof unentwegt von einem hündischen Quälgeist belästigen zu lassen. Jedenfalls schien Francisca Ferrer Bonny keine Schuld am Verschwinden ihrer pelzigen kleinen Gefolgsleute zu geben. »Boniii-ii« war immer noch Franciscas *favorita* und nun sogar Teil der Parade, die sie am Wochenende auf ihrer *finca* abhielt und bei der sich ihre beiden Mischlingshunde Marion und Robin, Mutter und Sohn, nunmehr damit abfinden mussten, verdrießlich in Bonnys Fußstapfen einherzutrotten, wobei die einzige verbliebene Katze den Abschluss der erheblich geschrumpften Prozession bildete. Es hatte den Anschein, als hätte das spektakuläre Hinscheiden ihres glücklosen Papageis Princessa eine Kettenreaktion ausgelöst und Franciscas bizarre kleine Menagerie zum Aussterben verurteilt. Doch wir hatten keinen Zweifel daran, dass Francisca bald Ersatz finden würde …

Allerdings teilten nicht alle unsere mallorquinischen Freunde und Nachbarn Señora Ferrers Faible für Bonny. Die alte Maria betrachtete sie als gewöhnliche Schuhdiebin, Pep misstraute ihr so wie allen »Mastiffs«, und Jordi machte ebenfalls einen Bogen um sie, da er, wie er es ausdrückte, kein Fang von derartigen »vafluchtn Bulldoggnbastardviechan« sei. Selbst der Postbote und der junge Bursche, der ab und zu die Wasserrechnung brachte, weigerten sich, das Grundstück zu betreten, wenn sie Bonny dort umherlaufen sahen. Denn unsere Hündin hatte die eigenartige Angewohnheit, Besucher am Tor zu begrüßen, indem sie eine Hand des Gastes ins Maul nahm und ihn zum Haus führte. Sie meinte es nicht böse und tat dasselbe mit uns, wenn wir heimkamen. Sie war dabei so vorsichtig, dass sie mit ihren Zähnen nicht einmal die Haut einer Weintraube aufgerissen hätte. Dennoch zogen es der Postbote und der Mann von der Wassergesellschaft vor, ihre Finger nicht aufs Spiel zu setzen. Nachdem Bonny einmal an ihrer Hand geknabbert hatte, gewöhnten sie sich an, auf die Hupe ihres Motorrollers zu drücken und draußen vor dem Tor zu warten, bis einer von uns auftauchte und den Umschlag durch die Gitterstäbe des Tors entgegennahm.

Sie hätten keinen Grund zur Sorge gehabt, obwohl ich gestehen muss, dass ich meiner vierbeinigen Freundin wie alle vernarrten Hundebesitzer sehr viel mehr Vertrauen entgegenbrachte, als man von einem Fremden verlangen darf. Ich warf den beiden Männern ihre Vorsicht nicht vor – obwohl sie wohl nie an Bonnys Charakter gezweifelt hätten, hätten sie miterlebt, was an einem Tag Ende Oktober geschah.

* * *

Es war an einem vollkommen ruhigen Abend nach einer der letzten Bewässerungssitzungen der Saison. Es schien, als hätte das Tal einen Seufzer der Erleichterung ausgestoßen, da die drückende Sommerhitze endlich vorüber war und es in der sanften Wiege des Herbstes schlummern durfte. Selbst Bonny schien begriffen zu haben, dass dieser beinahe greifbare Frieden respektiert werden sollte. Statt wie üblich ausgelassen mit ihrem Lieblingsspielzeug, einem zerbissenen Kunststofffußball, zu »kämpfen«, trottete sie auf dem Heimweg über die kleinen Felder ruhig neben mir her. Nachdem wir die Orangenhaine durchquert hatten, in denen bereits prachtvolle reife Früchte glänzten, hielt ich einen Augenblick an einer Stelle inne, an der man über die noch niedrigen Wipfel einiger junger Bäume auf die umgebenden Baumreihen schauen konnte. Dünne Rauchschwaden, die von den bewaldeten Hängen aufstiegen, verrieten die Lage versteckter kleiner *fincas,* in denen wohl schon Familien um den Herd saßen, als bereiteten sie sich für die kalten Winternächte vor, die von den kürzer werdenden Tagen angekündigt wurden. Irgendwo in der Ferne rief eine Eule und verlieh der Abenddämmerung eine unheimliche Note.

Die letzten Sonnenstrahlen fielen in den Obstgarten und zeichneten seltsame Schattenmuster auf die staubige, ockerfarbene Erde. Dies war ein neuartiger Herbst für mich – ein Herbst, der einerseits die nahende Schlummerzeit der Natur auf eine Art ankündigte, die ich aus Schottland gewohnt war, gleichzeitig jedoch auch neues Leben weckte. Ich schaute auf ein Stück Erde, in dem ich ein paar Tage zuvor ein paar Gemüsesamen ausgesät hatte. Es strebten bereits die ersten zarten Schösslinge in das mallorquinische Licht, in dem die Pflanzen in den kommenden Wochen und Monaten ungeschützt von Glas oder Plastik blühen und wachsen würden. Wir waren weit entfernt von dem frostigen schottischen Herbst, den ich so gut kannte. Dies war tatsächlich die Insel des Winterfrühlings.

Wir setzten unseren Weg zum Haus fort, dessen über die Obstbäume ragenden weißen Mauern im Glühen des Sonnenuntergangs zu erröten schienen. Dies war eine bezaubernde Momentaufnahme des Tals von Sa Coma, in dem sich seit Jahrhunderten praktisch nichts verändert hatte, mit Ausnahme der Fernsehantenne, die auf unserem Dach stand, und den Strom- und Telefonkabeln, die von den Masten entlang der Straße zu unserem Haus gespannt waren. Doch in Anbetracht ihrer technologischen »Vorzüge« schienen diese nicht ins Bild passenden Elemente durchaus akzeptabel.

Wir gingen in Ruhe weiter, doch plötzlich hielt Bonny inne und gab zu meiner Überraschung ein unterdrücktes Knurren von sich. Sie starrte mit aufgestellten Ohren auf eine kleine Lücke in der Steinmauer, die unser Grundstück von dem der alten Maria trennte. Diese Lücke nutzte Maria üblicherweise als Durchgang, wenn sie herüberkam, um uns ihren Rat in einer Angelegenheit zuteil werden zu lassen, die sie zur Frage des Tages erkoren hatte. An dieser Stelle kauerte jemand im Schatten. Ich konnte erkennen, dass es nicht Maria war – und das hatte offensichtlich auch Bonny begriffen. Die Person, die dort saß, war sehr viel massiger als die schmächtige alte Frau. Ich sah, dass sich Bonnys Nackenfell aufstellte. Sie bellte zur Warnung und schickte sich an, sich auf die Schattenfigur zu stürzen.

»Ganz ruhig, Kleine«, flüsterte ich und packte sie am Halsband. »Kein Grund zur Sorge.«

Ich bezweifelte, dass meine halbherzige Zurschaustellung von Mut Bonny mehr Sicherheit gab als mir selbst. Doch in der Gewissheit, ohnehin zurückgehalten zu werden, legte sie sich durchaus überzeugend ins Halsband und begann, noch tapferer zu bellen.

»*Perdón,* Don Pedro«, murmelte die unheimliche Gestalt, als wir uns ihr näherten. »Ich wollte nicht aufdringlich sein. Es war nicht meine Absicht, Sie zu stören.«

Bonny beruhigte sich augenblicklich und begann,

mit ihrem Schwanzstumpf zu wedeln. Sie hatte die Stimme von Marias Schwiegersohn Jaume erkannt, der die *finca* unserer Nachbarin gewissenhaft verwaltete, obwohl sie ihn der Faulheit bezichtigte. Jaume erledigte stets stoisch alle ihm aufgetragenen Arbeiten. Die Gesundheit von Marias Obstbäumen und der gepflegte Zustand ihres Grundstücks sprachen Bände über Jaumes Bemühungen, selbst wenn seiner spitzfindigen Schwiegermutter sein »getragener« Arbeitsrhythmus missfiel.

Jaume war ein großer, behäbiger Mann mit einer onkelhaften Art, der sein gesamtes Arbeitsleben als Kellner in einem der elegantesten Hotels von Palma verbracht hatte und offen (wenn auch nie in Marias Gegenwart!) zugab, dass er nichts für die Landwirtschaft übrig hatte. Zudem hatte ich den Verdacht, dass die Landarbeit in seinen Augen eine unwürdige Arbeit für einen Mann seines früheren Berufsstands war. Doch da er ein Sohn des Tals war, wusste er genug über die in dieser Gegend gebräuchlichen landwirtschaftlichen Methoden, um mich bei den seltenen Gelegenheiten, bei denen ich ihn um Rat fragte, diskret auf Fehler hinzuweisen. Obwohl er immer noch die umsichtige Art eines Kellners der alten Schule an sich hatte, war Jaume im Grunde ein jovialer Mensch, und sein feiner Humor war verantwortlich dafür, dass er mich seit unserer ersten Begegnung mit der höflichen, jedoch veralteten Anrede »Don Pedro« ansprach. Ich hatte durchaus Gefallen an dieser Anrede, die meinen Status hob, obwohl Jaume sie zweifellos eher im Spaß verwendete.

Doch an diesem Abend wirkte Jaume seltsam bedrückt. Sein Gruß klang nicht überschwänglich wie sonst, und obwohl sein Gesicht nicht zu erkennen war, da er den Kopf gesenkt hielt, war mir klar, dass etwas nicht stimmte. Auch als ich neben ihm stand, hob er den Blick nicht, sondern blieb mit hängenden Schultern auf dem Steinhaufen hocken. Er strich sich mit einer Hand über die Stirn. Bonny musste ebenfalls gespürt haben, dass etwas nicht in Ordnung war. Anstatt mit der zwischen den beiden üblichen wilden Begrüßung zu beginnen, setzte sie sich einen Schritt entfernt hin und sah Jaume mit fragend zur Seite geneigtem Kopf an.

»Ähm ... *todo ... todo va bien,* Jaume?«, fragte ich zögernd und begriff sofort, dass es ziemlich ungeschickt war, das Gespräch mit dieser Frage zu beginnen. Es lag auf der Hand, dass nicht alles in Ordnung war.

Zunächst antwortete Jaume nicht, sondern sog nur einige Male hörbar Luft durch die Nase ein. Er nahm seine Brille ab, griff in seine Hosentasche und holte ein Taschentuch hervor, mit dem er sich die Augen abtupfte. *»No«*, antwortete er schließlich mit brechender Stimme und immer noch gesenktem Kopf, *»no todo va bien, amigo.«*

Bonny ließ ein kleines Winseln der Besorgnis hören und legte den Kopf auf die andere Seite.

Ich wusste nicht, was ich sagen oder tun sollte. Obwohl ich bereits manchen Nachmittag mit Jaume zusammengesessen hatte und ihn als Nachbarn sehr schätzte, war ich immer noch eher ein Fremder in seiner Welt. So gern ich ihm in seinem offensichtlichen Leid beigestanden hätte, wollte ich doch nicht aufdringlich sein. Ich war gefangen in der angeborenen emotionalen Hemmung des Schotten und fand keinen

Weg, in einer schwierigen Situation wie dieser genug Gefühl zu zeigen, um das Eis zu brechen. Das Einzige, was ich zuwege brachte, war, Jaume die in Anbetracht seiner Antwort völlig überflüssige Frage zu stellen, ob etwas nicht in Ordnung sei.

Er saß still da, starrte zu Boden und fingerte in dem Bemühen, die in ihm wühlenden dunklen Gefühle zu beherrschen, nervös an seinem Mund herum. Mein erster Gedanke war, dass der alten Maria etwas passiert sei – dass sie nun vielleicht doch von dem grimmigen Sensenmann niedergemäht worden war, dessen endgültigem Schnitt sie so lange voll Verachtung ausgewichen war. Ich war wirklich besorgt, als ich ihren Namen erwähnte. Ich hatte die alte Frau mit all ihrer Verschrobenheit und ihren seltsamen Vorlieben wie eine eigene Großmutter ins Herz geschlossen. Ihre kleine Gestalt gehörte ebenso zum Tal wie die steil aufragenden, zeitlosen Berge, die nun auf die traurige kleine Szene herabblickten, in die Bonny und ich hineingeraten waren.

Doch zu meiner Erleichterung stellte sich heraus, dass meine Besorgnis unbegründet war, denn nach einer Weile erklärte mir Jaume, dass Maria nicht der Grund seiner Trauer war. Nun blickte er endlich zu mir auf, atmete tief durch und stieß einen langen Seufzer aus, mit dem ein Teil seiner Qual für einen Moment zu verfliegen schien. Selbst im abendlichen Zwielicht konnte ich erkennen, dass seine Augen gerötet waren. Seine Wangen waren noch feucht von kurz zuvor vergossenen Tränen. Er nahm sich sichtlich zusammen, um ein beherrschtes Gesicht aufzusetzen, und es gelang ihm, sich lange genug zusammenzureißen, um mir zu erklären, dass er und seine Frau vor wenigen Stunden vom Festland zurückgekehrt seien, wo sie ihren Sohn José besucht hätten, der in der spanischen Armee diente. Nach ihrer Heimkehr waren sie vom Flughafen direkt ins Tal gefahren, in bester Stimmung, nachdem sie einige Tage mit ihren beiden entzückenden kleinen Enkelinnen verbracht hatten. Aber ihre Freude hatte nicht lange angehalten. Als sie sich ihrer *finca* genähert hatten, hatten sie vor dem Tor eines der grünweißen Fahrzeuge der Guardia Civil bemerkt.

So wie ich hatten sie zuerst gedacht, der alten Maria sei etwas zugestoßen – ein Einbruch vielleicht oder sogar ein Raubüberfall. Schließlich war man in diesen Zeiten nirgendwo mehr vor dem Verbrechen sicher. Doch Maria selbst hatte sie am Tor empfangen, und obwohl sie weniger lebhaft als sonst wirkte, hatte sie offensichtlich keinen Schaden erlitten. Dann geschah etwas Ungewöhnliches, das nichts Gutes verhieß: Maria wandte sich nicht zuerst an ihre Tochter Maria, sondern an ihn. Er müsse auf einen schweren Schlag gefasst sein, sagte sie. Daraufhin trat einer der beiden Polizisten, die taktvoll einige Schritte von der alten Frau entfernt standen, an ihn heran und teilte ihm mit, dass er mitkommen müsse, um zwei Leichen im Leichenschauhaus von Palma zu identifizieren.

Ich bemerkte, dass ein kleiner Schauer Jaume überlief, als er innehielt, um sich zu schnäuzen und die Augen auszuwischen. Er schluckte und hielt die Tränen zurück, offensichtlich fiel es ihm schwer, fortzufahren. Selbst wenn ich tröstende Worte gefunden hätte, wusste ich, dass sie unangebracht sein würden. Ich konnte nichts anderes tun, als unbeholfen dazustehen und

Jaume Zeit zu lassen, mit seinen Gefühlen zu ringen. In diesem Moment bemerkte ich, dass Bonny näher an ihn herangerückt war und nun zu seinen Füßen saß. Sie sah mit einem flehenden Blick in ihren ausdrucksvollen Boxer-Augen zu ihm auf. Es war, als wollte sie sein Unglück beenden. Sie winselte erneut und erregte damit Jaumes Aufmerksamkeit. Mit einem traurigen Lächeln legte er ihr die Hand auf den Kopf.

»*Qué muchacha tan buena*«, murmelte er. »So ein gutes Mädchen.«

Bonnys spontaner Ausdruck des Mitgefühls schien Jaume zu helfen, seine Fassung wiederzugewinnen, so dass er seinen Bericht über die traumatischen Ereignisse des Tages fortsetzen konnte. Auf der Fahrt nach Palma hatten ihm die Polizisten erklärt, dass am Vortag zwei Personen tot in einer Vorortwohnung gefunden worden waren. Alles deutete darauf hin, dass sie im Schlaf an dem aus einem defekten Durchlauferhitzer ausströmenden Gas erstickt waren. Mir lief ein Schauer über den Rücken, denn ich erinnerte mich, dass ich am Morgen im *Majorca Daily Bulletin* über diesen tragischen Vorfall gelesen hatte. Dem Bericht zufolge waren derartige Unfälle, obwohl sie relativ selten waren, zu einem beunruhigenden Phänomen in einem Land geworden, in dem viele Haushalte von den Butanflaschen abhingen. Das Gas war eine angenehme und billige Brennstoffquelle, doch bei den Geräten, die damit betrieben wurden, wurden allzu oft die unerlässlichen Sicherheitskontrollen vernachlässigt, was tragische Folgen haben konnte.

Jaume senkte erneut den Blick und bedeckte seine zitternden Lippen mit einer Hand.

»Es war meine Schwester – meine einzige Schwester. Und ihre Tochter – meine Nichte Catalina. Sie waren mein Fleisch und Blut und ich liebte sie wie meinen Sohn und meine Enkel.«

Seine von Trauer erstickte Stimme war nun kaum noch zu hören. Ich sah, dass er bemüht war, sich zusammenzunehmen, doch nach wenigen Augenblicken begannen seine Schultern zu zucken und er begrub das Gesicht in den Händen.

»Ich kann nicht zulassen, dass meine Frau und ihre Mutter mich so sehen«, schluchzte er. »Man soll einen Mann nicht weinen sehen.« Er hob kurz den Blick und sagte: »Es tut mir Leid, *amigo* – ich musste es jemandem erzählen, und ich hoffe, Sie werden mir verzeihen ...« Seine Stimme brach erneut, er bedeckte sein Gesicht, und seine aufgestaute Verzweiflung entlud sich endlich in einem stillen Weinkrampf.

Ich wollte meinen Arm um seine Schultern legen und ihm wie einem Kind durch seinen grauen, gelockten Haarschopf fahren. Ich wollte ihm sagen, dass alles wieder ins Lot kommen werde, gleich wie schwarz die Gegenwart aussah, so wie er mich getröstet hatte, als ich angesichts des schlechten Zustands unserer Obstbäume zu verzweifeln drohte. Doch einmal mehr fehlten mir die Worte und meine Befangenheit erwies sich als unüberwindliches Hindernis.

In diesem Augenblick erinnerte mich Bonny daran, dass Hunde nicht unter derart bedauerlichen menschlichen Hemmungen leiden. Trotz ihrer Jugend schien sie instinktiv zu begreifen, dass Jaume Trost brauchte, und sie zögerte nicht, ihm auf die einzige ihr bekannte Art zu Hilfe zu eilen. Sie schmiegte sich an ihn, legte ihren Kopf auf sein Knie und leckte sanft die Hand, die er senkte, um sie zu streicheln. Ohne Worte dafür zu benötigen, sagte sie mit diesen spontanen kleinen Gesten des Mitgefühls mehr, als ich mit all meinen »überlegenen« Ausdrucksmitteln vermocht hätte. Ich zog mich mit einem Frosch im Hals zurück und überließ Jaume Bonnys tröstender Gesellschaft. Demütig nahm ich die vorbehaltlose und uneigennützige Hingabe zur Kenntnis, die ein Hund einem Menschen entgegenbringen kann, selbst wenn er ihm relativ fremd ist.

Es schmeichelte mir, dass Jaume mir von seinem Leid erzählt hatte, und gleichzeitig schämte ich mich dafür, dass ich die geeignete Antwort einem jungen Hund hatte überlassen müssen. An jenem Abend sah ich an Bonny eine seltene Güte, die sie im Lauf ihres Lebens noch viele Male unter Beweis stellen sollte, obwohl ich sicher bin, dass Francisca Ferrers streunende *Puss-ssy Catzzz* ihren Charakter stets in einem anderen Licht sehen werden.

* * *

Unglücklicherweise zählte der Umgang mit einem Pinsel nicht zu Bonnys Talenten. So blieb die Verteilung der weißen Vinylemulsion auf den Wänden des *almacén* eine Aufgabe, die von den Zweibeinern im Haus übernommen werden musste, und ich denke, dass Bonny mehr als glücklich war, draußen in der Herbstsonne liegen zu können, während wir im Haus schuften mussten. Doch da wir zu viert ans Werk gingen, waren die erforderlichen zwei Farbschichten bald aufgetragen, und schließlich konnten wir ein paar Schritte zurücktreten, um das Ergebnis unserer Handwerkskunst zu bewundern.

»Sieht fast ein bisschen zu gut aus für einen Arbeitsraum«, sagte Sandy mit einem Funkeln in den Augen. »Ich würde sogar sagen, es würde sich als Spielzimmer besser machen. Wie oft verwenden wir es denn schon, um Früchte zu lagern?«

»Da hat er Recht«, sagte ich zu Ellie. »Wir sortieren die Früchte ja gleich beim Pflücken, und wenn wir sie mal über Nacht lagern müssen, stapeln wir die Kisten normalerweise einfach unter dem Vordach. Stellen wir uns den Tatsachen: Dieser große *almacén* wurde seit unserer Ankunft praktisch nicht genutzt. Wir vergeuden wirklich wertvollen Raum.«

Charlie eilte mir sofort zu Hilfe. »Ja, das ist richtig, Mum. Wir könnten hier einen Billardtisch und all das aufstellen. So wie die O'Briens.«

»Gute Idee, Charlie«, erwiderte Ellie, die wie immer mit beiden Füßen auf dem Boden blieb. »Nur hast du vergessen, dass wir kein so fettes Bankkonto wie die O'Briens haben.«

Sandy beeilte sich, ihrem Einwand zu widersprechen. »Ein Dreiviertel-Billardtisch würde nicht so viel kosten. Im *Daily Bulletin* sieht man manchmal Verkaufsanzeigen – von Leuten, die die Insel verlassen und lieber ein bisschen Geld für das Ding kassieren, als ein Vermögen für den Transport auszugeben. Die Kästen sind schwer, müsst ihr wissen – die Schieferbank und all das.«

Ellie schien immer noch nicht überzeugt, so dass ich entschied, es sei an der Zeit, ihr ein wenig von ihrer eigenen Medizin zu verabreichen. »Steigert den Wert des Hauses«, sagte ich. »Du sagst ja, das sei das Ziel, und indem wir aus diesem Raum ein Spielzimmer machen, erhöhen wir sicher den Wert des Hauses.«

»Und eine Bar«, warf Charlie ein. »Dort drüben in der Ecke könnten wir eine Bar bauen.«

Die Idee gefiel mir immer besser. »Und stell dir nur vor, wie viel Spaß wir haben würden, Ellie!«, drängte ich. »Die Jungs könnten sich ein bisschen vergnügen, während sie in den langen Winternächten hier draußen festsitzen. Das wäre wirklich gut für sie – und für uns. Du weißt schon, der Familienzusammenhalt und all das.«

»Und wenn er seine eigene Bar hätte«, bemerkte Sandy geistreich, »müsste Dad nicht mehr in die Kneipe gehen.«

»Vollkommen richtig«, pflichtete ihm Charlie begeistert bei, »und er könnte sogar seine eigene Brauerei eröffnen. Platz genug hätte er hier dafür. Ja, und noch etwas –«

Ellie hob die Hände, um ihnen Einhalt zu gebieten. »O.k., o.k. – ihr habt mich überzeugt. Wir werden ein Spielzimmer daraus machen, wenn ihr imstande seid, es einzurichten, ohne einen Handwerker engagieren zu müssen. Und es gibt eine wesentliche Bedingung.«

»Welche?«, fragten die Jungs und ich unisono.

»Ihr werdet *keine* eigene Brauerei aufmachen! Ich habe es gerade erst geschafft, den Mief von Francisca Ferrers Katzen und Hunden herauszubringen, und ich will nicht, dass das Haus bald nach fermentierter Pferdepisse stinkt. Ich weiß, wie selbst gebrautes Bier riecht.«

Dem hatte ich nichts entgegenzuhalten, und Sandy und Charlie liefen los, um im Mülleimer nach einem Exemplar des *Majorca Daily Bulletin* zu suchen.

* * *

Obwohl er es wahrscheinlich nicht beabsichtigt hatte, veränderte Sandy mit seinem spontanen Vorschlag unsere Einstellung zu unserem neuen Leben in Ca's Mayoral. Bis dahin waren wir darauf bedacht gewesen, die Ausgaben für unser Haus so gering wie möglich zu halten und nur das Nötigste für Dinge auszugeben, die nicht direkt für die Pflege der Obstplantagen gebraucht wurden. Selbst die von Ellie verfochtene Renovierung des Hauses war davon abhängig gemacht worden, Farbe zu einem erschwinglichen Preis zu bekommen. Diese Einstellung wurzelte in der Furcht, uns könne das Geld ausgehen, bevor es uns gelänge, die Produktivität der Obstgärten wiederherzustellen und ausreichende Erträge zu erzielen. Diese vorsichtige Haltung war vollkommen vernünftig, doch indem wir uns zu strikt an unsere Vorsätze gehalten hatten, waren wir blind für die Möglichkeit geworden, durch behutsame Investitionen in nicht ausschließlich landwirtschaftliche Verbesserungen den Wert des Hofes zu steigern und obendrein unsere Lebensqualität deutlich zu heben. Zwar hatten wir unser Leben nicht vollkommen auf die Arbeit beschränkt und auch nicht auf jedes Vergnügen verzichtet, doch bisher hatten wir vor allem versucht, uns nicht von der Arbeit ablenken zu lassen, unsere Finanzen in den Griff zu bekommen und unsere Rücklagen für harte Zeiten zu hüten.

Sandys Vorschlag zur Umgestaltung des *almacén* hatte uns unvermittelt die Augen dafür geöffnet, dass man manchmal einfach *zu* vorsichtig ist und durch übermäßige Zurückhaltung auf lange Sicht das gesamte Vorhaben gefährden kann. Um es mit Jock Burns' Worten zu sagen: Warum sich Gedanken über den Regen machen, bevor er kommt? Schließlich war dies hier Mallorca – die europäische Hauptstadt des Sonnenscheins. Also sollte man den Regenschirm in die Ecke stellen und das Leben genießen!

Meine traurige Begegnung mit Jaume hatte mich dazu bewegt, ähnliche Überlegungen anzustellen. Ich begann die Dinge auf eine Art zu sehen, die sich am besten mit einer Redensart beschreiben lässt: »Pflücke die Rosenknospen, solange du kannst.« Seit unserer Ankunft auf der Insel vor fast einem Jahr hatten wir fast all unsere Energie und unsere beschränkten finanziellen Mittel in die Pflanzungen gesteckt, und im Augenblick konnten wir nicht viel Weiteres tun, um das Ertragspotenzial der Bäume zu erhöhen. Wir konnten lediglich die schonende Bewirtschaftung fortsetzen, an die wir uns gewöhnt hatten. Mit mehr als nur ein wenig Hilfe unserer Nachbarn und natürlich unseres Baum-Maestros Pepe Suau hatten wir die Anpassung an eine uns fremde Art des Landbaus ohne schwerere Rückschläge gemeistert. Wir hatten das erste Lehrjahr hinter uns gebracht, viel gelernt und aller Welt bewiesen, dass es uns ernst damit war, die enorme Herausforderung zu bewältigen, auf die wir uns eingelassen hatten. Vieles von dem, was uns nun bevorstand, lag nicht mehr in unserer Hand, und somit war der Zeitpunkt gekommen, die Zweifel an unserer Entscheidung über Bord zu werfen. Es gab ohnehin keine Möglichkeit, die Uhr zurückzudrehen, denn die Würfel waren an dem Tag gefallen, als wir uns entschlossen hatten, unser Hab und Gut zusammenzupacken und nach Mallorca aufzubrechen. Warum sollten wir also nicht die endgültige Entscheidung fällen, alles, was wir hatten, in die Waagschale zu werfen? Es ging nicht darum, die finanzielle Vorsicht in den Wind zu schreiben (das wäre uns als Schotten ohnehin unmöglich gewesen!), sondern eher darum, all unseren Mut zusammenzunehmen und unseren Überzeugungen zu folgen. Wenn uns das Glück lächelte, würden wir eine sehr schöne Zeit haben.

* * *

Und so begann die bis dahin erfüllendste Zeit unseres Lebens in Ca's Mayoral, die sich gleichzeitig als die arbeitsreichste erweisen sollte. Nun, da die Bewässerungssaison vorbei war, mussten die Obstgärten zum letzten Mal von dem Gras befreit werden, das in den Bewässerungskanälen in Girlanden um die Baumstämme wucherte. Hunderte Bäume mussten gesäubert werden. Anschließend musste der Boden gepflügt und wieder eingeebnet werden, um Unfälle bei der hektischen Orangenernte zu vermeiden. Sandy und ich waren froh, uns diese Feldarbeit teilen zu können und Ellie die wenig beneidenswerte Aufgabe zu überlassen, im Haus Mauerrisse zu füllen und Wände zu streichen, nur am Wochenende unterstützt von einem alles andere als begeisterten Charlie. Nie zuvor hatte ich erlebt, dass Charlie am Samstag- und Sonntagmorgen derart versessen darauf war, in seinem Zimmer zu sitzen und zu »lernen«, doch von Ellie erhielt er die verdiente Antwort auf diese faule Ausrede. Wenn er in den Genuss der Verbesserungen kommen wollte, die am Haus vorgenommen wurden – darunter auch das Spielzimmer, für das er sich so leidenschaftlich eingesetzt hatte –, würde er wie alle anderen Familienmitglieder sein Scherflein dazu beitragen müssen.

Nun, da unser übertriebener Beschützerinstinkt gegenüber unserem Bankkonto etwas nachgelassen hatte, wurden am Frühstückstisch ständig neue Ideen für weitere Annehmlichkeiten im Haus und im Garten vorgeschlagen. Jede Nacht schienen in unseren Träumen neue Projekte geboren zu werden, wobei die reizvollsten (und potenziell kostspieligsten) wie zu erwarten von Charlie kamen. Seine enge Beziehung zu den Multimillionären im Hause O'Brien wirkte sich unübersehbar auf seine materiellen Bestrebungen aus. Doch seine hochfliegenden Pläne für Einrichtungselemente wie einen eigenen Jacuzzi in seinem Schlafzimmer wurden samt und sonders abgeschmettert. Wie Sandy trocken bemerkte, war es ohnehin ein starkes Stück, dass jemand, der eine so ausgeprägte Abneigung gegen Seife und Wasser hatte wie Charlie, sich plötzlich einen eigenen Whirlpool wünschte.

Eine Idee hingegen, die von Ellie stammte, fand allgemeine Zustimmung. Sie schlug einen Grillplatz vor. Nun war das an sich keine allzu spektakuläre Idee, doch Ellies Vorstellung war verlockend einfallsreich: Sie wollte einen Schandfleck im Garten in einen Blickfang verwandeln – und dies mit sehr geringem finanziellem Aufwand …

Die gut drei Meter hohe alte Mauer, die das Grundstück zur Straße hin abgrenzte und dem Haus am nächsten gelegen war, war vor Jahrhunderten als Aquädukt angelegt worden. Durch einen an ihrer Oberseite verlaufenden Kanal hatte man aus den Bergen Wasser zur alten Mühle geleitet, die die Ferrers mittlerweile zu einem Wochenendhäuschen umgebaut hatten. Die Mauer war aus zusammengetragenem Geröll errichtet, ohne großen Aufwand mit einer Schicht honigfarbenen Mörtels verputzt und vor langer Zeit in gemeinsamer Anstrengung von der sengenden Sommerhitze und den Winterunwettern aufgebrochen und gespalten worden. Doch diese Mängel erhöhten nur ihren ungeschliffenen Reiz. Hier und da rankte Efeu bis zur zerklüfteten Mauerkrone hinauf, um von dort in üppigen, grün und golden gescheckten Wogen herabzufallen, die sich mit den Blüten von der anderen Seite heraufkletternder wilder Rosen verwoben. In seiner unverfälschten, einfachen Schönheit war es ein ideales Postkartenmotiv mit mediterranem Charme. Wenn da nicht ein Problem gewesen wäre …

An prominenter Stelle, genau dort, wo ein vom Haus kommender Pfad durch den Pinienhain führte, war eine Einbuchtung am Fuß der Mauer von den früheren Besitzern des Grundstücks zur Müllverbrennung genutzt worden. Der Beweis dafür war eine hässliche Rußspur, die sich nach oben ausdehnte und sich fest in die spröde Oberfläche der Mauer gefressen hatte. Die einzige Möglichkeit, diesen Schandfleck zu beseitigen, sahen wir darin, den uralten Mörtel abzukratzen, womit wir die Mauer jedoch nur noch mehr entstellt hätten. Doch nun hatte Ellie eine Idee, diesem scheußlichen schwarzen Fleck noch einen Reiz abzugewinnen:

»Baut einfach nahe an der Mauer aus passendem Stein einen großen, klobigen Grillofen, so dass der Grillrost direkt unter der rußigen Stelle liegt. Ein paar Laternen rundherum, ein paar diskrete Flutlichter, die auf die Kronen der Pinien gerichtet werden, ein rustikaler Holztisch und zwei Bänke – und bingo: Schon hat sich dieser schäbige Fleck in einen tollen Platz verwandelt, an dem wir an Sommerabenden unter freiem Himmel essen können. Alles ganz einfach!«

Doch so gut Ellies Idee war, würde es alles andere als leicht sein, sie umzusetzen. Wir würden Stromkabel verlegen müssen. Die kleine Lichtung zwischen den Pinien, an der sie den Tisch und die Bänke aufstellen wollte, musste gepflastert werden. Und den Grillplatz selbst würden wir sorgfältig planen müssen, bevor wir den Grundstein legen konnten. Doch zumindest würde es uns nicht allzu schwer fallen, geeignete Steine zu finden.

Die allgegenwärtigen *marès*, jene keksfarbenen Sandsteinblöcke, mit denen in Mallorca seit langem alles und jedes, vom primitiven Schweinestall bis zu Sa Seu, der großartigen gotischen Kathedrale von Palma, errichtet wird, werden auch heute noch in großen Mengen abgebaut. Einer der Steinbrüche liegt gut sichtbar an der Straße nach Llucmajor, die am belebten Urlaubsort El Arenal östlich von Palma vorbeiführt. Wir würden relativ schmale Blöcke verwenden, um den Grillplatz und den Zugangsweg zu pflastern und das Fundament für den Grill zu legen. Wenn wir uns den Sandstein direkt aus der Grube holten, würde er uns nicht viel kosten. Etwas ganz anderes war es jedoch, farblich passende Steine zu finden, um dem Grillplatz jenes rustikale Aussehen zu verleihen, das Ellie vorschwebte. Diese Steine würden wir in den umliegenden Bergen suchen müssen.

Frédéric Chopin, der berühmte polnische Pianist und Komponist, schrieb nach einem Aufenthalt auf Mallorca im Winter 1838/39, die Straßen auf der Insel würden »von den Sturzbächen gebaut und von den Erdrutschen repariert«. Obwohl niemand behaupten konnte, dass diese Beschreibung heute noch zutraf, verursachten die Wolkenbrüche sehr wohl Erdrutsche in den Bergen, und den Felsbrocken, die sie mit ins Tal rissen, galt nun unser Interesse.

Eines schönen Tages brachen Sandy und ich nach einem solchen Unwetter zu einer Expedition auf. Er fuhr im Ford Fiesta vor, ich folgte ihm im Seat. Wenn wir die Rückbänke unserer beiden kleinen Autos umlegten, konnten wir bei jeder Fahrt eine schöne Menge Steine einladen – sofern es uns gelang, geeignete zu finden.

Wir nahmen die Straße, die sich in Serpentinen zur Sierra Garrafa hinaufschlängelt und über ihre nördliche Flanke zur Ortschaft Capdella führt. Ich hatte schon erlebt, dass diese Bergstraße von Erdrutschen blockiert worden war, und wir hofften, auch diesmal irgendwo ein bisschen Geröll am Wegrand zu finden. Dort, wo sich die Straße auf halber Strecke bis zu ihrem höchsten Punkt auf dem Col de Sa Grua durch ein weites Tal windet, fährt man an symmetrisch angeordneten Weingärten vorbei, die in den achtziger Jahren von einem der neueren Weinproduzenten der Insel, den Bodegas Santa Catarina, angelegt worden waren und möglicherweise spektakulärer gelegen sind als alle anderen Weingärten auf der Insel. Ich nahm mir fest vor, in nächster Zeit einmal einen Ausflug zu unternehmen, um ihre moderne Winzerkunst auf die Probe zu stellen!

Wenige hundert Meter weiter fuhr Sandy an einer flachen, grasbewachsenen Stelle an den Straßenrand.

Offenbar hatte etwas seine Aufmerksamkeit erregt. Wir befanden uns in einem der für Mallorca typischen kleinen Bergtäler, in denen Pinien und Steineichen den zu einer Seite der Straße aufsteigenden Hang bedecken, während das Gelände auf der anderen Seite sanft zu kleinen, kargen Weiden abfällt, die von wilden Olivensträuchern vor den Winterwinden geschützt werden. Unmittelbar vor uns lag linker Hand ein mit Geröll bedeckter kleiner Hang. Die Felsbrocken ragten zwischen den gedrungenen Stämmen einiger Johannisbrotbäume hervor. Die frische rote Erde, die an den Steinen klebte, verriet, dass diese erst vor kurzem aus dem Berghang herausgespült worden waren. Wir hatten Glück.

Als ich aus dem Auto stieg, waren die einzigen Geräusche, die die Stille der Bergluft durchbrachen, der sehnsüchtige Gesang eines unsichtbaren Finken und das schwache Läuten von Schafglocken. Sandy und ich standen einige Augenblicke wortlos da und saugten die Reinheit und die besänftigende Ruhe der Umgebung ein. Allerdings bemerkte ich recht bald einen ungewöhnlichen Geruch, der sich mit den vertrauten harzigen Düften des Waldes und dem modrigen Aroma der nach dem Regenguss feuchten Erde vermischte. Es war der Geruch heißen Teers. Dann hörten wir heitere Männerstimmen, die von einem schmalen Trampelpfad zu kommen schienen, der von der Stelle, an der wir standen, in den Wald führte.

»Wahrscheinlich ein paar Schäfer aus der Gegend«, sagte ich. »Vielleicht sollten wir sie fragen, bevor wir einige von diesen Steinen mitnehmen, für den Fall, dass wir einen Privatgrund betreten.«

Wir folgten dem gewundenen Pfad und hörten bald, dass ein Stück weiter mehrere Leute in eine angeregte Unterhaltung in *mallorquín* vertieft waren. Der Teergeruch wurde stärker. Schließlich öffnete sich der Pfad zu einer kleinen Lichtung, auf der drei Männer saßen, die anscheinend gerade Mittagspause machten. Es waren jedoch keine Schäfer, und sie aßen auch keine mitgebrachten Speisen, die man bei in den Bergen arbeitenden Männern erwarten würde. Dies hier waren Straßenarbeiter, allesamt robuste Mallorquiner, und sie veranstalteten ein Grillfest – und was für eines!

Ihr Pritschenwagen war in der Mitte der Lichtung geparkt, so weit wie möglich von den umgebenden Bäumen und Büschen entfernt. Der Grund dafür war zweifellos die glühende Kohle in der Pfanne auf der Ladefläche. Wir konnten jedoch sehen, dass die Schmelztonne für den Teer entfernt und durch einen großen Kochtopf ersetzt worden war.

»Wiii-ep!«, schrie einer der Männer, als er uns am Rand der Lichtung bemerkte. Und mit einem breiten Grinsen winkte er uns herbei: *»Ay-y-y-y, venid aquí, hombres!* Gesellt euch zu uns!«

Da er eine Flasche Wein in der einen und ein totes Huhn in der anderen Hand hielt, konnte er uns nicht die Hände schütteln, doch er erklärte uns, sein Name sei Felip. Seine beiden Kollegen stellte er uns als Tomeu und Francesc vor. Antoni, das vierte Mitglied der Crew, war auf einer »Mission« im Wald, würde jedoch bald zurück sein, wie uns Felip verriet. Dann holte er zwei leere Marmeladegläser aus der Fahrerkabine des Lasters, die er uns großzügig mit Wein füllte. Wie uns Felip erzählte, waren er und seine Kollegen Straßenarbeiter, die im Auftrag der Gemeinde die Landstraßen instand hielten und Schlaglöcher und sonstige Schäden reparierten. Daher der Teerkocher und die Tonne.

Indem ich mit dem Kopf auf die Weinflasche und den Kochtopf deutete, fragte ich nach dem Grund für die Feier.

»Feier?«, fragte Felip und begann im Chor mit seinen Kameraden zu kichern. »Es gibt keine Feier, *tío*. Wir bereiten uns nur wie üblich unser Mittagessen, das ist alles.« Er deutete auf den Teerkocher und fügte mit einem verschlagenen Lächeln hinzu: »Wenn uns unser Arbeitgeber für die Arbeit eine Heizquelle zur Verfügung stellt, wäre es doch eine Sünde, sie in der Freizeit ungenutzt zu lassen, nicht wahr?«

Das klang durchaus vernünftig, dachte ich mir und fragte mich, warum Felips britische Kollegen nie auf diesen Gedanken gekommen waren und sich normalerweise mit einem anspruchsloseren Mittagessen begnügten, das aus ein paar belegten Broten, einer Tüte Kartoffelchips und einer Flasche Coke bestand.

Felip verriet uns, dass bei ihnen an diesem Tag *fideus* auf dem Speiseplan standen, das mallorquinische Gegenstück zu den dünnen Vermicelli-Nudeln. Sie kochten die Pasta mit den Zutaten, die die Umgebung gerade zu bieten hatte. Da Schnecken ein unverzichtbarer Bestandteil des Rezepts waren, hatten Tomeu und Francesc eine ausreichende Menge gesammelt, was ihnen so kurz nach dem Regen nicht schwer gefallen war, da die kleinen Tierchen bei diesen Gelegenheiten gern einen »Ausflug« unternahmen, um die Stängel des entlang der Bergstraßen wachsenden wilden Fenchels hinaufzukriechen. Wie uns Tomeu erklärte, befanden sich die Schnecken nunmehr im Topf, wo sie gemeinsam mit dem Fenchel, von dem sie heruntergeklaubt worden waren, in Salzwasser köchelten.

Irgendwo im Gehölz war ein Gewehrschuss zu hören.

»Ah«, sagte Felip strahlend, »es wird *fideus amb conill* geben – *fideus* mit Kaninchen. *Perfecto!*« Er warf Francesc das Hühnchen zu. »Da, *amigo* – rupf es. Wir können es rösten, da wir es für den Topf nicht brauchen.«

Zwischen den Bäumen tauchte ein untersetzter Mann auf, der ein Gewehr über der Schulter, einen toten Hasen in der einen und einen kleinen Korb in der anderen Hand trug.

»Antoni!«, riefen die drei fröhlichen Straßenarbeiter im Chor.

*»Coño!«*, schrie ihm Felip zu. »Wie ich sehe, hat sich ein weiteres lebensmüdes Geschöpf des Waldes vor deine Flinte geworfen!« Raues Gelächter schallte über die Lichtung.

Antoni grinste selbstzufrieden, schlenderte zum Lastwagen und leerte den Inhalt seines Korbs auf die Ladefläche. Er zeigte stolz auf ein Dutzend bernsteinfarbener Pilze. »*Setas*«, sagte er, »die ersten, die ich dieses Jahr gefunden habe.« Er hielt eine Hand voll Grünzeug hoch. »Und«, fügte er beiläufig hinzu, »ein wenig Bärlauch, ein Bund Thymian und ein paar Kapern für das Aroma.«

Seine Kollegen lobten seine Bemühungen. *Hombre,* dies würde ein denkwürdiges Mittagsmahl werden!

Felip wandte sich an Sandy und mich. »Wenn ihr noch nicht gegessen habt, seid ihr eingeladen, euch zu uns zu gesellen, *muchachos*. Hier in unserem Freiluftrestaurant bekommen wir nicht allzu oft Besuch. Und außerdem«, fügte er mit einem Augenzwinkern hinzu, »dürfte uns der Berg heute ein bisschen zu viel für vier Mägen geschenkt haben.«

Ich bedankte mich für die freundliche Einladung, lehnte sie jedoch mit der Erklärung ab, dass wir nur gekommen seien, um schnell ein paar Felsbrocken zu sammeln.

Felip warf mir einen Blick zu, der keinen Zweifel daran ließ, dass er der Meinung war, um Felsbrocken zu finden, müsse ich nur in meinem Kopf suchen. »Felsbrocken?!«, fragte er mit ungläubiger Fistelstimme. »Ihr seid den ganzen Weg hier heraufgekommen, um den ganzen Weg zurück mit *Felsbrocken* beladen zu machen?« Er packte mich am Ellbogen und zwang mich mit sanftem Nachdruck, mich auf die Treppe der Fahrerkabine des Pritschenwagens zu setzen. »Setz dich da hin und bleib ganz *tranquilo,* mein Freund. Es wird dir gut tun, ein wenig auszuruhen.« Dann wechselte er ein paar Worte in *mallorquín* mit seinen Gefährten – ich verstand nicht, was sie sagten, doch aus dem Gekicher der Männer schloss ich, dass sie kaum meinen scharfen Verstand priesen.

Der gleichmütige Antoni sah zu Sandy hinüber, der auf der anderen Seite des Lastwagens stand, sein mit Wein gefülltes Marmeladeglas in der Hand hielt und ein wenig ratlos angesichts der Geschehnisse wirkte. *»Oy, chico!«*, rief ihm der kleine Jäger und Sammler zu. »Weißt du, wie man einem Kaninchen das Fell abzieht?« Sandy nickte und schon flog das Tier auf ihn zu. *»Bueno«*, grummelte Antoni, »dann zieh dem hier die Kleider aus, damit es mit den Schnecken schwimmen gehen kann!«

Felip musste bemerkt haben, dass mein Blick vom Kaninchen zu einem an einen Baumstamm am Rand der Lichtung genagelten Schild gewandert war, das die Aufschrift *»Coto privado de caza«* (»Privater Jagdgrund«) trug. Felip zuckte mit den Schultern, als wollte er sagen: »Ist doch nichts dabei«, und erklärte beiläufig: »Wie kann ein Mann, und mag er noch so viel Land besitzen, behaupten, der Eigentümer der frei lebenden Kaninchen zu sein?«

Der bis dahin schweigsame Francesc pflichtete Felip bei. Und um diesen Rechtsgrundsatz zu unterstreichen, fügte er hinzu, dass sie dank desselben Grundsatzes in den Besitz des Huhns gelangt seien. Er erzählte, wie die dumme Kreatur vor ihrem Laster die Straße überquert hatte, als sie weiter unten im Tal an einem Bauernhof vorbeigekommen waren. Eine derart gefährliche Gewohnheit konnte nur eine Konsequenz haben: Das Huhn wäre unausweichlich irgendwann überfahren worden. Indem sie angehalten und ihm gleich heute den Hals umgedreht hatten, so seine Argumentation, hatten sie lediglich sein unvermeidliches Schicksal beschleunigt – und obendrein verhindert, dass die Henne irgendwann platt gefahren und für den Kochtopf ungeeignet würde.

Felip nickte zustimmend, lächelte schelmisch und sagte: »*Coño,* wenn eine Feige vom Baum fällt, während du vorübergehst, öffnest du doch auch den Mund, nicht wahr?«

Diese Burschen hatten den von mir kürzlich verinnerlichten Grundsatz »Pflücke die Rosenknospen« offenkundig ihren eigenen unmittelbaren Bedürfnissen angepasst, doch man musste ihre Denkweise bewundern – es sei denn natürlich, man war der Besitzer jenes privaten Jagdgrunds oder jenes Huhns.

Doch solche kleinlichen Bedenken konnten Felip und seiner Mannschaft das Mittagessen nicht verderben. Das Kaninchen, sachgerecht abgezogen und in mundgerechte Stücke zerhackt, wanderte in den Topf zu den anderen Zutaten, die der Wald geliefert hatte. Und während alles zusammen garte, wurde dem Huhn ein langer Schürhaken (dessen Teerkruste zuvor an einem Felsen abgeschlagen wurde) wie ein Spieß in die niedere Körperregion eingeführt, um es anschließend über den rot glühenden Kohlen zu grillen, auf denen auch der Kochtopf stand.

Die betörenden Düfte, die bald über die Lichtung wehten, hätten der Küche jedes Fünfsternerestaurants Ehre gemacht. Und Felip hätte sich seiner Aufgabe nicht gewissenhafter widmen können, wäre er der Chefkoch eines derart feinen Lokals gewesen: Immer wieder schmeckte er den Eintopf ab, würzte nach und stach in das Kaninchenfleisch, um festzustellen, ob es schon gar war. Als er sicher war, dass der richtige Augenblick gekommen war, wies er Francesc an, die Packung getrockneter *fideus* zu holen, die Nudeln klein zu brechen und in die brodelnde Flüssigkeit zu werfen. Nachdem die Pasta einige Minuten unter häufigem Rühren gekocht hatte, schien sie ihm *al dente* zu sein. Der dampfende Eintopf wurde nun in eine große tönerne *greixonera* gefüllt, die auf einen geeigneten Baumstumpf gestellt als gemeinschaftliches Essgeschirr diente.

Ich habe *fideus amb conill*, ein auf Mallorca beliebtes Gericht, seit damals einige Male gegessen, aber ich muss ehrlich gestehen, dass ich es nie so genossen habe wie an jenem Herbstnachmittag am Hang des Sa Grua. Vielleicht lag es am Zauber des Waldes, an der Hintergrundmusik aus Vogelgesängen und Schafglocken oder an den belebenden Düften des Berges. Vielleicht lag es an der Gesellschaft und der offenherzigen Gastfreundschaft unserer zufälligen Bekannten, an dem Wissen, dass wir zum ersten Mal eine Mahlzeit einnahmen, die an Ort und Stelle aus dem zubereitet worden war, was die umgebende Natur (mit ein wenig Unterstützung seitens der Götter der fallenden Feigen!) zur Verfügung gestellt hatte. Vielleicht lag es auch am teerigen Beigeschmack des Grillhühnchens. Oder an einer Kombination all dieser Faktoren. Ich bin nicht sicher, und es hat ohnehin keinen Sinn, darüber zu philosophieren, warum sich solche unvorhergesehenen Erlebnisse in etwas derart Besonderes verwandeln. Solche Gelegenheiten bieten sich so selten, dass man sie einfach genießen und dankbar dafür sein sollte.

Sandy und ich waren von warmer Heiterkeit erfüllt, als wir uns später an jenem Nachmittag von Felip und seinen fröhlichen Kollegen verabschiedeten, nachdem wir die Siesta einer weiteren Flasche Wein und einer gelassenen Unterhaltung gewidmet hatten, die sich, wie es auf Mallorca üblich ist, um Gott und die Welt und nichts Spezielles gedreht hatte.

»Wo sind die Steine, die ihr sammeln wolltet?«, fragte Ellie, als wir mit leeren Autos vor dem Haus vorfuhren. »Und Sandy, du hast getrunken! Das sehe ich an deinem dummen Grinsen. Du bist das Ebenbild deines Vaters!«

Bonny stellte einmal mehr ihr Gespür für derart vorhersehbare menschliche Ausbrüche unter Beweis und nahm Sandys Finger ins Maul, um ihn sanft zum Haus zu führen, wo er vor dem Streit in Sicherheit sein würde, der hier auszubrechen drohte.

»Ellie, ich würde Sandy *nie* dazu ermuntern, zu viel zu trinken!«, protestierte ich.

»Wer hat gesagt, dass er dazu erst ermuntert werden muss? Wie gesagt, er ist dein Ebenbild!«

Die Wahrheit war, dass weder Sandy noch ich eine unerlaubte Menge Alkohol getrunken hatten. Das »dumme Grinsen« in unseren Gesichtern war lediglich Ausdruck der Zufriedenheit über unser zufälliges Treffen mit den Arbeitern der Straßenmeisterei. Doch es war mir klar, dass jeder Versuch, es Ellie zu erklären, vergebens sein würde. Denn wo waren die Steine, die wir sammeln wollten, als wir etliche Stunden zuvor weggefahren waren?

Keine Sekunde zu spät bog Felips Lastwagen in unseren Hof ein. Ellie schnappte nach Luft. »Ich dachte, du wolltest nur einen Grillplatz bauen!«, stieß sie hervor.

Ich bemühte mich nicht, einen selbstgefälligen Tonfall zu unterdrücken. »Meine Liebe, da muss ich an den geschenkten Gaul und an sein Maul denken.«

»Aber – aber auf dem Lastwagen sind genug Steine für ein ... ein ...«

Ich tätschelte ihr beruhigend die Schulter. »Keine Sorge, ich bin sicher, dir wird bald etwas einfallen. Bis dahin solltest du dich einfach damit zufrieden geben, dass diese Rosenknospen und Feigen, so steinig sie auch scheinen mögen, mit weit offenem Mund gesammelt wurden.«

Ellie musterte mich von Kopf bis Fuß und machte dabei ein Gesicht, als wäre mir gerade ein Geruch entströmt, der an den eines in die Enge getriebenen Stinktiers erinnerte.

»Jetzt *weiß* ich, dass du zu viel getrunken hast!«, murrte sie. Sie verdrehte die Augen, machte auf der Stelle kehrt und ließ mich stehen. Ich kratzte mich am Kopf und ließ das wissende Kichern aus der Fahrerkabine des Lasters über mich ergehen.

»Mach dir keine Gedanken, *amigo*!«, rief mir Felip durch das Fenster zu. »Wir haben dafür ein Sprichwort: ›Der Mann, der die Gedanken einer Frau versteht, kann auch einen Eselshaufen in einen Goldklumpen verwandeln.‹«

»Amen«, dachte ich und machte mich daran, die Felsbrocken abzuladen.

## Epilog

# Frieden im Tal

Wenn der Oktober dem November weicht, erwachst du eines Morgens, stößt die Fensterläden auf und bemerkst, dass sich die Insel über Nacht verändert hat. Selbst tief im Hinterland, weit entfernt vom touristischen Tumult an der Küste, überkommt dich ein Gefühl der Erleichterung und du kannst im Gesicht der Landschaft beinahe ein zufriedenes Lächeln sehen. Es ist, als wüsste die Insel, dass die letzten der Urlauber, die in den vergangenen sechs Monaten in Horden auf Mallorca eingefallen sind, verschwunden sind. Einmal mehr kann sich die Insel entspannen und auf ihr wahres Wesen besinnen. Sie ist nun wieder *la illa de calma,* »die Insel der Ruhe«.

Für uns, die wir uns dem Ende unseres ersten Jahres im Tal näherten, war es an der Zeit, über das Erreichte nachzudenken, uns für all das Gute zu bedanken, das uns widerfahren war, und über die Fehler zu lachen, die wir zu Beginn unseres neuen Lebens gemacht hatten. Im Rückblick ist es leichter, die komische Seite eines Ungeschicks zu sehen, doch wir hatten wirklich Glück gehabt, denn keiner der Rückschläge, keine der kleineren Katastrophen, die wir erlebt hatten, hatte uns ernsten oder bleibenden Schaden zugefügt. Wir waren ein Jahr älter und wenn schon nicht ein Jahr weiser, so doch zumindest ein Jahr länger an unsere Wahlheimat gewöhnt.

Selbst Ellies sprachliche Fehltritte im Spanischen wurden seltener, sehr zum Bedauern derer, die ab und zu ganz gern über das Missgeschick eines anderen schmunzelten. Ich persönlich hoffte, sie würde weiterhin mit unbezahlbaren Stilblüten wie jenen aufwarten, die sie beim Fleischer statt nach einem Hühnchen *(pollo)* nach einem Penis *(polla)* fragen, im Restaurant die Hoden des Kellners *(cojones)* statt eines Kaninchens *(conejo)* bestellen und einem unter Hämorriden leidenden Fischhändler ein frohes neues After *(ano)* statt ein glückliches neues Jahr *(año)* wünschen ließen. Es muss Ellie zugute gehalten werden, dass sie stets imstande war, über ihre kleinen »verbalen Ausrutscher« selbst zu lachen – nachdem es ihr gelungen war, die Peinlichkeit zu überwinden, versteht sich.

Was mich betrifft, ließ mich die Hoffnung, die um die Ernährung zukünftiger Generationen bemühten Mücken hätten den Appetit auf mein Blut verloren, zu neuem Leben erwachen. Konnte es sein, dass mein schottisches Blut nach einem Jahr mallorquinischer Diät seinen exotischen Reiz für die hiesigen Moskitos verloren hatte? Ich hoffte es und es deutete tatsächlich einiges darauf hin. Auf der anderen Seite war es auch möglich, dass die Zahl *sämtlicher* Insekten zurückging, da das Wetter kühler wurde. Im nächsten Frühling würde ich Gewissheit erhalten, doch für den Augenblick befreite ich mich tapfer aus der Abhängigkeit von meinen geliebten Räucherspiralen und Mückensteckern und genoss die neue Freiheit. Und die meiste Zeit erfreute ich mich auch des Gefühls gelassener Schicksalsergebenheit, das mit unserer Entscheidung einherging, die Brücken hinter uns abzubrechen und alles daranzusetzen, Ca's Mayoral zu einem funktionierenden Betrieb zu machen. Ich denke, dass wir alle so empfanden.

Das sagte ich eines Abends Ellie bei einem Spaziergang durch die Obstgärten. Wir wollten den Reifegrad der Orangen prüfen und freuten uns schon darauf, die ersten Bestellungen ausliefern zu können, die, wie wir hofften, in den kommenden Tagen von den Obsthändlern eingehen würden.

»Na ja«, sagte sie, »solange wir diese Entscheidung nicht gefällt hatten, waren die Bande zu dem Ort, der so lange unsere Heimat war, nicht wirklich gekappt. Wir dachten immer, wenn wir unsere Ersparnisse behielten, könnten wir im schlimmsten Fall die Verluste eindämmen, indem wir Ca's Mayoral verkauften und wieder zurückgingen. Aber diese Denkweise setzte uns ebenfalls unter Druck. Da wir jetzt offiziell ins kalte Wasser geworfen worden sind, hat es den Anschein, als hätten wir alle Spaß am Schwimmen.«

»Ja, sogar ich als Nichtschwimmer bin froh, meine Schwimmflügel abgelegt zu haben.«

Obwohl ich das in einem Tonfall völliger Gelassenheit sagte, konnte ich nicht umhin, hinter dem Rücken die Finger zu kreuzen. Nun hing alles vom Ertrag der Orangenbäume ab, zwischen denen wir gerade umherschlenderten. Aber Ellie hatte Recht: Wären wir das Ganze halbherzig angegangen, hätten wir den Untergang lediglich hinausgeschoben, sollten wir uns als Orangenpflanzer nicht behaupten können. Und wie immer die Lage im Frühjahr aussehen mochte, wir würden sehr viel besser dastehen, wenn wir die Möglichkeiten unseres Grundbesitzes vollkommen ausgeschöpft hatten, anstatt auf Ersparnissen zu sitzen, die uns, sollte es wirklich hart auf hart kommen, ohnehin nicht sehr lange über Wasser halten würden. Ich löste meine gekreuzten Finger und zog meine geistigen Schwimmflügel an. Als geborener Schwarzseher wusste ich, dass ich diesen Gedankengang in den kommenden Wochen bis zum Überdruss wiederholen würde. Doch wichtig war jetzt, dass ich nach außen hin das Positive hervorhob und der Familie Zuversicht vermittelte.

Seit ihr Vorschlag für den Grillplatz angenommen worden war, waren die Renovierungsarbeiten im Haus zunehmend in Ellies Hände übergegangen. Die Jungs und ich waren einhellig der Meinung, dass die »schwereren« Arbeiten draußen Vorrang haben mussten, solange das Wetter gut war. In Wahrheit war das nichts als eine leicht durchschaubare Ausrede, um Ellie mit den langweiligen, aber »leichteren« Malerarbeiten im Haus allein zu lassen. Doch ihr schien das nichts auszumachen. In ihren Augen ging jeder besser seiner bevorzugten Arbeit nach als gar keiner. Und in jedem Fall kam sie, wie sie uns versicherte, mit dem Ausschaben, Füllen und Anstreichen allein besser voran als in Gegenwart dreier maulender männlicher Wesen, die ihr ständig in die Quere kamen. Wir stimmten ihr bereitwillig zu und überließen ihr die Innenräume.

Obwohl wir dem Bau des Grillplatzes jeden freien Augenblick widmeten, würde es bis zu seiner Fertigstellung noch ein oder zwei Monate dauern. Die Kabel waren mittlerweile verlegt und die Lichter und Lampen installiert. Wir hatten auch damit begonnen, die Bodenplatten für den Essbereich zuzuschneiden, so dass der Grillplatz langsam Gestalt annahm. Die Verwandlung eines hässlichen Fleckens in eine Zierde unseres Grundstücks kam voran.

Die überschüssigen Steine, die Felip und seine Jungs uns liebenswürdigerweise gebracht hatten, wurden zur Gestaltung zusätzlicher kleiner Gartenelemente genutzt, die sich Ellie, da war ich ganz sicher, bereits in dem Moment ausgedacht hatte, als der Laster an jenem Nachmittag von unserem Grundstück gerollt war. Ein kleiner Felsen würde sich in dieser Ecke gut machen, meinte sie – ja, und ein weiterer dort drüben. Dann könnten wir Steinmauern setzen, um einige der neuen Gehwege abzugrenzen. Oh, und vielleicht wäre ich sogar bereit, irgendein Wasserspiel unter dem Walnussbaum bei der westlichen Terrasse zu bauen, wenn genug Steine übrig blieben. Wäre es nicht »reizend und entspannend«, dort abends zu sitzen und dem über Steine plätschernden kühlen Wasser zu lauschen? Ich stimmte ihr zu, obwohl es langsam so aussah, als würde es noch lange dauern, bis ich eine Minute Zeit finden würde, um mich hier an einem »reizenden und entspannenden« Ort auszuruhen. Hatte sich Ellie einmal etwas in den Kopf gesetzt, musste es üblicherweise quasi am Vortag in die Tat umgesetzt sein.

Daher hatte ich an diesem Abend mit besonders großem Vergnügen die Gelegenheit ergriffen, mit ihr einen entspannenden Inspektionsgang durch die Obstplantagen zu unternehmen. Noch erfreulicher war der Anblick der Orangenbäume, denn Pepe Suaus gekonnte Eingriffe und unsere fürsorgliche Dünge- und Bewässerungsarbeit trugen langsam Früchte. Wie Pepe vorausgesagt hatte, waren die Bäume trotz der jahrelangen Vernachlässigung sehr schnell wieder zu Kräften gekommen, und obwohl sie noch nicht so viele Früchte trugen wie möglich, hing eine erfreulich schwere Last an ihren Zweigen, und die diesjährigen Orangen sahen sehr viel massiger und gesünder aus als die im Vorjahr. Die Ernte versprach gut zu werden und wir hätten zu diesem Zeitpunkt nicht mehr erhoffen können.

Plötzlich bemerkten wir eine Reihe von Lichtblitzen, die vom Haus her kamen.

Ellie klammerte sich an meinen Arm. »Sag mir, dass das keine Blitze waren«, wimmerte sie. »Ich möchte nicht hier draußen unter den Bäumen in ein Gewitter geraten. Mein schlimmster Albtraum!«

Ich tätschelte ihre Hand. »Nein«, sagte ich lachend, »das ist nur Sandy, der versucht, die Lichter beim Grillplatz anzuschließen. Kein Grund zur Sorge.«

»Sandy und Elektrizität?« Ellie stand mit weit aufgerissenen Augen da. »Er wird sich umbringen!«

»Unmöglich. Er hat ein Händchen dafür. Weiß viel mehr darüber als ich. Deshalb habe ich es ihm überlassen.«

Ellie sah mich mit einer Mischung aus Entsetzen und Unglauben an. »Du hast *was* getan? Aber er ist doch erst achtzehn! Zu jung zum Sterben!«

Ich zuckte mit den Schultern. »Und trotzdem versteht er viel mehr von all diesem Elektrokram als ich.« Ich hielt inne, während sich Ellie von ihrem Mutterinstinkt in einen Zustand treiben ließ, in dem ihr schließlich Schaum vor dem Mund stehen würde. Dann fügte ich mild hinzu: »Außerdem hat er Charlie bei sich, der ihm helfen kann, wenn er nicht weiß, welcher Draht welcher ist.«

Genau im richtigen Augenblick ertönte ein schrilles *»HOLA!«*, das Ellie vor einem Nervenzusammenbruch und mich vor dem Geständnis bewahrte, dass ich in Wahrheit Juan, den Elektriker aus Andratx, mit der heiklen Arbeit an den Hauptanschlüssen betraut hatte. Sein Besuch fiel genau mit unserem kleinen Ausflug in die Obstgärten zusammen.

*»HOLA!«*, rief die Stimme erneut, diesmal jedoch drängender. Wir erkannten die Fistelstimme der alten Maria und suchten im schattigen Zwielicht angestrengt nach ihrer Gestalt.

»Dort«, sagte ich zu Ellie, »dort drüben beim Brunnen, in der Ecke des nächsten Feldes. Sie klingt ein wenig aufgeregt. Geh lieber nachsehen, ob alles in Ordnung ist.«

»Ich brauche eure Erlaubnis für etwas!«, schrie uns Maria zu, während sie näher kam. *»Es importante!«*

»Wofür in aller Welt braucht Maria *unsere* Erlaubnis?«, murmelte Ellie. »Ich hätte nicht gedacht, dass sie auch nur ein einziges Mal in ihrem Leben jemanden um Erlaubnis für etwas gebeten hat.«

»Männer!«, zischte Maria zornig, als wir auf ihrer Höhe angelangt waren. Ihre kleinen schwarzen Augen blitzten vor Wut, und sie wandte sich an Ellie, ohne mich eines Blickes zu würdigen. »Mehr als dreißig Jahre habe ich auf dieses Schwein gewartet und jetzt taucht er auf und behandelt mich so! *Bastardo!*«

An die steinerne Mauer des Brunnens gelehnt, hörten wir Marias kummervolle Geschichte, eine Liebesgeschichte, die in ihrem Pathos schmerzhaft zu werden versprach. Wer mochte dieser üble Kerl sein, fragten wir uns, und was hatte er getan, um Maria derart aus der Fassung zu bringen? Sie ließ uns nicht lange im Ungewissen …

Bartolomé Martí war eine alte Flamme Marias, der als junger Mann wie viele andere vor ihm Andratx verlassen hatte, um sein Glück in Argentinien zu suchen. Maria hatte den Kontakt zu ihm verloren und ihn fast vergessen, bis er vor dreißig Jahren zu einem kurzen Besuch auf die Insel zurückgekehrt war. Die Glut ihrer Gefühle füreinander hätte bei diesem Wiedersehen leicht wieder angefacht werden können, doch da Marias Ehemann erst kurz zuvor gestorben war, wäre eine Beziehung in der Gemeinde als unangemessen betrachtet worden. Auch hatte Bartolomé, der ein Mann von glühendem Ehrgeiz war, in Argentinien noch viel Arbeit vor sich, um seine Ziele zu erreichen. Doch er versprach Maria, eines Tages als reicher Mann zu ihr zurückzukehren. Dann würde er ihr Dinge geben können, von denen sie während ihres einsamen Lebens im Tal nie zu träumen gewagt hätte.

»Um eine lange Geschichte abzukürzen«, sagte Maria, »ich hörte nichts mehr von ihm, bis er mir vor ein paar Wochen eine Postkarte schickte, auf der er mir ankündigte, heute auf Mallorca einzutreffen.« Daraufhin hatte sie aus dem Schrank in ihrem Badezimmer einen Becher hervorgekramt, in dem sie mehr als zwei Jahrzehnte lang ihre falschen Zähne aufbewahrt hatte. Allerdings war ihr nur der obere Teil der Gebissprothese geblieben, die unteren Zähne waren im Lauf der Zeit verloren gegangen. Doch wie sie mit einem stolzen Lächeln erklärte, blitzten die oberen Zähne nach all den Jahren in der Peroxydlösung wie kleine Perlen.

Die Höflichkeit gebot mir, sie nicht darauf hinzuweisen, dass ihre dritten Zähne uns fast geblendet hatten, als wir sie bei der ersten schüchternen Anprobe damit gesehen hatten. Ich erinnerte mich daran, dass auch der alte Pep von dem Anblick derart irritiert gewesen war, dass er fast ausgewandert wäre.

Marias Augen funkelten zornig, als sie zischte: »Und was glaubt ihr, was dieser *bastardo* Bartolomé zu mir sagte, als er vor ein paar Minuten vor meiner Tür stand? Er sagte mir, er habe in Argentinien schon eine Frau und sieben Kinder, aber um der alten Zeiten willen würde er mich gerne zu einem schmutzigen Wochenende auf Ibiza einladen!«

Ellie und ich spannten jeden Muskel an, um nicht loszubrüllen. Glücklicherweise war Maria zu vertieft in ihren Bericht, um unsere verkrampfte Haltung zu bemerken.

»Für was für eine Art von Frau hält er mich?«, fragte sie bissig und stampfte mit ihrer Hacke auf den Boden. »Ein Wochenende?«, quiekte sie. »Pah! Ich bin schon länger erkältet gewesen!« Mit todernster Miene wedelte sie mit einem knochigen Finger, beugte sich vor und senkte die Stimme zu einem zitternden Krächzen: »Ich bin eine Frau mit Prinzipien, eine Verteidigerin der alten Werte. Wenn ich mich einem Mann hingebe, dann für das ganze Leben – nicht für ein Wochenende!«

Sosehr ich Marias Standhaftigkeit respektierte, konnte ich mich doch des Gedankens nicht erwehren, dass man, wenn man ein wenig zynisch war, der Ansicht sein konnte, dass sie die Vorsehung allzu kühn herausforderte, denn im Alter von mehr als neunzig Jahren musste »das ganze Leben« nicht zwangsläufig länger als ein Wochenende dauern. Doch ich war zuversichtlich, dass unsere unverwüstliche alte Nachbarin noch viele Wochenenden unter uns weilen würde.

Sie griff in die Tasche ihres langen schwarzen Kleids und holte ihren perlweißen Zahnersatz hervor. »Und das, liebe Nachbarn, ist der Grund dafür, dass ich euch um Erlaubnis bitten muss, die hier in euren Brunnen zu werfen. Er ist der tiefste in der Gegend und damit der beste Ort dafür.«

Dagegen war nichts zu sagen; also machten Ellie und ich gleichzeitig eine Geste, um ihr zu bedeuten, dass sie sich bedienen möge. Als die entsorgten Zähne in der Tiefe ins Wasser plumpsten, machte Maria eine Geste, als würde sie sich die Hände abwischen, warf uns ihr ansteckendes, weitgehend zahnloses Lächeln zu, machte kehrt und schlurfte von dannen, wobei sie Ellie über die Schulter zurief: »Nie wieder, *Señora de Escocia,* werde ich wertvolle Zeit damit vergeuden, mich für einen Mann aufzusparen!«

* * *

Die Dunkelheit fiel schnell ins Tal ein. Die Dämmerung dauert hier nur die wenigen Minuten, die die Sonne braucht, um hinter dem mit Pinien bewachsenen Kamm der Abidala-Berge im Westen zu versinken. Ellie und ich freuten uns über das helle Licht, das plötzlich jenseits des Hauses erstrahlte und uns den Heimweg durch die Orangenhaine beleuchtete.

»Es sieht so aus, als hätte die Verkabelung funktioniert«, sagte ich. »Und kein Todesschrei infolge eines Stromschlags. Ich hab dir ja gesagt, dass Sandy und Charlie wissen, was sie tun.«

»Ein Blinder führt den anderen«, erwiderte Ellie trocken. »Erinnere mich daran, dass ich Saint Sparky vor dem Schlafengehen ein Dankgebet schulde.«

Das Geräusch eines über die Straße davonfahrenden Autos, das nur der Lieferwagen des Elektrikers Juan sein konnte, verriet mir, dass alles planmäßig verlaufen war. Ellie gegenüber konnten die Jungs und ich also weiter behaupten, alles ohne die Hilfe teurer Fachleute zu bewerkstelligen, und ich war der Meinung, dass es aus Gründen der Sicherheit bei dieser Gelegenheit gerechtfertigt gewesen war, sie ein wenig anzuschwindeln. Und die Ergebnisse bestätigten mich darin, dass die Täuschung angebracht gewesen war. Ein zuvor in der Nacht düsterer, wenig einladender Teil des Gartens hatte sich in einen verblüffend schönen Ort verwandelt. Das weiche Licht der an der Mauer angebrachten Laternen hob die Umrisse der Steine hervor und erzeugte hübsche dreidimensionale Muster, die zwischen den Efeuranken entlangwanderten. Aus der schäbigen alten Mauer war eine schön anzusehende Skulptur geworden. Selbst die rußige Stelle, die den Anstoß zu dem Projekt gegeben hatte, wirkte nun überraschend attraktiv – ein kühner Pinselstrich in einem Bild von unverdorbenem natürlichem Charme.

»Wartet nur, bis ihr das hier seht«, sagte Charlie grinsend und legte einen Schalter an der Hauswand um. »Zauberei, nicht wahr?«

Die kleinen grünen Flutlichter, die im umgebenden Pinienhain versteckt waren, verliehen der Szene tatsächlich eine zauberhafte Atmosphäre. Ihr helles Licht breitete sich zwischen den Ästen aus und erzeugte einen weiteren dramatischen Effekt in einem Arrangement, das auf dem besten Weg war, zu einem Juwel in der unprätentiösen Krone von Ca's Mayoral zu werden. Und es war bereits leicht zu erkennen, dass es den Wert des Grundstücks deutlich erhöhen würde.

Da das Projekt ihre Idee gewesen war, war Ellie verständlicherweise und unübersehbar zufrieden mit sich. Sie beglückwünschte die Jungs, die sich widerwillig eine Umarmung gefallen ließen.

»Ich habe eine Idee«, sagte Ellie strahlend. »Ich weiß, dass der Grillbereich noch lange nicht fertig ist, aber ich glaube, wir sollten heute Abend hier draußen essen – einfach um die Inbetriebnahme der Beleuchtung zu feiern. Wenn sie in der Oxford Street in London und am Times Square in New York ein großes Theater um so etwas machen, können wir doch auch eine kleine Party schmeißen, oder?«

Das Wort »Party« genügte. Rasch wurden der alte Arbeitstisch und vier wackelige Stühle aus dem *almacén* geholt. Aus einem rostigen Eimer, über den wir ein Stück Maschendraht legten, bauten wir uns einen behelfsmäßigen Grill. Er funktionierte wunderbar. Nie hatten die Sardinen so gut geschmeckt. Ellie hatte die kleinen Fische am Morgen im Hafen von Andratx von einem Fischer gekauft, und wenn es für frisch aus dem Meer geholte Sardinen eine bessere Zubereitungsart gibt, als sie über glühender Kohle zu grillen, so ist sie mir unbekannt. Fehlen nur noch eine Prise Salz, der Saft einiger von einem Baum in der Nähe gepflückter Zitronen und ein wenig selbst gemachte Tomatensauce – und fertig ist ein königliches Festmahl. Mir wurde gesagt, der beste Ort zum Sardinenessen sei der Strand, an dem sie von den Fischern abgeladen werden und wo die Brise des Meeres und der Klang der Wellen für die passende Atmosphäre sorgen. Mag sein, dass das richtig ist, doch für mich konnte es nichts Schöneres geben, als an jenem Herbstabend in unserem in sanftes Licht getauchten Pinienhain zu sitzen, von der Wärme der alten Mauer gegen die Außenwelt abgeschirmt, und den Duft der Pinien einzusaugen, der sich mit dem aus dem alten Eimer aufsteigenden Geruch brennenden Holzes mischte. In diesem Augenblick, da die ganze Familie um den Tisch versammelt war und Bonny zufrieden zu unseren Füßen lag, hätte ich diesen schlichten kleinen Winkel im Garten von Ca's Mayoral nicht gegen all den polierten Überfluss in der Villa der O'Briens tauschen wollen. Und sollte ich nie näher dran sein, mich wie ein Millionär zu fühlen, so sollte es mir recht sein.

Der alte Stuhl knarrte, als ich mich zurücklehnte und an meinem Wein nippte. Meine Stimmung war so mild wie das Licht der Laternen an der Wand. Ich sah durch den Baldachin aus Pinienästen zu einem mondlosen Himmel empor, an dem die fast greifbaren mediterranen Sterne in einem purpurfarbenen Samtkissen leuchteten. In Gedanken kehrte ich kurz nach Schottland zurück, wo in der Dämmerung dieses Tages Scharen von Krähen, die in ihre Nester in den mittlerweile kahlen Baumwipfeln zurückkehrten, wie vom Wind fortgetragene Stücke verbrannten Papiers über den frostigen Himmel tanzen mussten. Ich dachte daran, wie die klagenden Rufe der Wildgänse, die um diese Zeit zu tausenden aus ihren Brutgebieten am Rand des Polarkreises eintrafen, durch die kalte Dunkelheit über unserem alten Haus hallten. In diesem Moment begann im Dickicht unten am ausgetrockneten Bachbett, nahe des Brunnens, bei dem Maria uns verkündet hatte, dass sie ihr Leben ändern wolle, eine Nachtigall zu singen, als wollte sie mich daran erinnern, wie sehr sich unser Leben verändert hatte. Ihr Gesang kündigte an, dass auch im Leben der Nachtigall Veränderungen bevorstanden, denn bald würde sie so wie wir vor einem Jahr nach Süden ziehen, obwohl der kleine Vogel den Schwalben an einen noch ferneren Ort irgendwo in den warmen Gefilden Afrikas folgen würde.

Den weniger abenteuerlustigen Zugvögeln, die in Mallorca zurückblieben, standen in den kommenden Monaten angenehm warme Tage bevor, auf die in den wolkenlosen Nächten beißende Kälte folgen würde, wie der alte Almanach voraussagte. Aber ich freute mich darauf. Anders als im vorigen Winter, als wir bei unserer Ankunft im Tal von einem verrückten Schneegestöber begrüßt worden waren und nichts zum Heizen gehabt hatten, lag nun ein riesiger Stapel Holz bereit, den Pepe Suau bei der radikalen Beschneidung unserer Obstbäume zurückgelassen hatte. Wir durften uns sogar glücklich schätzen, einen Winter zu erleben, in dem wir am Kamin zwischen den verschiedenen Aromen wählen durften, die vom Holz der Orangen-, Zitronen-, Aprikosen-, Granatäpfel-, Quitten-, Persimonen- und sonstiger exotischer Bäume verströmt wurden.

Nun, da die Ängstlichkeit, die unser erstes Jahr auf der Insel gekennzeichnet hatte, der Vorfreude auf kommende Abenteuer gewichen war, machte sich in Ca's Mayoral eine Atmosphäre der Zuversicht breit. Und die Zufriedenheit, die wir bei der Fertigstellung zuvor undenkbarer »Dolce Vita«-Projekte wie des Grillplatzes empfinden würden, war nichts anderes als ein Ergebnis dieser neuen Einstellung.

Am nächsten Tag würden wir auf der spektakulären Klippenstraße, die sich hoch über dem Meer an den Hängen der Tramuntana-Berge entlang schlängelt, in das hübsche alte Städtchen Sóller fahren, wo laut einer Zeitungsanzeige, die die Jungs endlich entdeckt hatten, ein geeigneter Billardtisch für unser Spielzimmer zum Verkauf stand. Auf dem Weg würde ich der Werkstatt des Zimmermanns Juan Juan in Andratx einen Besuch abstatten. Ellie hatte vor seiner Tür ein paar alte Fensterläden gesehen, die ihrer Meinung nach »genau richtig« für die Bar waren, die unserem brillanten Charlie in den Sinn gekommen war. Charlie war es auch, der mich, nachdem die letzte gegrillte Sardine gegessen war, an den Vorschlag erinnerte, den ausgerechnet ich als Nichtschwimmer an einem drückend heißen und schwülen Augustabend gemacht hatte. Ich hatte gemeint, es wäre nicht nur eine gute Idee, sondern eine absolute Notwendigkeit, vor dem nächsten

Sommer ein Schwimmbecken zu bauen. Ich hatte sogar – etwas voreilig, wie mir in Anbetracht der angenehmen Herbsttemperaturen nun schien – Ellies Maxime zitiert und erklärt, die Wertsteigerung des Grundstücks dank einer solchen Investition werde die Baukosten deutlich übersteigen.

Ellie griff Charlies Einwurf sofort auf. »Vor mehr als zwei Monaten hast du mir versprochen, du würdest gleich am nächsten Tag Angebote für einen Pool einholen«, sagte Ellie. »Das sind viele *mañanas,* selbst gemessen an den Maßstäben des Sa-Coma-Tals.«

Vor meinem inneren Auge erschienen erneut rote Zahlen auf unseren Kontoauszügen. Doch ich goss mir noch ein Glas Wein ein, kreuzte unter dem Tisch die Finger, lächelte gelassen und sagte: »Du hast vollkommen Recht. Sobald wir morgen aus Sóller zurück sind, fahre ich nach Andratx und bitte den Bauunternehmer Toni Ensenyat um einen Kostenvoranschlag.«

Ellie schüttelte den Kopf. »Ich habe eine noch bessere Idee. Tonis Büro befindet sich doch in derselben Straße wie die Werkstatt von Juan Juan. Also solltest du ihn vielleicht besser ebenfalls aufsuchen, *bevor* wir nach Sóller fahren. Oh, und übrigens«, fuhr sie fort, da ihr offenbar ein weiterer Gedanke gekommen war, »für den Fall, dass dir dein Kumpel Jordi auflauert wie an dem Tag, als du den Fugenkitt hättest kaufen sollten, werde ich diesmal mitkommen.«

»Und wir auch!«, erklärten die Jungs sofort.

Es war offensichtlich, dass mir die *mañanas* ausgegangen waren. Meine Seufzer wurden schwerer und die Weinflasche leichter. Ich hob mein Glas und brachte einen resignierten Toast aus:

»Ich trinke auf die Familienentscheidungen.«

»*Viva la democracia!*«, sagte Sandy.

»*Vivan los* Swimmingpools!«, sagte Charlie grinsend. »Und Yachten und Schnellboote und Mercedes-Sportcoupés!«

Charlie machte mir Sorgen.

Ellie lächelte in der für sie typischen Art. Offensichtlich war sie bemüht, seine Äußerungen in vorteilhaftem Licht zu sehen. »Doch vor allem«, sagte sie und stieß mit uns an, »lasst uns auf unsere Zukunft auf dieser Insel trinken.«

»*Viva* die Zukunft!«, riefen wir alle. »Und *viva Mallorca!*«

# Das Buch für alle Mallorca-Liebhaber und jeden, der von einem Leben im Süden träumt!

Peter Kerr hat die naßkalten Winter in Schottland satt. Kurzum kauft der Musiker mit seiner Familie eine alte Finca auf Mallorca. Doch der Traum vom Neuanfang wird schnell auf die Probe gestellt: Der sonnige Süden empfängt sie mit Schnee, die Möbel brechen unter dem Ansturm gefräßiger Holzwürmer zusammen und die moderne Kläranlage entpuppt sich als defekte Sickergrube. Mit viel Humor und Selbstironie erzählt Peter Kerr von kuriosen Begegnungen mit den Mallorquinern und schildert seine Erfahrungen bei dem Versuch, sich in der Inselidylle zurechtzufinden.

**Im Tal der Orangen**
Mein Winter auf Mallorca
ISBN-13: 978-3-548-36432-2
ISBN-10: 3-548-36432-2

ULLSTEIN